地产项目一体化策略

楚先锋 著

中国建筑工业出版社

序

近两年,在中国的房地产行业内,最时髦的词汇无外乎"转型"和"互联网+",这是因为大家都能够感觉到目前的中国房地产正处于严峻的转型期。在这生死存亡的关头,各种概念横空出世,各种预测铺天盖地,虽然大家都在探索,也都在谋求转型,但具体怎么转,尤其是为什么转,还想不清楚,甚至仍然有一些公司还没有意识到这次的行业转型到底有多必要。

究竟是什么样的行业转变呢?这要从深圳新博城公司的楚先锋先生总结出来的行业和社会发展的443理论说起。

首先,第一个"4"指的是我国的住宅房地产行业经历了四个不同因素主导的发展阶段:住房改革、停止分房后,是第一个阶段,这是一个资源主导的阶段,只要能够拿到宝贵的土地资源,转手就能卖钱,房子供不应求;之后,住宅供求基本平衡,于是进入第二个阶段,这是一个营销主导的阶段,营销理念、销售包装的创意层出不穷,这个阶段催生了一批知名的营销代理公司;两三年前开始,市场开始供大于求,购房者可以货比三家了,而且开始关注产品品质,于是进入第三个阶段,这是一个产品主导的阶段,拼谁的产品好;但第四个阶段接踵而来,因为购房者不仅仅关注产品本身,还关注附加在产品之上的配套及服务,于是,配套及服务主导的阶段同时存在于当前。

其次,第二个"4"指的是我国的房地产行业经历了四个不同产品类型的地产开发阶段:住房改革、停止分房后,是第一个阶段,这是一个以住宅产品为主要类型的地产开发阶段,这个阶段解决了老百姓最基本的居住需求;居住需求满足之后,就进入了商品消费的阶段,于是商业地产开发应运而生,这是第二个阶段,是一个以商业产品为主要类型的地产开发阶段,这个阶段开发了大量的商业项目,终于在两年前达到饱和、加上电商的冲击，2015年已经有很多大型商场和百货公司停业，商业地产的繁荣不再；满足了居住和各种商业消费的需求之后，对于老百姓来说就开始要出去走走了，于是，旅游产业的年增长率连续几年超过40%，文化旅游地产就开始接过地产行业的大旗了，中国的房地产行业进入了第三个阶段，是一个以文化旅游产品为主要类型的地产开发阶段，万科和万达等地产大鳄无不开始在全国布局文化旅游地产业，文化旅游地产目前处于蒸蒸日上的阶段；与文化旅游地产同期炒得很热的养老地产，应该是我国房地产行业的第四个发展阶段。目前，大规模进入这个以养生养老产品为主要类型的地产开发阶段的条件还不成熟，这个阶段还属于孕育期，这是因为能够接受社会化养老和异地养老观念的老人还需要5~10年才能进入真正的养老状态，也就是说要等现在活跃在老年旅游市场上的退休老人进入需要照护的75岁左右，养老地产的黄金时代才会到来，这也是为什么养老地产要么是雷声大雨点小，要么是披着养老地产的外衣做旅游度假地产的原因。

在目前的行业转型期，我们必须认清中国房地产开发行业的发展趋势，充分理解上述两个行业发展阶段的划分，而且，仅仅认清这些还不足够，我们还要站到整个社会的发展层面来看问题，因为行业的发展趋势是受社会的发展趋势制约的。那么，社会的发展又面临着什么样的变革呢？

我们认为，我们正面临着人类生活史上的第三次大变革。这正是我们前面提到的行业和社会发展的443理论中的"3"。人类社会的发展，从原始人类时代的渔猎采摘、食不果腹到有游牧种植、产品剩余，经历了第一次大变革，这次变革让人类加速向专业化分工转变，也促使人类社会出现了以物易物的集市。因为这个时代的生活资料种类稀少，很容易找到交换的对象，以物易物相当容易。随着人类的专业化分工越来越细，人类的生产和生活资料也越来越丰富，以物易物越来越不方便，于是货币这种交易的媒介应运而生。从此，人类不用再到固定时间和固定地点的集市去费力地寻找交易对象了，这是人类生活史上的第二次大变革。这次变革，让交易更容易达成，让市场更加分散，让交易时间不再固定。这次大变革带来的商业模式，一直到现在还在发挥着作用，只不过货币逐渐从贝壳、有色金属到纸币，一直到现在的电子货币，唯一不变的只是面对面的交易方式。然而，自从互联网时代来临，自从网上支付越来越普遍，我们购物已经可以足不出户了。网上购物时代带来的变革，前几年已经出现，但是，真正给传统的商业模式带来冲击的还是移动互联网技术普及之后的事情。移动互联网技术让我们购物已经从"足不出户"转变到"随时随地、随心所欲"了。这时，人类生活史上的第三次大变革才真正开始。因此，我们认为，大腕们每天挂在嘴上的"互联网+"应该改成"移动互联网+"。当前，社会生产和生活资料极大丰富，获得这些生产和生活资料也变得易如反掌，那么人类下一个层级需求又是什么？人类的消费动机和消费模式、交际模式、工作模式等又何去何从？这些都是人类生活史上的第三次大变革带给我们的"危机"，既是"危"也是"机"，这也难怪凯文·凯利说，20年后的人，30年后的人，看今天的我们，他会说当时你们还一无所有呢，你们当时还是在热身呢。在我们现在所处的阶段来看，未来20年将出现的所有最伟大的产品现在还都没有出现呢。这次的大变革，想想都让人毛骨悚然。难道，你还无动于衷吗？

我国的房地产开发商除了面对这些社会转型和市场转型的问题，行业内的一些痼疾也在当前的严峻形势下暴露无遗，尤其是项目前期的策划与设计方面。

首先，很多时候，大家误将房地产项目的后期销售策划等同于项目的前期定位策划、产品策划和后期的运营策划，这其实是"怎么卖"和"为谁做、做什么、怎么做"的区别；其次，专业之间的壁垒、缺少专业技术和社会资源整合能力造成了项目策划与设计之间的脱节、项目设计和工程建设之间的脱节、工程建设和后期运营之间的脱节；最后，缺少对客户核心需求的研究以及基于客户核心需求的产品创新，无法在市场转型期脱颖而出。

为了解决这些问题，楚先锋先生挟20余年的设计、开发和研发经验，于2012年创办深圳新博城公司，开始探索项目前期策划与规划设计、产业技术和后期运营一体化的策略。首先，一体化策略实现了项目的前期策划与规划设计同步推进，过程中策划与设计紧密互动、互相印证，于是，策划方案更具实施性，设计方案更贴近市场，同时，这也压缩了项目前期的工作周期；其次，一体化策略更加强调产品研发和创新，让产品研发弥补前期策划与规划设计之间缺失的那一环，也让项目更具市场竞争力；第三，一体化策略在产品策划与设计过程中再将产业技术融进来，形成"以产品研发为核心的前期策划、规划设计与产业技术集成一体化"的策略，让产品研发弥补规划设计与工程建设之间缺失的那一环，减少设计变更、减少成本浪费，让项目更具市场竞争力；最后，一体化策略在产品策划与设计过程中进一步将后期运营资源嫁接进来，作为运营方提前介入，减少后期改造环节的浪费，形成"以产品研发为核心的前期策划、规划设计、产业技术集成和后期运营管理一体化"的策略，让产品研发弥补工程建设与后期运营之间缺失的那一环，打通项目从前期策划和设计到后期建造和运营的所有环节。

深圳新博城公司成立后，在创始人楚先锋先生的带领下，公司将一体化策略应用于六十多个不同类型的项目，解决了数十家房地产企业的难题。同时，深圳新博城公司未来将坚持以一体化的核心，变"被动策划"为"主动策划"，让更多的精品项目落地。

因一体化业务合作走向联合开发，河南云台山文化旅游度假项目——云武堂即将建成，云台山文旅养产业发展联盟也将以一体化的策略继续在河南云台山地区发展云台山文旅养产业集群！

我司将楚先锋先生多年来发表于各种杂志和出版物的部分文章收集起来并按照一体化、产业化和产品研发三个篇章进行分类，以便让更多的人了解策划设计一体化策略，也让更多的人能够分享到楚先锋先生在产业化和产品研发方面的第一手技术资料。因部分论文散发于各不同的专业杂志，虽则论文立意不同，但内容未免有重复的地方，为了尊重发表时的文章原样，这次整理出版时并未进行改动，在此敬请读者谅解。

深圳新博城地产发展有限公司

二零一六年八月二十六

目录

002 | 序

一体化

010 | 地产开发项目的前期策划与设计一体化策略 (SSDI)

030 | 当理性遭遇感性——住宅产品的设计研发是技术和艺术的结合

039 | 住区配套商业规划布局模式评价

047 | 信息不对称会如何？

053 | 心照不宣的知识

产业化

058 | 建筑产业化从小事做起

062 | 国内外工业化住宅的发展历程（之一）

072 | 国内外工业化住宅的发展历程（之二）

082 | 国内外工业化住宅的发展历程（之三）

093 | 中国住宅产业化路在何方？

104 | 历史：万科住宅产业化进行时

108 | 万科住宅产业化的依托

117 | 万科和拉法基的绿色实践

125 | 松山湖边的住宅技术硅谷

130 | 认识误区有几许

136 | KSI 住宅

151 | 外廊之外

160 | 何乐而不用干墙？

166 ｜ 何乐而不用干墙（续）——汶川地震后看建筑隔墙的抗震问题

175 ｜ 二子开店——造汽车与造房子

181 ｜ 预制混凝土结构的效益评价及其在我国的发展

产品设计

188 ｜ 度假，不一样的感受——浅析度假产品的设计

204 ｜ 完美有多美

213 ｜ 功能性之美

219 ｜ 关于居住的几个命题

228 ｜ 生活是一种智慧

232 ｜ 建筑的本源是空间

238 ｜ 过剩就是浪费

247 ｜ 体现人文关怀的住区景观实现

256 ｜ 历史庆典的舞台——天津万科水晶城项目规划设计理念

266 ｜ 砖的艺术——评清华大学校园建筑中砖的应用

272 ｜ 世纪之交的住宅设计：风格消散 个性凸现

282 ｜ 东京城市发展的两种形态

296 ｜ 日本六本木新城

306 ｜ 丰富多彩的日本商业街

310 ｜ 神户马赛克商业街 (MOSAIC)

附录

316 ｜ 专业考察

317 ｜ 专业论文翻译

317 ｜ 专业图书翻译

一体化

地产开发项目的前期策划与设计一体化策略(SSDI)

一、我国房地产业发展的四个阶段

我国具有真正意义上的房地产开发行业,从1981年深圳、广州开始施行商品房开发试点,到1992年房改全面启动,再到1998年全国全面取消福利分房,大约经历了二三十年时间。根据笔者多年的从业经验,并站在一个房地产项目策划、产品研发与规划设计者的角度,可以把我国的房地产业的发展历程划分为如下几个发展阶段:

1. 第一个阶段是资源主导的阶段,只要有社会关系,只要能够拿到土地,别说开发了,转手就能挣大钱。在这个阶段,国民居住需求被压抑了几十年,一下子爆发出来后,导致市场需求远大于供给,属于典型的卖方市场。这个阶段卖的是楼花,卖的是图纸。

2. 第二个阶段是营销主导的阶段,在经历了第一个阶段的房地产市场井喷之后,市场上可供选择的产品多了起来,供求基本平衡。在这个阶段,就看谁的营销理念做得好,谁的销售策划和包装吸引眼球了。这个阶段可供购房者选择的项目多,诱惑也多,当然陷阱也多。

3. 第三个阶段是产品主导的阶段,这个阶段的市场供应开始大于需求,营销周期开始逐年增加。一些有远见的房地产开发企业加大了产品研发的力度,不断通过推出创新产品来影响市场,通过提升产品的竞争力来吸引购房者。消费者中,首次购房者逐渐减少,再次或多次购房者逐渐增多,大家经历了第一次购房和居住过程中遇到的种种房屋质量问题之后，开始关注产品的品质。

4. 第四个阶段现在已经开始萌芽，这个阶段是配套及服务主导的阶段。转型较快的开发商已经开始提出做社区运营商，要给居住者提供更多的社区配套及服务，要扮演一个社区生活服务者的角色，再也不能把房子卖出去就不管了。

二、项目开发前期的工作内容与工作重心

与上述房地产业发展的四个阶段相对应的，是项目开发前期的工作内容与工作重心也各不相同。

1. 第一阶段是资源主导，社会关系是生产力。老板的社会资源是房地产开发企业的核心能力所在，在这个阶段项目发展部是公司举足轻重的部门。项目定位与策划基本没有，凭着老板对市场的直觉判断去做即可，什么好卖做什么。规划设计则是流水线作业，毫无创新可言，也根本没有创新的动力。

2. 第二个阶段是营销主导，销售包装是核心能力。这个阶段成长起来很多知名的营销代理公司，他们凭借最贴近终端市场的优势，在项目前期策划的阶段也扮演重要的角色。设计基本上是跟着营销的指挥棒走，营销说什么产品好卖就去抄什么产品，形成了天下设计一大抄的局面。

3. 第三个阶段是产品主导，房地产终于开始回归居住与使用的本质。因为房地产的大势不好，营销说得天花乱坠也无济于事，设计师终于有开口说话的机会了。于是这个阶段营销代理公司与设计公司并驾齐驱。行业内出现营销代理公司研究产品与设计、设计公司开始向前延伸到项目定位与产品策划的情况。其实双方各有自己的局限性，这种跨界没有专业基础，谁也不具有全面的专业能力，谁也说服不了谁，最终就是给房地产开发商出难题——两边都说得有道理，不知道该听谁的。

4. 最后一个阶段是配套与服务主导，并延伸到产品与品质的关注。但大部分的开发商还没有觉悟，不知道消费者关注的项目价值重心已经转移，还在按照传统的项目前期作业流程进行项目定位决策与策划设计：从市场调研开始，先确定客群定位，再确定产品配比，最后确定营销策略，这就是全部的项目定位，然后设计公司按既定的项目定位和设计任务书完成方案设计。这样做，不仅会让项目走得很艰难，也会有很大市场风险，因为没有配套及服务的项目将不再受消费者青睐。

三、房地产项目前期策划与规划设计方面存在的问题与解决方案

笔者深感在当前房地产开发行业内,在项目前期策划与规划设计方面存在诸多问题。下面结合笔者的多年探索经验给出一些解决方案,以期给房地产开发从业者提供一些借鉴。

1.房地产项目的销售策划不能等同于项目的前期定位策划,更不能等同于项目的产品策划。前期定位策划确定项目的发展方向,决定项目的开发策略,它不仅涵盖了项目的产品策划和销售策划、运营策划,也涉及项目的资金投入与投资回报的资金筹划,以及产业政策运用等其他方面。其中的产品策划和销售策划,可以说是占据了房地产行业"微笑曲线"的两端,在房地产开发运营的过程中,创造出绝大部分的价值(图1)。位于微笑曲线前端的产品策划,不仅仅应该确定市场的产品发展趋势、项目的产品类型和产品配比,也不仅仅是确定一个户型的面积区间,还应该深入到产品的细节层面进行研究,例如:如何让户内空间使用更合理,如何创造出更高的使用率等。而位于微笑曲线后端的销售策划,则应该基于产品策划的基础上,制定相应的营销包装与推广方案,否则,脱离产品谈营销就是无米之炊。

2.项目的前期策划与规划设计之间有一条缝隙,这是从感性的市场与客户需求到理性的产品设计之间,没有做到无缝对接而造成的。如果地产开发商的专业整合能力不足以驾驭前期策划与规划设计两家合作方,这条缝就会出现。地产开发商有自己的设计管理部,他们的设计师要做的就是把来自于市场与营销的客户需求转化为设计任务书,然后再交给设计院的设计师去完成项目设计。而现在,很多公司的设计管理部

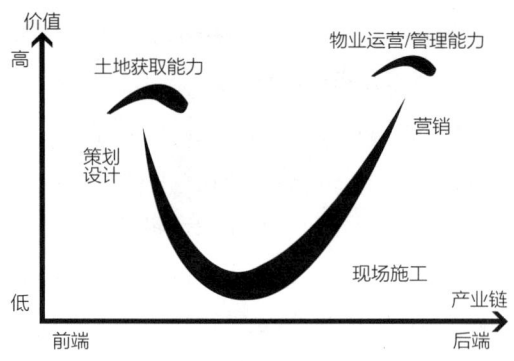

图1 房地产开发价值链的微笑曲线

成了一个二传手部门，没有经过对客户需求的深入研究，没有经过有针对性的产品研发，就把合作方提供的市场与营销策划报告直接转交给设计院了。然而，一般来说，设计院的设计师并不了解开发商的开发目标，也距离市场与客户比较远，这样设计出来的东西往往脱离实际需求。

3. 房地产行业缺少对营销与设计之间本质关系的理解。营销面对的是市场，是客户，根本上是人，而人是感性的动物，感性的动物所表达出来的需求也是带有感情色彩的诉求。如何将客户带有感情色彩的诉求转化为理性的设计要求，应该是我们房地产前期策划与产品研发的研究重点。感性的客户需求如何理性地表达给设计师，理性的设计又如何融入艺术，产品设计理念又如何感性地传达给最终的客户，这是每一个从业者应该思考的问题。那么，我们在项目前期的策划与设计阶段应该如何整合"营销与设计"、"感性与理性"、"艺术与技术"呢？笔者从最近三年的项目实践经验中总结了一些方法，在此与读者共享。

四、房地产项目前期策划与设计一体化策略的发展

为了解决上述三大问题，三年前，笔者组建了一个房地产发展咨询公司，开始探索项目前期策划与规划设计一体化的策略。现在回过头来看，这个探索过程可以分为四个阶段，也可以说是项目前期策划与设计一体化策略的四个版本。

开始的时候，我们的出发点很简单，那就是尝试将项目的前期策划与规划设计同步推进，以期达到以下两个目的：

1. 策划与设计同步开展工作，策划师与设计师联合进行市场调研，策划师与设计师一起讨论市场情况及客户需求。策划师提出市场定位和产品要求，设计师验证其落在图纸上的可行性；设计师亦可提供其他项目的设计经验，给策划师以启发。这样，策划与设计的互动结果是，一方面，策划方案经过设计的检验更具有实施的可行性，也能更多吸收其他项目的优秀经验；另一方面，设计师参与策划过程，充分了解策划的意图，设计方案的准确性和精确性更高。

2. 策划与设计同步开展工作，可以达到节约项目前期工作周期的目的。这一方面是因为策划与设计的工作时间可以重叠，另一方面是因为设计对策划的理解到位，使设计过程更加顺畅，不再出现反复。而且，因为是一体化的方案，各方面的因素考虑

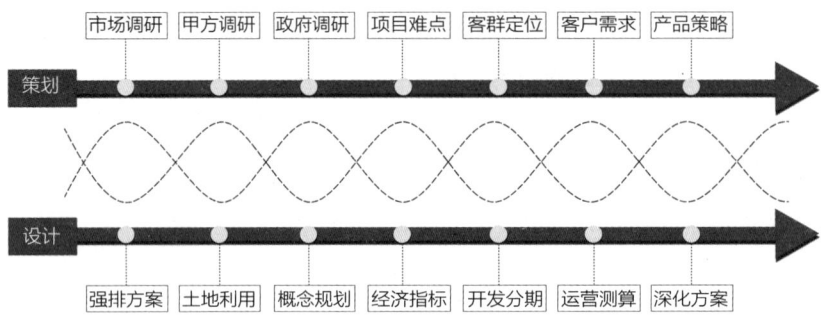

图 2 策划与设计一体化策略 1.0 版本主要内容

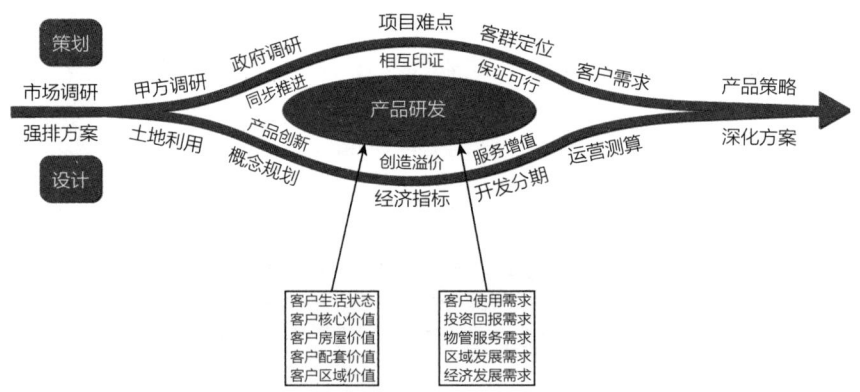

图 3 策划与设计一体化策略 2.0 版本的主要内容

得比较周全,对后面的修建性详规设计以及深化方案设计更有利,方案修改或者被颠覆的概率会大大减少。一般房地产开发项目的前期策划要 1.5 个月,概念性规划设计要 1~1.5 个月,深化方案设计要 1.5~2 个月,将策划与设计整合起来还要花一些时间,这样加起来至少 5 个月,如果采用策划与设计一体化模式,则只需要 3 个月。

这就是策划与设计一体化策略的起步阶段,可以称之为策划与设计一体化策略的 1.0 版本(图 2)。

随着市场进入房地产发展的第三个阶段,产品的打造成为项目成败的关键,因此产品研发就成为策划与设计的主旋律,是项目前期的核心工作,于是策划与设计一体化的策略也进入 2.0 版本(图 3)。

策划与设计一体化策略的 2.0 版本更加强调产品研发与创新,产品研发成为弥补前期策划与规划设计之间那条缝的关键一环。在这个阶段，市场上营销策划公司的职能已经蜕变成数据调研公司，开发商只要求他们提供市场数据，开发商自己的策划与研发团队从这些数据中挖掘出有价值的信息，用于产品研发。一旦开发商确认了项目定位、研发出了产品原型，把策划与研发成果交给设计院，由设计院进行深化设计与规划设计，设计院也就蜕化成画图工具了。这在行业内已经是一个比较普遍的现象，造成这种现象的原因就是我们之前曾经提到的——营销策划公司和设计院都各有自己的局限性。造成这种局限性的原因是，房地产市场上同时具有建筑师背景和开发商背景，又同时具有策划、研发、设计、项目操作能力的资深人士，基本处于供不应求的状态。这类人，要么在地产公司位于产品线领导之位，要么成为拥有一定的项目干股的项目总经理。因为从事项目策划和产品研发的收入较低，他们很少去从事项目策划和产品研发工作，这造成市场上缺少真正有实力的人或者机构能够提供产品研发服务。只有当开发商能认识到这种"以产品研发为核心的项目策划与设计一体化"的巨大价值，并愿意为此支付较高的费用的时候，才能吸引更多的专业人士去做这件事情。

3. 进入产品主导的阶段之后，市场竞争越来越激烈，为了提升产品的竞争力，在产品和品质方面的投入就越来越大，因此，开发商面临的成本压力也越来越大——既要提高产品品质，又要控制成本以较低的价格进入市场去迎接竞争。所以，这就要求项目在做前期策划的时候考虑更多的技术实现措施，以便于开发实施的过程中做到成本可控。于是策划与设计一体化的实践也正式进入了第三个阶段，通过产业技术的融入形成了策划与设计一体化策略的 3.0 版本（图 4）。

策划与设计一体化策略的 3.0 版本强调，在项目前期策划阶段就应该开始考虑产业技术，这样才能在之后的设计过程中将产业技术融入方案，将来的现场施工阶段才不会出现更多的设计变更和现场改造。这种一体化策略还顺带解决了行业的一个顽症，那就是二次设计问题。根据我国的《建筑法》规定，设计师不能在图纸上标注材料、部品及设备的型号和厂家。于是，某些必须根据专业厂家提供的参数才能进行工程设计的部分，基本上都遗留了一个小尾巴，那就是"详见二次设计"。二次设计有很多危害，首先，必要的设计参数不确定的情况下，规划与建筑设计必然要给未来的二次设计预留更大的容许度，从而造成建造成本的浪费；其次，二次设计会产生较多的设计变更和工程变更，给施工现场造成混乱，既造成工程成本的浪费，又耽误施工工期。

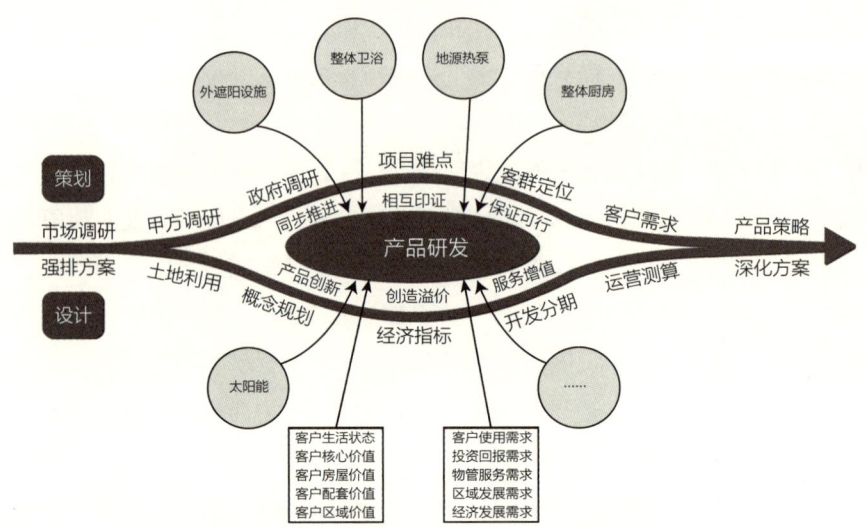

图4 策划与设计一体化策略3.0版本的主要内容

如果在项目前期策划的时候就把专业厂家推荐给开发商，并通过整合供方渠道给予开发商一定的工程采购方面的优惠，可以让开发商提前确定专业供方，并在进行规划与建筑设计的时候整合进去，以便得到一个完整的、没有遗留"二次设计"的设计方案。对于部分符合国家产业政策支持的材料、部品、设备与技术的应用项目，还可以申请财政补贴。通过政策性的补贴，既让购房者得到了实惠，住上了高品质的住房，又让开发商在总成本可控的情况下，增强了产品的市场竞争力，形成住户、开发商和社会共赢的局面（图5）。

4. 即将进入或者说已经进入的配套和服务主导的市场阶段，购房者关注的已经不仅仅是住宅产品了，他们关注的更多的是附加在产品之上的配套和服务了。这种市场环境又逼迫我们开发商不能仅仅是"盖房子＋卖房子"，你得考虑未来的社区服务和配套运营了。而开发商不擅长服务和运营呀，这时候，各种社会上的服务资源的运营商的春天来了。这就要求，各种运营商参与到项目的前期策划中来，作为配套设施的使用者、运营者，介入前期的策划和设计工作，提出设计要求，落实在图纸上，以减少后期的变更和浪费。作为专业的策划设计一体化服务商，我们应该在前期策划和设计的时候，有这个意识，有这些资源，并具备把这些资源整合在一起为开发商提供服

第一章 一体化

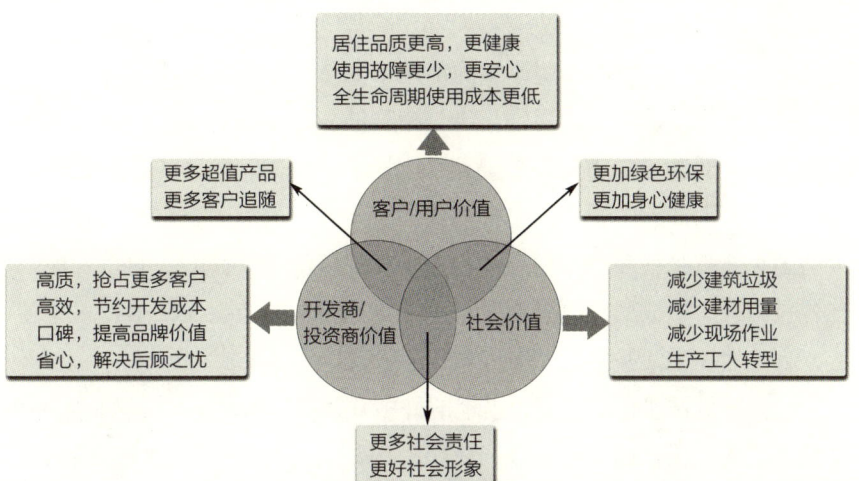

图 5 策划与设计一体化策略的价值

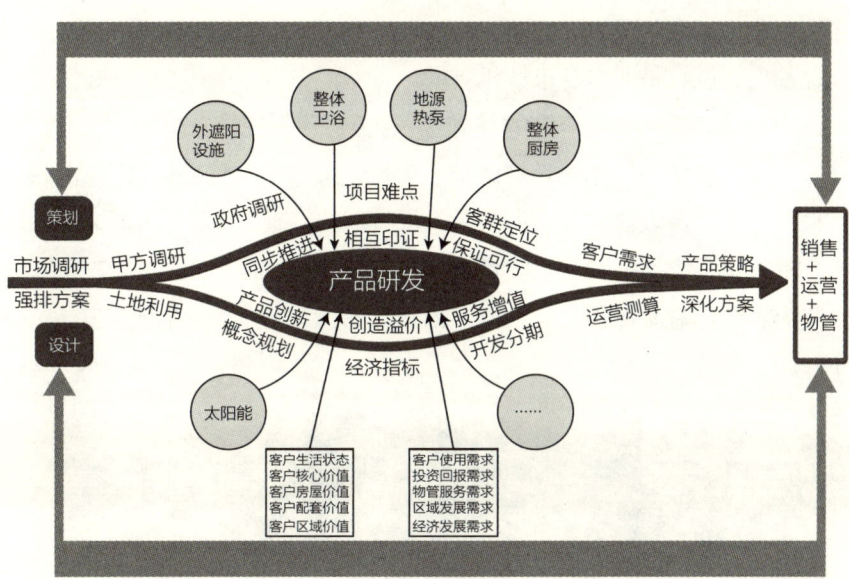

图 6 策划与设计一体化策略 4.0 版本的主要内容

务的专业能力。能做到这一点,就是完美的一体化 4.0 了(图 6)。

笔者认为,这种"以产品研发为核心的策划、设计与产业运营、产业技术集成一体化的策略"是目前房地产行业开展前期工作的最优模式。

五、案例解析

案例项目一：濮阳加州小镇的前期策划与产品研发设计

濮阳加州小镇项目的用地位于河南省濮阳市东侧的濮东产业聚集区，毗邻新区核心区龙湖公园，是中原油田总部往来中原油田各生产厂区的必经之路。濮阳因中原油田而建市，因拥有中原油田总部而发展，但背靠大型国企有利也有弊。利的一面是，大型国企能带来很多就业机会，创造很多经济活动。弊的一面是，地方政府与油田总部各自为政，造成城市管理水平较差，谁也不愿在市政建设上投入过多，城市建设滞后，人民居住生活条件较长时间内得不到改善。

根据市场调研情况来看，当地的许多开发项目都是低成本、低水平的开发。所以，虽然很多人靠山吃山，经济收入不错，但却没有可以改善居住条件的机会。同时，虽然中原油田总部也有开发建设家属区（自建房）的权利，但是，建设速度远远满足不了巨无霸大国企的职工居住需求。因此，我们认为做较高品质的住宅，尤其是较高环境品质的社区，是非常有市场机会的。

在上述一系列市场研究的基础上，我们根据"客户的家庭生命周期"、"客户的家庭收入及支付能力"和"客户的核心房屋价值认知"将目标客户群锁定在如表1所示的四类，并在深入研究客户的产品需求特征的基础上，给出相应的产品策略。

针对第一类客群和第二类客群，我们提供一梯两户电梯洋房产品。其中，面向第一类客群的是奢华产品，标准层平面设计如图7所示，它有比较豪华的平面面积和空

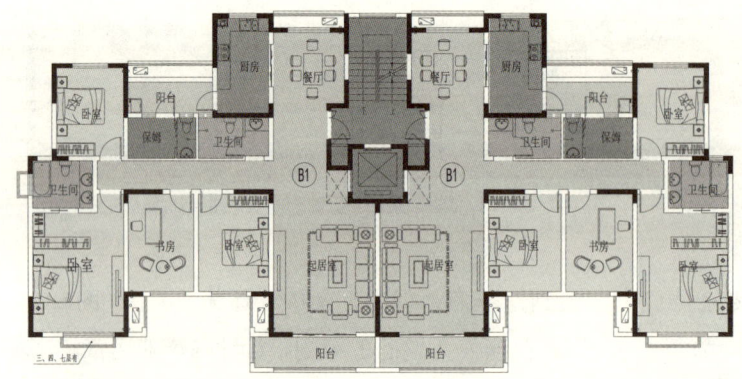

图7 奢华型产品的标准层平面分析图

濮阳加州小镇目标客群及其产品需求特征   表1

目标客群	目标客群特征	产品需求特征
彰显地位、注重奢华生活的**富贵家庭**	1. 可能是油田的高层管理人员，也可能是围着油田做生意的中小企业老板，或者其他行业的成功人士； 2. 学历最高，69%大专及以上学历； 3. 67%企业业主； 4. 51%非常忙，经常加班； 5. 75%开车上下班； 6. 年收入26万元	1. 配备有独立门厅区，入户门进来应有遮挡，大门对面有空间设置柜子； 2. 大面宽景观阳台； 3. 宽敞奢华的客厅及餐厅，无不彰显奢华尊贵的品质； 4. 家政区及保姆房间独立设置，也可根据使用需求将保姆房改为小卧室
彰显地位、享受品质生活的**成功家庭**	1. 主要针对油田中层管理层、中小企业管理层； 2. 学历其次，48%大专及以上学历； 3. 12%外企； 4. 42%经常加班； 5. 30%开车上下班； 6. 年收入7.7万元	1. 入口门厅并设置有鞋柜和大衣挂柜； 2. 宽大舒适的横厅设计可充分体现享受型生活的内涵，并给人以及其强烈的视觉冲击； 3. 舒适惬意的大进深景观阳台； 4. 主卧室与书房组成套房，主卧宽敞舒适，并设置有步入式衣帽间。书房也可作为主卧的套间统一布置
注重自我、追求舒适生活的**富裕家庭**	1. 主要针对油田职工、行政事业单位、私营企业主及商人； 2. 47%大专及以上学历； 3. 29%经常加班； 4. 年收入6.3万； 5. 16%有汽车，26%计划买车； 6. 改善生活环境；对生活品质有一定追求	1. 房间设置强调舒适性，大空间感。三房面积达到140m^2，两房面积达到93m^2。强调一种生活方式； 2. 三分离的卫生间设计可极大提高空间利用率； 3. 厨房洗切操作间与炒菜间及家政间三分离复合式厨房设计，使得生活更加轻松随意
事业上升、追求开心生活的**改善家庭**	1. 事业上升、家庭美满的改善客户； 2. 市区中产阶层、周边县市富裕人士； 3. 投资型客群	1. 满足客群对房间数量的要求； 2. 入户花园可改造为景观餐厅； 3. 主卧设置有大开间景观阳台

第一章 一体化

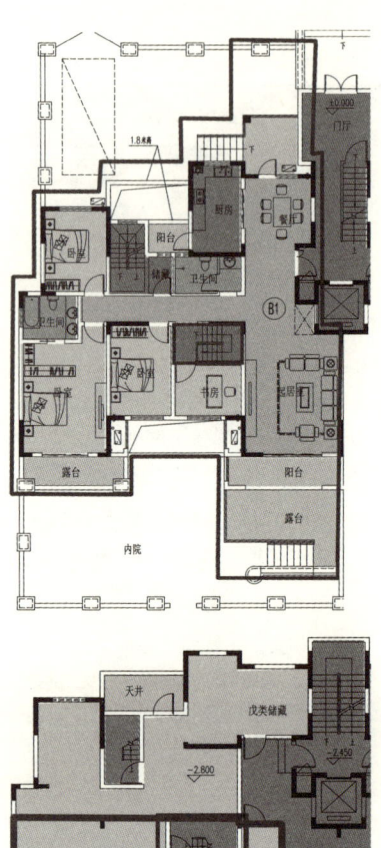

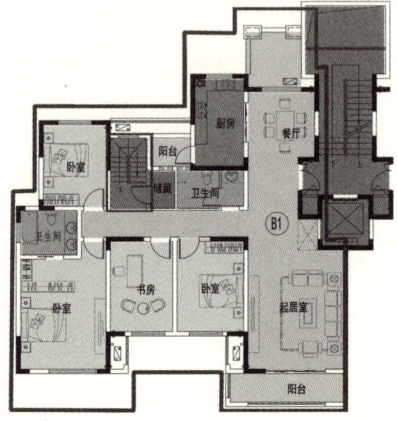

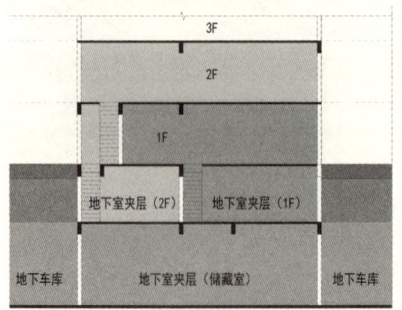

图8 奢华型产品的首层平面分析图

图9 奢华型产品的二层户型平面分析图

图10 奢华型产品的首层和二层空间剖面示意

间,除此之外,在这个产品里面,我们所强调的"产品研发"成果主要表现在首层和二层户型对地下室以及附属庭院的分割与使用(图8~图10)。其余三种产品的创新成果有异曲同工之妙,在此不再一一叙述。通过这些产品层面的研发,以期给更多的产品带来溢价,提升项目总体的开发效益。

在这个项目的规划设计层面上,设计细节的优化同样给项目带来明显的增值。我们在两个地方进行了规划设计创新:一个是步行商业街的布局及产品形态,另一个是南侧地块北侧高层下部的商铺与住宅物业的结合。

项目三个地块形成一个倒"品"字形。南侧的地块东西向的宽度比较大,达400m,南北向的进深比较窄,只有100m。南侧地块与北侧的两个地块之间形成了一个斜丁字路口。从控规形态上来看,这本身就不太合理,主要原因是在北方考虑日照间距的情况下,东西向长条布局的南侧地块很难进行住宅楼的布局,且造成丁字路口向东西两侧道路的交通疏散距离过长,尤其是南侧地块阻断了北侧地块到中原东路的人行交通。为了缓解这种不合理的地块分割造成的交通不便和规划困境,我们用一条步行商业街贯通南侧地块,将丁字路口变成了十字路口。同时,这条步行商业街布置

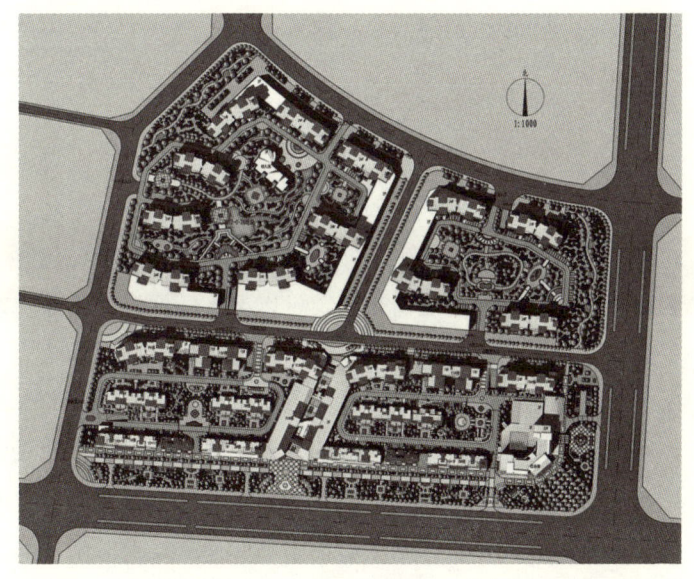

图11 濮阳加州小镇南侧地块步行商业街的斜向布局方式分析

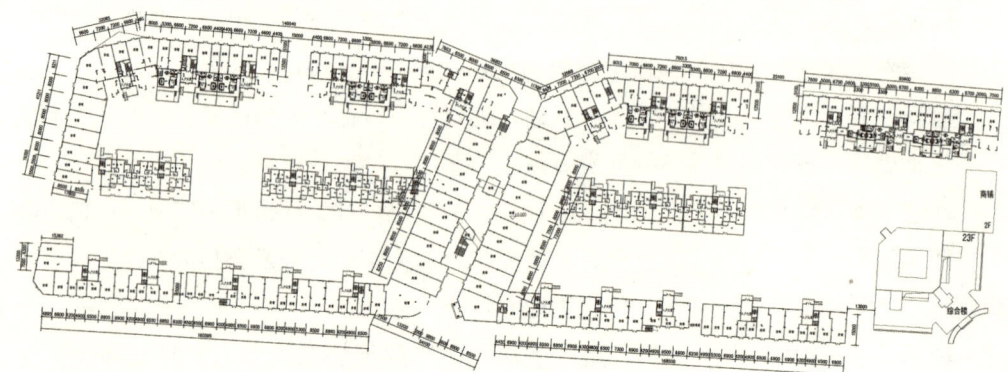

图 12 濮阳加州小镇步行商业街一层平面组合示意图

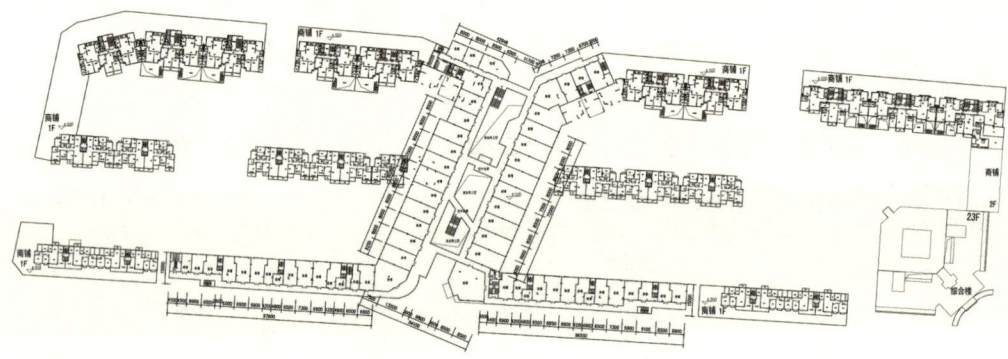

图 13 濮阳加州小镇步行商业街二层平面组合示意图

在北侧两块地之间的道路的延长线上,并不取正南正北方向,而是南偏西、北偏东。这样的布置,带来一个额外的好处,就是由西侧主城区沿中原东路过来的人流和车流,相对于垂直道路的商业街来说,可以更方便地看穿斜向前方的商业街,从而给路过项目的人带来更多的吸引力(图 11)。

除了商业街的规划布局层面,还可以从商业物业的产品设计层面进行创新。这个方案摒弃了濮阳各大项目流行的商铺开发模式,没有沿袭当地通行的把一、二层商铺上下打通进行销售的做法。笔者认为,一、二层上下打通面积太大,总价过高会拉低单价,且总价过高会过滤掉很多商铺投资者,降低销售速度;另外这种做法会导致二楼的商业价值不太高,因为每个店铺都要通过内部楼梯上下,消费者逛街的连续性就

图 14 濮阳加州小镇步行商业街内部商业气氛模拟效果图

会被打断,导致二楼的商业坪效会很低。基于这个考虑,我们在商业街两端入口处,均设计非常平缓的室外台阶加自动扶梯,可以像坡地上面的建筑那样,把地面的人流自然而然地引到二楼,再通过一系列的外廊和天桥将二楼所有的商铺连接起来,成为一体。这种做法可以实现一、二层商铺的分开销售,产生更多产品溢价。同时,台阶、自动扶梯、外廊、天桥、商业街立面的凹进和凸出,都让商业街的空间气氛更加商业化,让顾客的购物过程更具休闲性和体验性(图12~图14)。

再来看一下一期地块北侧高层下部的商铺与住宅物业的结合问题。沿道路布置的18层的高层住宅与下部一层高的商铺,规划设计条件要求的建筑退线不同,造成高层住宅的首层的南侧出现局部架空层。这是因为,高层住宅的总进深一般在13~15m,建筑红线退道路红线10m,而裙楼的商铺建筑则只需退道路红线5m,同时,因为商铺的进深不可能做到20m(图15)。

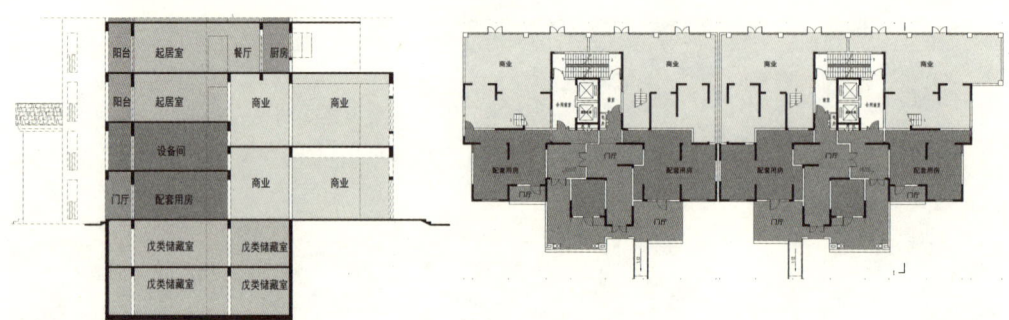

图 15a 首层架空空间的产生原因分析　　图 15b 首层平面图

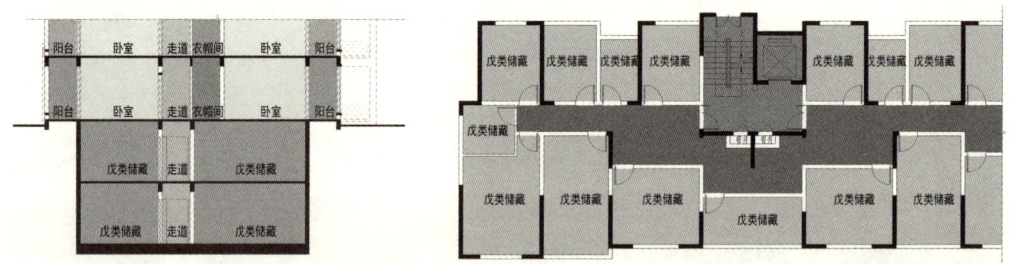

图 16 地下室的利用分析

一般来讲，在规划设计的时候会将这个架空层做成泛会所，或者做成物业服务的办公用房或社区的配套用房。我们通过产品的优化，把这一部分空间做成二楼住宅向下的一个跃层，同时把一楼地面围成一个小院送给这一户，于是二楼加一楼的南半部分，再加上赠送小院，就变成了一个底层别墅户型，其产生的价值不言而喻。

与此同时，因为项目做了大底盘的地下车库，而在北方的气候条件下，地下室顶棚上面的覆土层会比较厚，于是在高层住宅的楼座下部会产生一个非常高的地下空间。对这个大空间的利用，有两种处理手法：一种是楼座下部的地下室底板高于地下车库部分的地下室底板；另一种是在中间部位做回填土。我们的设计方案是在中间部位做一个夹层空间，一部分做成自行车库，用以满足平原地区较大量使用的自行车、电动车的存放，提升了环境质量。一部分做成商铺的储藏室，可以和商铺捆绑销售或者租赁。高层住宅楼座下部与地下车库底板平齐的负二层空间，因剪力墙密布，无法全部做成停车位，不能作为停车位的空间就被分割成小型储藏室，为上部的住宅进行配套，可售可送（图 16）。

上面这些细部设计均挖掘出了每一寸空间的使用价值，这些价值对住户与开发商来说是双赢的，双方均从中受益。

案例项目二：郑州中原悦府项目的配套服务系列与产业技术集成

这个项目位于郑州市中原区，紧邻刚刚开通的西三环快速路和郑少洛高速出口。由于中原区是郑州市传统的工业片区，虽然现在来看是郑州市三环内的成熟片区，但是由于旧城改造的难度大，改造的进展缓慢，在郑州人的印象中属于老旧的城区。同时，由于这是一个旧改项目，开发商的土地获取成本较高，售价必须在 10000 元 $/m^2$ 左右才能不亏，而周边项目的售价基本上在 8500 元 $/m^2$ 左右，于是出现了面粉贵过面包的情况。

我们接受了这个项目的产品策划任务后，对项目的资源进行了分析。首先，这个项目的地理位置位于西三环快速路旁，通过西三环进出方便，因此，郑州市三环快速路沿线在售项目的意向客户均可成为它的目标客户；其次，这个项目的用地位于郑少洛高速的出口延长线上，所以来自郑少洛高速沿线的进城置业客户也是这个项目的目标客户。除了可以利用的交通资源优势，这个项目就没有什么特别的优势了。

而甲方对这个项目唯一的开发目标就是售价要在一万元以上，也就是说只要不亏钱就可以。那么，什么样的客户可以接受在这个区域售价一万元以上的项目呢？首先，这类客户不能是价格敏感型客户，因为对于价格敏感型的客户，别说你比周边的项目高 1500 元以上了，就是高 100 元、200 元，他们都会去选择低价的项目。其次，这类不差钱的客户，为什么要在这个不被大部分客户看好的区域买房子呢？我们认为，一个原因是他们对这个区域比较熟悉，他们的社会关系都在这个区域；另一个原因是，他们是从郑少洛高速沿线过来希望来省会郑州置业的相对高端的客户。那么，这一类人希望买到什么样的房子，又希望住进一个怎样的社区呢？这些有一定经济实力的人，关注的已经不是柴米油盐的日常生活必需品，他们关注的是生意、健康、子女的教育或就业、老人的养生和养老等（图 17）。这些需求可以整合为对社区配套服务的需求（图 18）。所以，我们可以说，这类客户需要的已不仅仅是房子，更多的需求是社区的配套服务。

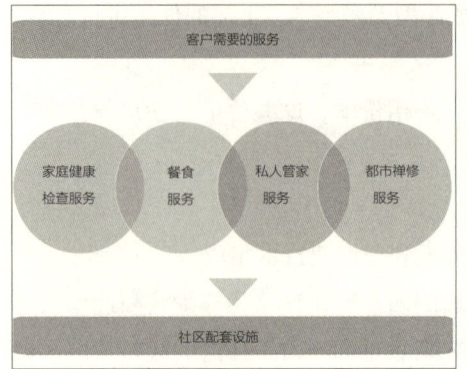

图 17 郑州中原悦府的客户需求

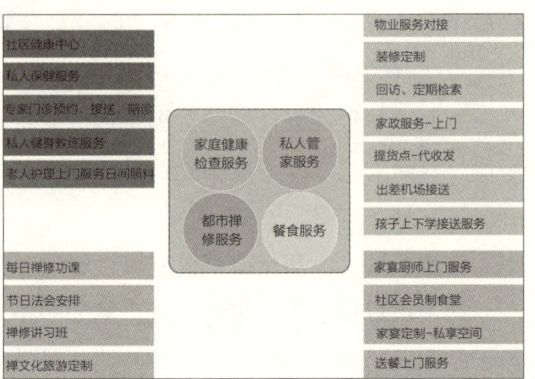

图 18 郑州中原悦府的社区配套服务

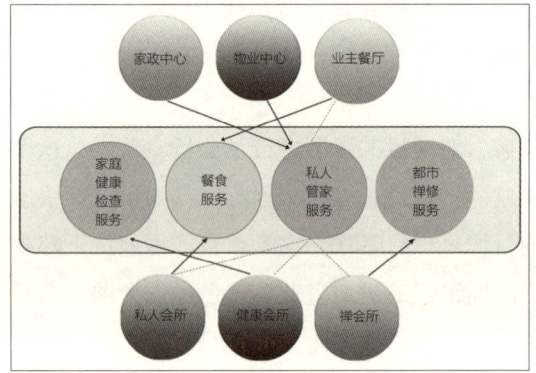

图 19 郑州中原悦府的社区配套设施

之后，我们要做的是，将这些社区配套服务进行重组，以一定的配套设施来承载它们、容纳它们。于是，就形成了社区配套设施（图 19）。

为了让客户享受更加人性化的社区配套服务，充分利用三环快速路和郑少洛高速路的交通资源，也考虑到这类客户拥有不止一辆汽车的实际情况，我们可以考虑为每一户提供两个车位，而且最好是私家独立车库。可以设计成子母车位，这样可以大大降低单个车位的占地面积，相对节约车位造价。此外，还可以考虑双大堂设计，因为，这类住户开车进出小区的可能性较大，在地下车库这一层营造出高品质的大堂，是为这类客户营造舒适的回家线路的最好体现。

最后，我们还要在户型设计上进行创新，避开区域市场的低水平竞争。我们为每一户打造一个储物夹层空间。因为这一类客户的经济比较宽裕，购物较多，家里逐渐累积起来的物品怎么储存是一个大问题。通过设置储物夹层，在不增加建筑面积的情况下解决了这个难题。同时，又因为两层住户共用一个夹层，也创造了丰富的室内空间：给上层住户一种错层户型的感觉，并为其创造了一个类似半地下室的储物空间；给下层住户创造了一个可以储物的阁楼空间（图20）。

在给客户创造出更高品质的居住空间、更美好的社区环境，以及更加人性化的配

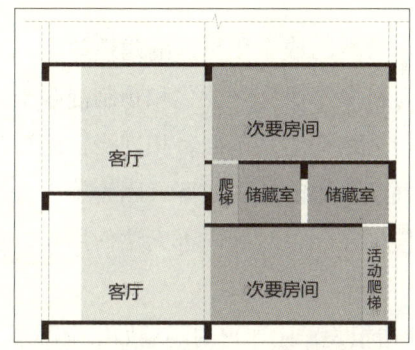
图 20a 郑州中原悦府的储物夹层空间设计

图 20b 郑州中原悦府的储物夹层空间设计

郑州中原悦府的产业技术集成应用　　　　　　　　　　　　　　　　　　　　　　表2

编号	项目类型	增值部分项目名称	增值类别	国家补贴
1	空间类	双车位	客户空间使用及舒适度增值	无
2		双大堂设计	客户空间使用及舒适度增值	无
3		储藏夹层设计	客户空间使用价值增值	无
4		菜单式精装修	客户空间使用及舒适度增值	无
5	部品材料类	预制楼梯	开发成本降低	无
6		新材料应用	客户舒适度增值、开发成本降低	有
7		隔声楼板	客户舒适度增值	无
8		隔声窗	客户舒适度增值	无
9		整体卫浴设备	客户舒适度增值、开发成本降低	无
10		同层排水及新型管材设备	客户使用价值增值	无
11		地暖设备	客户舒适度增值	有
12		隔震技术	保障客户生命财产安全、开发成本降低	无
13	设备类	壁挂式太阳能设备	客户使用价值增值、开发成本降低	有
14		空气净化设备	客户舒适度增值	无

套和更加优质的社区服务的同时，如何能够做到成本可控呢？这就是产业技术集成要解决的问题。

我们在这个项目的产品策划方案里，提出了十余项与客户生活密切相关的产业技术，也提出了几项与开发商建造实施过程密切相关的技术措施（表2）。

客户生活相关的产业技术可以给客户带来更好的产品体验和居住感受，比如正压式或负压式的新风系统，在郑州这个雾霾严重的城市，对家中有老人和孩子的家庭就比较有吸引力，也愿意为此买单。

建造实施相关的技术可以给开发商带来可控的成本和更好的建造效率，比如预制装配整体式的钢筋混凝土楼梯。以笔者在万科多年研究产业化和预制混凝土技术的经验来看，目前，在预制装配整体式钢筋混凝土结构体系里面，和现浇钢筋混凝土体系相比，只有预制楼梯可以降低造价，并提高升降机的使用效率（因为施工人员可以从装配好的楼梯上下，而现浇的钢筋混凝土楼梯在一段时间内都无法使用），从而降低工程的综合造价。

也有一些产业技术既和客户相关又和建造相关，比如户内隔墙如果全部采用干墙体系（即轻钢龙骨石膏板体系）将会降低结构荷载，进而减少建筑物的含钢量，达到降低造价的目的。当然，这需要在项目一开始就有这样的策划方案，并在之后付诸于设计。同时，这种干墙体系更薄，可以增加套内的使用面积，给客户带来看得见的实惠。而且，这种墙体的石膏板具有"呼吸"作用，当空气湿度大的时候，石膏板吸湿，反之释放水分，

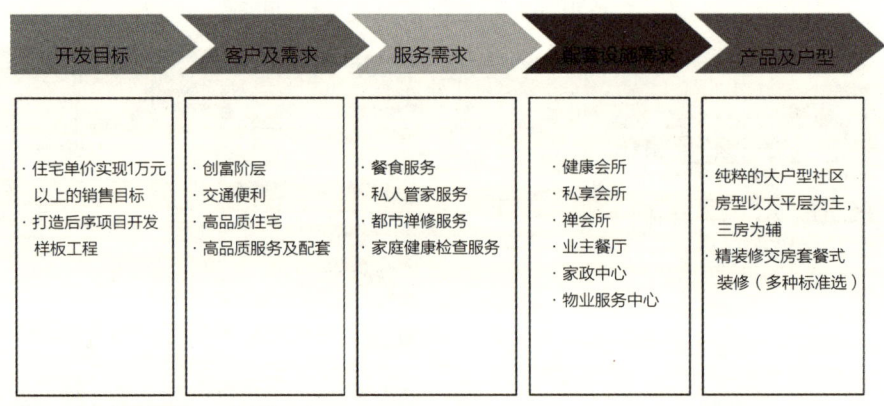

图21 郑州中原悦府项目的定位逻辑

郑州中原悦府的产品及定价　　　　　　　　　　　　　　　　　　　　　　　　　　　　表3

户型	户型面积（m²）	面积比	面积（m²）	套数比	套数	单价（元/m²）	毛坯总价（万元）	精装修标准（元/m²）	精装修总价（万元）
A	240	10%	13500	7.5%	56	12500	300	2500	60
								3000	72
								3500	84
B	210	20%	27000	17%	128	12750	267	2500	52
								3000	63
								3500	73
C	175	20%	27000	24%	180	13000	227	2500	43
								3000	52
								3500	61
D	150	50%	67500	51.5%	386	13500	200	2500	37
								3000	45
								3500	52
合计		100%	135000	100%	750				

起到调节室内微气候的作用。最终，住户和开发商均从中受益。

　　从我们既有的产品研发经验来看，套内建筑面积145m²的户型是最适合一家人居住、生活的舒适空间，对应于高层住宅来说，销售面积就在175m²左右。于是，我们决定以175m²的高层住宅套型作为主力户型，辅以200m²的更加舒适的户型，以及更少量的240m²的奢华户型。在项目开发的后期，可以在项目的高端楼盘形象建立之后，进一步推出145m²相对紧凑的户型，以满足经济条件并不那么好，但对自己的未来发展有信心，敢于消费高档社区，希望和成功人士居住在一起，以便给自己更多的激励和机会的那些年轻有为的客群，以及那些家庭人口较少的高收入客群的需求。这种产品策略是和项目的市场营销策略相结合的结果（图21）。

　　最后一步是定价，我们综合考虑之前的社区配套、服务与产品、附加空间的价值和户型面积，给出了如表3的总价和单价策略。

　　综上所述，我们认为房地产开发项目的前期策划与规划设计、产业技术集成一体化的策略是解决目前市场策划与设计脱节、策划流于营销策划、缺少产品策划和产品研发、不重视产业技术和开发实施可行性等诸多问题的有效方法，值得行业内的有识之士去推动、去实践、去应用，造福广大的居住者。

本文发表于《住区》杂志2015年4期总第68期

当理性遭遇感性
——住宅产品的设计研发是技术和艺术的结合

在科幻电影《星际迷航》中，有一位母亲是地球人、父亲是瓦肯星人的宇航员斯波克。他是在一个以逻辑为基础的瓦肯星"理性"社会中成长起来的星球联盟军人，不愿表现出任何"感性"的一面。但在与邪恶势力决战的关键时刻，他的"感性"与"理性"发生碰撞，最终带领飞船渡过一场劫难，并勇敢地航向前人所未至的宇宙未知领域。

在斯波克的瓦肯人父亲告诉他"很好"这个词"不够精确"时，在斯波克选择参加星球联盟舰队而不加入瓦肯科学院时的理由是"符合逻辑"时，我又想起了在做《精装修设计原则和技术标准》的时候，一再和大家强调的内容：技术标准的条文应该是"简洁的、精确的、概括的"，不能使用形容词，因为形容词是描述性的词汇，是"感性的"而不是"理性的"。这是编制技术标准的基本原则，我们很容易理解，但"提炼"的过程确实比较痛苦。

同时，就像简洁的国家标准后面有厚厚的条文说明一样，我们也要对这些技术标准进行说明，把精炼、概括的语言再还原出来，使人看了能够了解其编写背景。这时的语言要具有说明性，且尽可能地详尽，甚至有些啰嗦——因为既要从正面说这样做有什么好处，又要从反面说不这样做会出现什么问题。但总的来说，编写技术标准的时候，无论是条文正文还是条文说明都要遵循理性和逻辑性。下面试举其中的几个例证加以说明（图1~图5）。

有条件时尽可能多地设置储藏空间

生活条件提高,购买的物品越来越多,家庭需要的储藏空间也越来越多。

收纳空间包括:鞋子收纳、衣物收纳、被褥收纳、食品收纳和物品收纳。

我们在做精装修设计时要根据国人的生活习惯,多设计收纳空间,真正使精装修房能达到功能齐全,使物有所属,洁污分区清晰。

- 两边放鞋的鞋柜
- 走道上面的空间利用
- 冰箱上部空间利用
- 床下空间利用
- 地板下空间的利用

图1 这条原则告诉设计师"有条件时尽可能多地设置储藏空间",具体原因、具体做法在条文说明中予以详细解释,并且附上参考图片,一目了然。

第一章 一体化

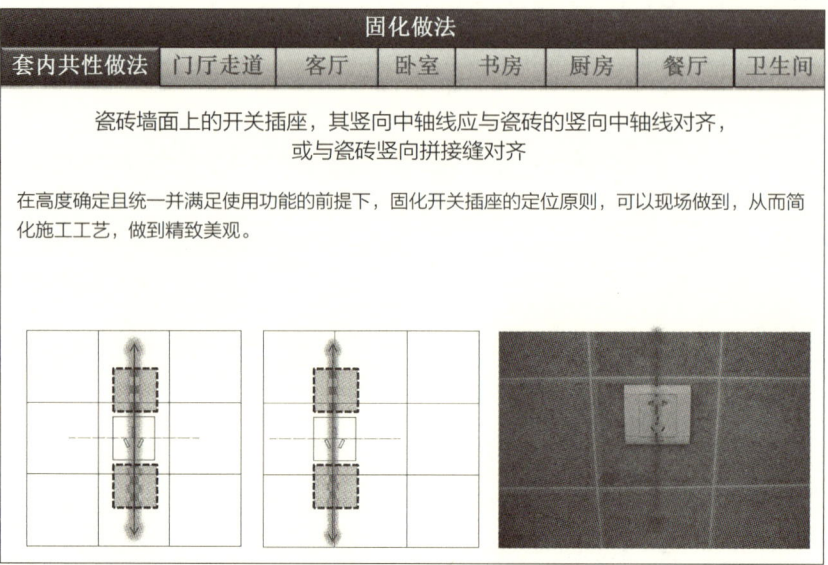

图 2 这是共性做法中的一条，无论是在哪一类房间（厨房或者卫生间）中，开关插座和瓷砖拼缝的关系均要遵循这样一个原则。

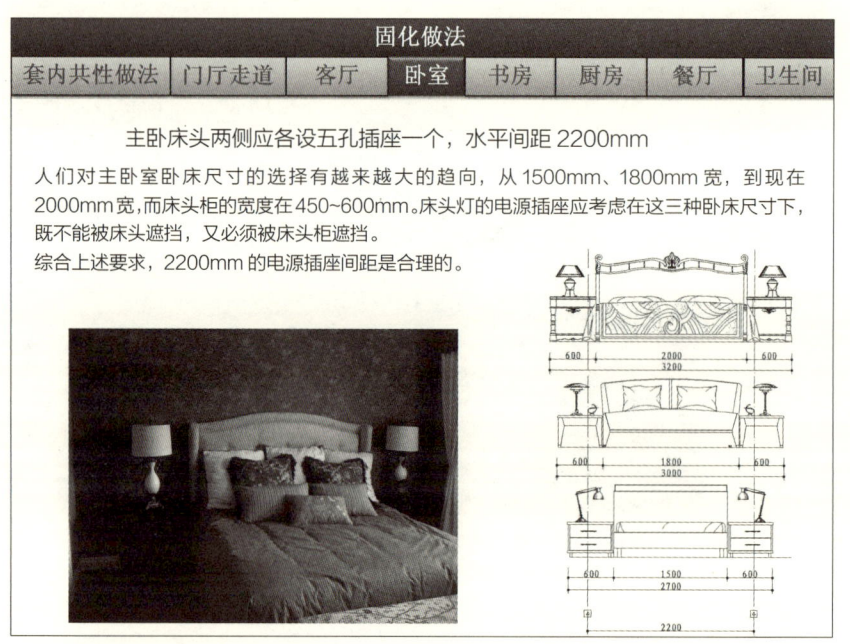

图 3 同样道理，我们确定了 2200mm 的床头灯开关插座间距，并用示意图清晰地表达出来。

固化做法							
套内共性做法	门厅走道	**客厅**	卧室	书房	厨房	餐厅	卫生间

客厅不同的使用状态应采用照明分控

在客厅里看电视、看书、会客都应该通过不同灯光效果营造不同的主题环境；照明系统至少分两种形式，普通生活模式和家庭影院模式

使用成本较低的电子照明灯具，不仅控制了电费，而且确保了必要的照度

SCENE 1，普通的生活场景

不点亮主照明，仅通过筒灯来保持一定的照度，既能达到影视效果，又不损坏视力

SCENE 2，家庭影院场景

全灯点亮，符合热闹的聚会照明要求

SCENE 3，PARTY 场景

更加降低筒灯的照度，在晚上边饮酒边聊天，营造悠闲的气氛

SCENE 4，浪漫场景

图 4 这是要求客厅采用不同的场景模式照明的原则。说明文字解释说客厅照明模式至少应分两种形式。

固化做法							
套内共性做法	门厅走道	客厅	卧室	书房	厨房	餐厅	**卫生间**

干区应设主灯和镜前灯

主灯的功能：能够从顶部照亮整个空间，保证房间的整体照明。镜前灯的作用：能够从侧上方照亮面部，光线均匀，不能产生阴影，有利于化妆。

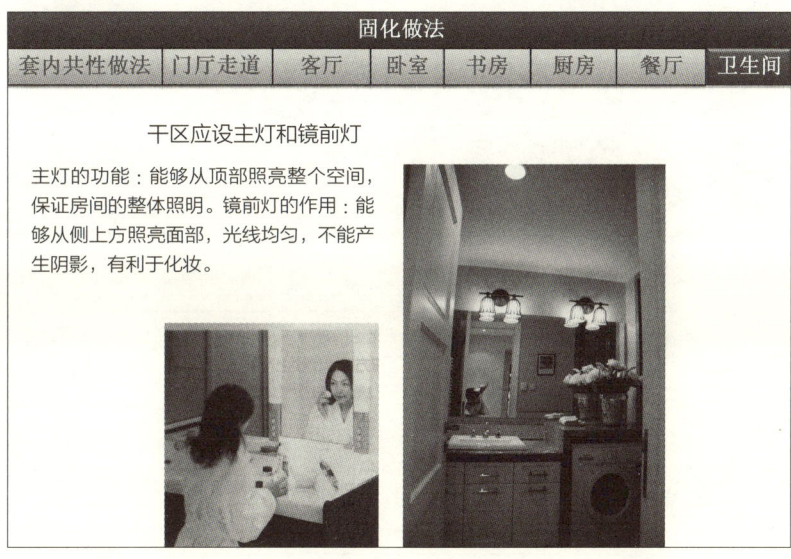

图 5 卫生间干区为了给女主人的梳妆创造良好的照明，明确了"应设主灯和镜前灯"，而且给出了充足的理由（为了均匀地照亮脸部，不产生阴影），否则不能说服设计师和成本控制人员。这些都是非常客观和理性的分析。

第一章 一体化

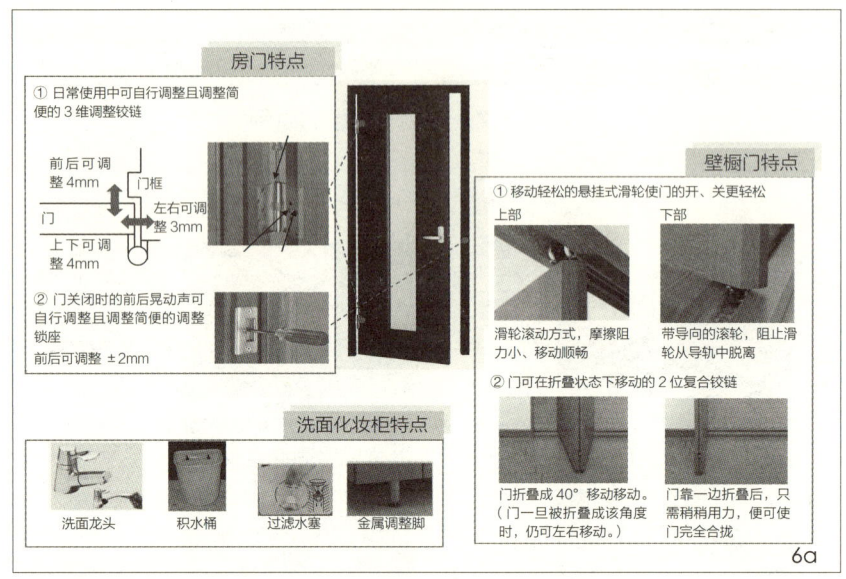

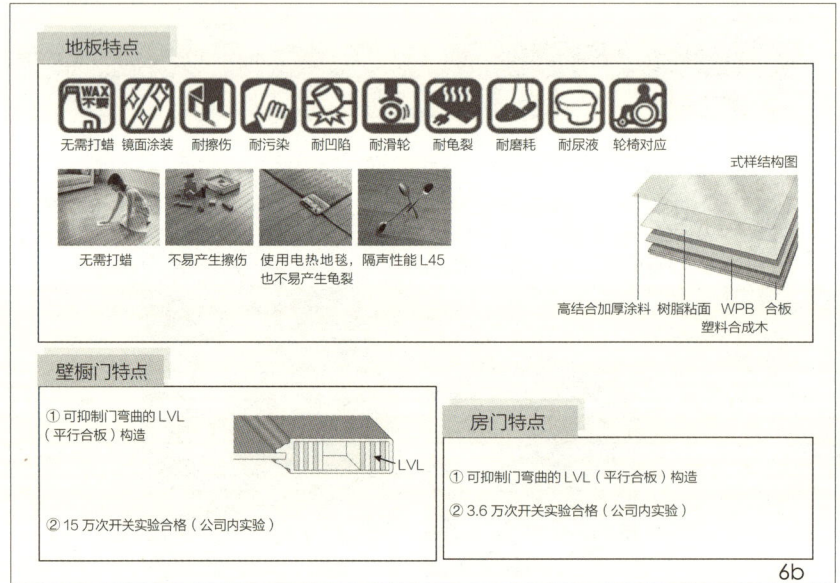

图 6a、6b 这是我们的专业研究人员完成的第一版介绍资料。可以看到，每一种产品的各项特性均被罗列出来，但其实客户可能只会关注其中不同的 1-2 条，多余的信息使他们无奈和反感，这种介绍方式效果肯定不会好。

但是后来我们在做另外一个课题的时候，便需要更换一下思路了。

这是一个对接客户需求的课题："松下电工精装修优点总结"。按照传统的介绍方法，即松下电工产品介绍手册上的介绍方法，会把产品分门别类，如橱柜、洁具与收纳系列产品，然后再按照单个产品进行介绍，如：材料、功能及使用、维护、维修各有什么特点。最后就会形成如图6所示的样式。

上述实例中的信息确实"很全面"，在技术人员看来排列得清清楚楚——"结构清晰、逻辑性强"，但它有一个最致命的缺点，即这些信息是生产厂家认为的"重点"，而不是客户关注的"重点"。客户关注的信息虽然册子里面都有，但是客户既不够"专业"、也不够"耐心"从中去发掘。

如果我们把瓦肯人的"理性"转化为地球人的"感性"来做这件事情，也就是用感性的语言来感染客户，用容易感性认知的内容来影响客户，结果又将如何？

客户无论是对自己的需求，还是对产品的评价，都是非常感性的。如，类似《欲望都市》里面的女主角凯莉那样爱买鞋子的女士可能会说："我家的鞋子太多，我需

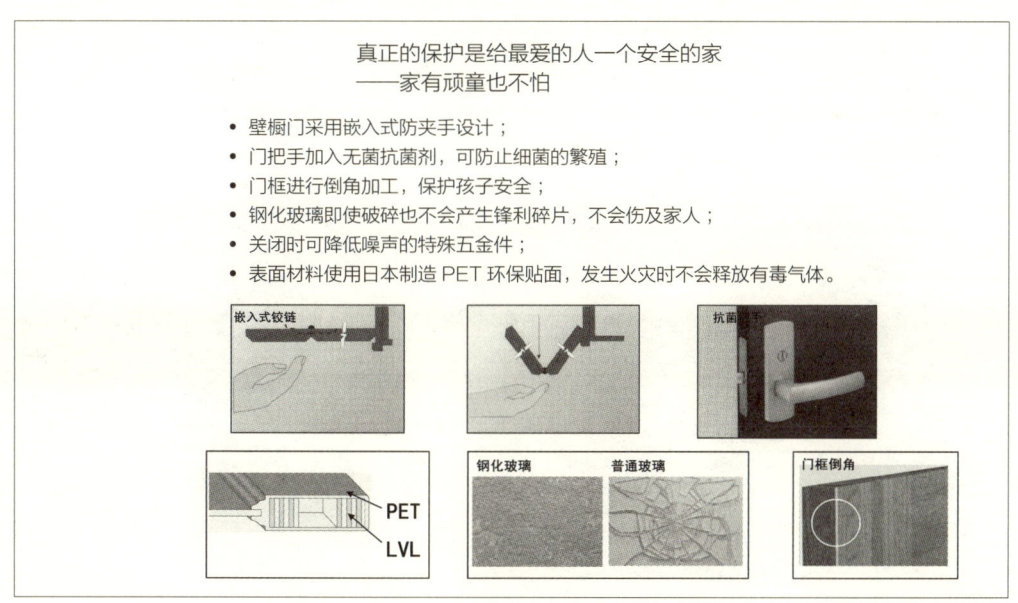

图7 在"安全篇"里面，家里有孩子的父母关注的无外乎门扇的防夹手设计和尖角的倒角、圆角处理，玻璃破碎的伤害防范等。其实这些对成年人和老年人也一样具有安全保护功能。把这些内容集中在一起，容易打动对此关注的人群。

第一章 一体化

让环境决定你的心情吧
——清新宜人的卫生空间，把每天的护理过程变成享受

令女主人满意的便利清洁的洗面化妆柜：
打开镜子、内部有收纳空间；日常用品放置在容易拿到的高度；采用三面镜柜
360度全方位满足化妆需要；每天的容妆都得到完美的确认。

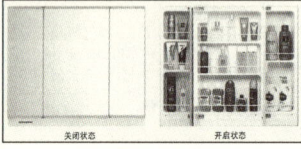
三面镜柜内含收纳功能

可抽拉伸式花洒龙头

适合高度，考虑东方女性身材特征，不用弯腰，舒适妆容

抽屉内藏日本进口化妆收纳格

8a

秩序让你有时间去浪漫
——多姿多彩的生活由轻松的方式创造

衣橱收纳，轻松收拾打理，女主人喜欢：
- 一体化设计的衣橱收纳，衣柜门折叠的情况下也可移动；
- 全部敞开，一分钟找到所需衣物；
- 敞开的衣柜空间，一目了然，便于打理；
- 可容纳大量衣物，解决了收纳空间不足、清理难度大、不卫生等问题。

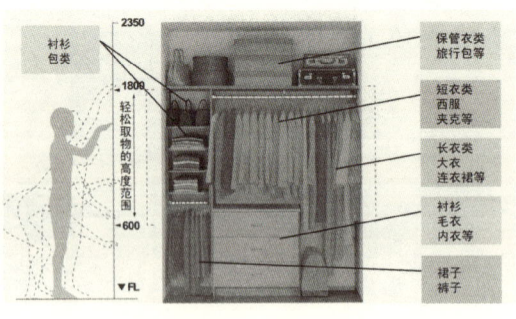

抽拉式领带架

独立的挂裙架

抽屉柜也为您提供了充裕空间来存放毛衣、衬衫等

8b

图8a.8b 一般来讲，一旦制定了购房计划，房子的最终选择权往往落在女主人手中，设计和宣传充分考虑了女主人的需求及心理，"干净"、"整洁"、"便于护理"等往往更能打动她们的心。

世界级的施工
——少些担心，多些安心，留多一些时间给自己和家人

施工理念：Step1 杜绝浪费 Cost（成本），Step2 确保品质 Quality（品质），Step3 价值创造 Value（价值）
现场测量：现场放线，以墨线为标准制作现场放线图，现场情况同图纸信息相同；

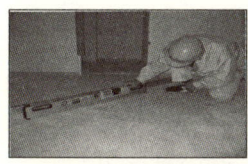

施工管理：1、可视化管理　　2、内部验收　　3、现场保护

图9 专业的施工管理让客户放心，但这句话可以换一种说法，那就是"可以留多一些时间给自己和家人"，这会引起非常重视家庭团聚生活的人的共鸣。

鞋子永远比面包重要
——即使您有 50 双鞋，我们也可以放得下

轻松收拾打理，女主人中意的门厅收纳：
除了收纳日常鞋子、靴子、雨伞、钥匙等，台面上还可以摆放各种装饰物；
50 双左右的超大容量，4 口甚至 5 口之家，全家人的鞋子以后都可以放在门厅内。

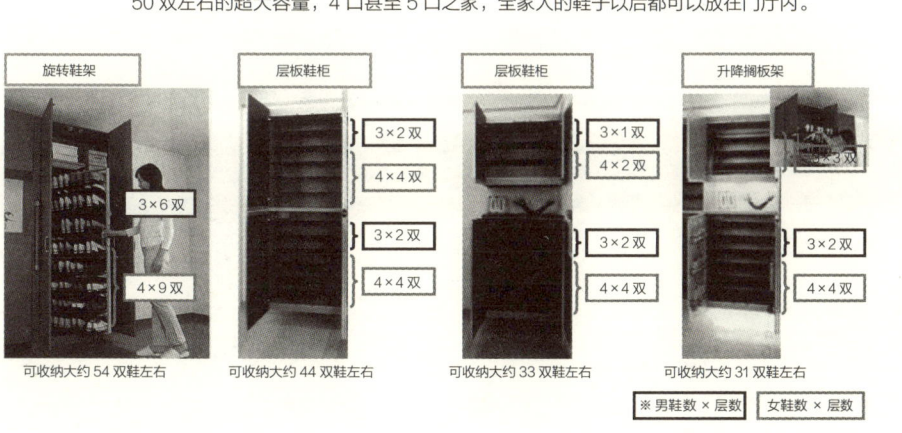

图10 这里引用《欲望都市》女主角凯莉的一句名言："鞋子永远比面包重要"。应该能够引起这类女士的共鸣。

要非常大的鞋柜！哦，这个大鞋柜真的很好，能满足我的需要！"而非常关注孩子安全的妈妈可能会说："我家的孩子真调皮，真怕他受到伤害！哦，松下电工的这些家居设计考虑得真周到，买他们的产品吧，这下我就不用担心了！"但是，如果我们不是按照客户的关注点而把产品的优点集中起来告诉他们，他们又怎么会受到触动呢？！

所以，这些给客户看的资料与给设计师看的技术标准，在形式上不应该表现一致。后者要求理性、客观、准确，不能使用形容词和副词，而前者则应该感性、主观感情色彩浓厚，可以大量使用形容词和副词。一旦客户对某些特点感兴趣，他们可以同时获得较为客观、准确、翔实的技术资料介绍，使他们确信这些特点并不是夸大，促使他们做出购买的决定。在这个原则的指导下，"松下电工精装修产品介绍"终于完成，图 7～图 10 为举例说明。

只有以客户的"感性需求"为出发点，以产品的"理性分析"为支撑，才能赢得客户的"芳心"，这是一件战无不胜的法宝。当理性遭遇了感性，技术结合了艺术，就形成了我们产品研发的工作原则：遵照客户能感知的标准去进行产品研发，用产品研发的结果去打动客户。这个原则不仅适用于"技术标准"的制定和"产品推介资料"的编写，而且将伴随我们产品研发的全过程。

本文发表于《住区》杂志 2009 年 4 期总第 38 期

住区配套商业规划布局模式评价

住区配套商业作为最基本的商业规划模式已经是目前住宅小区规划中的基本配置，其主要目的是为小区的居住者以及周边人群提供便捷的生活配套服务。因应住宅小区的区位不同、周边市政配套不同、客户人群不同、项目定位不同、用地形状不同，住区配套商业的规划布局形式、和住宅的相互关系等也多种多样。综观目前市场上做得比较成功的住区配套商业项目，可以看出市场上已经形成了一套非常成熟和完善的住区配套商业规划体系。

合理的规划布局是住区配套商业开发能否成功的重点因素之一，但是该如何进行规划布局，通过什么方法来判断规划是否合理，一直是让设计师和开发商都很难于抉择的问题。如何才能从众多的规划布局模式中选择最适合自己项目的一种呢？

我们先将各种住区配套商业的规划布局模式进行归纳和分析，形成集中抽象化的模型，大致可分为六种。在此我们就这几种模型进行初步的分析和探讨。

第一种是沿街的商铺，在街区的四周形成围合，我们可以称之为"底商围合式"。这种模式在较老的社区或者目前三、四线城市中见到的最多。它在沿街住宅楼的下部一层、1~2层、甚至1~4层布置商业，甚至是在街区的四周全部设置1~4层不等的商业。由于它们的形式是在住宅楼底部的一间一间的临街铺面，因此我们通常称之为底商或者商铺。

这种布局形式目前在三、四线城市中较为常见，因其周边道路、商业供给关系、配套等方面的因素的影响使得这种布局模式对居住者来说较为便捷、实用，而且，由

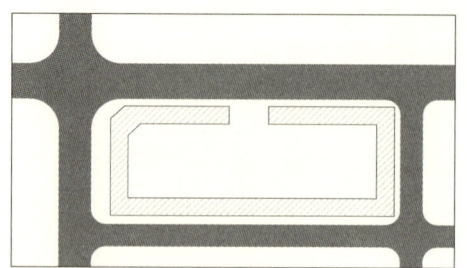 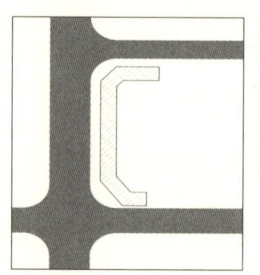 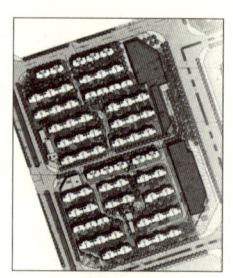

图1 "底商围合式"模式图　　图2 "侧边线性布局式"模式图　　图3 云南昆明某项目"侧边线性布局式"

于每一间的铺面面积不大，购买或者租用的费用也不会太高，给各种投资者和创业者都带来了较低的门槛，对于活跃住区的商业氛围、给附近居民提供就业机会等方面都具有很大的价值（图1）。

第二种为"侧边线性布局式"，主要是将住区配套商业线性布置在地块的一侧。其布置的位置一般选择靠近人流量较大的一侧，同时由于商业靠一侧线性集中布置，商业对小区的干扰就比较小，小区的整体品质感将得到提升。并且该种布局既可做成底商形式，也可以做成独立的商业。从而使得配套商业的业态更加灵活（图2、图3）。

第三种为"角部集中式"。这种类型的配套商业布置在地块内人流量最大的一角，常作为独立商业的形态出现。可完全同小区独立开，形成一个较为纯粹的住区配套商业区。既可服务于本住区的居民也可为周边的居民提供商业服务。同时由于其业态灵活，并且铺面的布局和划分形式也可以非常灵活。甚至可做到几乎每个铺面都是处于"金角银边"位置，将极大地提升商业的价值。也可考虑在其上布置公建如酒店和公寓等。由于商业部分是独立设置，对居住社区完全没有干扰，从而将为地块内其他住户带来更好生活感受（图4、图5）。

第四种是"局部集中式"，它和"角部集中式"基本上是一种类型，只不过它不是位于角部，而是位于侧边的中间部位或者中心地带。这种类型的住区商业一般是在大型的社区中出现，作为一个商业区域集中布置在社区的局部，利于向各个方向辐射，多为独立商业的形式。它主要服务于本住宅小区，处于侧边，也可以兼顾满足周边住区的

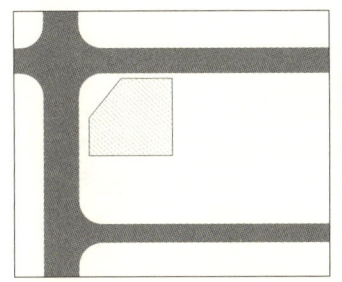 

图4 "角部集中式"模式图　　图5 河南长垣项目"角部集中式"

商业服务需求。它的商业业态丰富，可以囊括大部分居住类的服务性商业（图6~图8）。

第五种为"线性穿越式"。一般用在较大型的居住区或者较为狭长的地块中，其商业部分线性布置，横穿整个地块，形成住区内部的商业街，商业街的出入口均开在城市主要道路上面。商业街将整个地块一分为二或者一分为三。这种社区内的商业街，商业业态也比较灵活，而且贯通型的道路可以将周边的人流吸引到住区内部的商业街里面，使它不仅能解决社区本身居民的生活服务需求，而且能为周边小型居住社区的居民带来较为完善的服务。因此，这种社区商业常常会成为整个区域的小商业中心，聚集人气效果显著。同时该种商业模式的布置也有利于项目开发分期的建设，住区和商业在分期开发的过程中互相增值（图9~图11）。

第六种为"线性非贯通式"，它是"线性穿越式"的演变版本，一般也是布置在地块的中部，向内延伸形成一条住区配套商业街，并多以会所和广场以及标志性的建筑作为整个商业街的起点或终点，来拉动目的性消费的人流进入住区内部的商业街。和"线性穿越式"的商业街一样，这种商业设施也会成为整个小区的服务、生活、娱乐中心地带。其商业形态既可是独立商业也可做成底商的形式，较为灵活（图12、图13）。

以上就是目前常见的六种住区配套商业基本规划布局模式，也有的项目是由这些基本形式组合而成的。

如何从这六种规划布局模式中选择最适合的呢？

其实，这六种模式并没有哪一种最好，只能说是用哪一种最适合。如果选择了

图 6 "局部集中式"模式图

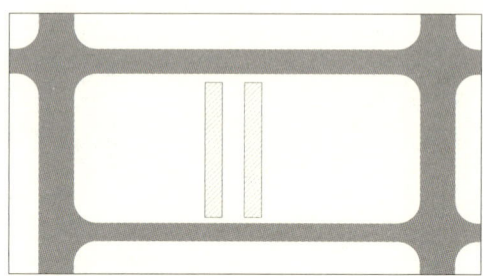

图 9 "线性穿越式"模式图

图 7 大连亿达蓝湾项目"局部集中式"

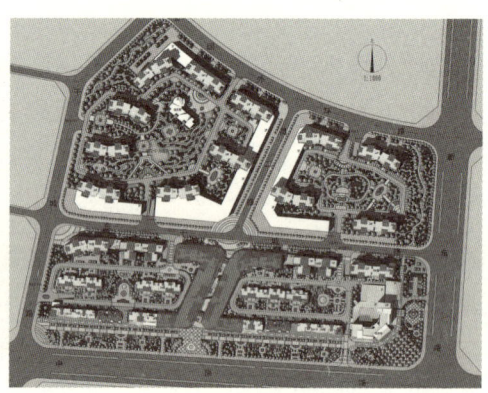

图 10 深圳万科城项目"线性穿越式"

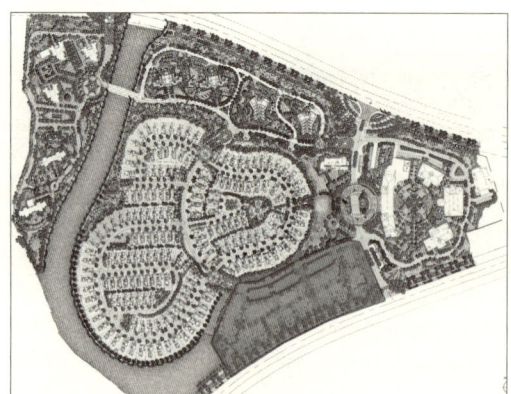

图 8 大连亿达蓝湾项目"局部集中式"

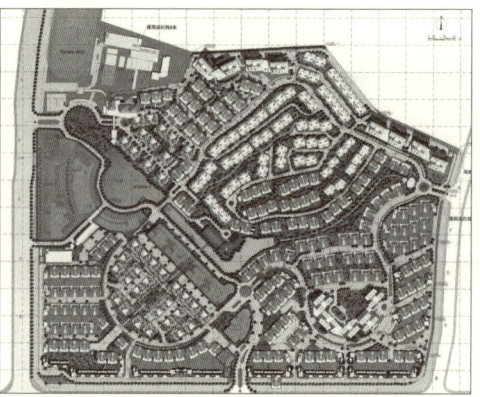

图 11 深圳万科城项目"线性穿越式"

不适合本住区商业规划布局模式，就不能有效地聚集人流，不能形成良好的商业氛围，不能给投资商业产品的业主带来高的租金收入，推而广之也不能推升住宅的价值提升。深圳万科四季花城有一条"线性非贯通式"的商业内街非常成功，但是它还有一条临街（临五和大道）布置的商铺，非常不成功。位于这个住区内的会所和微风广场周边商业，将进入四季花城的人流直接吸引过去了，同时这条临街的商铺和城市道路有一定的距离和高差，所以让人反而觉得这条临城市主干道的商铺比较偏僻，开业很多年后一直非常萧条！由此可见选择适合住区配套商业的规划布局模式的重要性！

那么怎么来判断、怎么来选择合适的住区配套商业的规划布局模式呢？笔者认为，一种规划模式的选择仅仅从地块本身特点、地域、区位环境、规范等设计方面，以及开发商的效益商业价值等因素来判断，是不全面和模糊的，需要从多方面多个维度以及多类人群来进行考虑和分析。

一、设计维度。我们应充分了解和分析地块本身的规模、所处的区域位置、周边的交通环境、地块本身的特性以及规划要求等等。随后就这些分析的结果做出多个规划布局方式的概念设计，并在这些方案中按设计维度进行优先等级的排序。

二、商户维度。我们应站在最终用户——商户的角度来考虑，商户们最关心的是什么？调查发现商户们最关心的问题按重要性排序包括商铺的价格或者租金、可容纳的商业业态、消费者的来源和方向，以及铺面位置与整个商业甚至整个居住区的关系。我们可以通过站在商户的角度对设计所提出的多个住区配套商业规划布局方案中进行排序，并就每个方案中商户关心的问题进行比较，得出综合评价。

三、消费者维度。即站在本住宅区内的住户和周边潜在的消费人群的角度进行分析，评价商业规划布局方案。周边潜在的消费者一般主要考虑生活购物是否方便、商户类型是否齐全、距离是否合适等；而本住宅区内的住户除了以上几条外还关注的是商业对自身居住环境是否有影响，是否会因为商业的运行而干扰其正常的生活。

四、开发商维度。开发商最关注的是开发速度、售价、建造成本等。因为关系到方案最终能否实施，这也是最关键的维度。

第一章 一体化

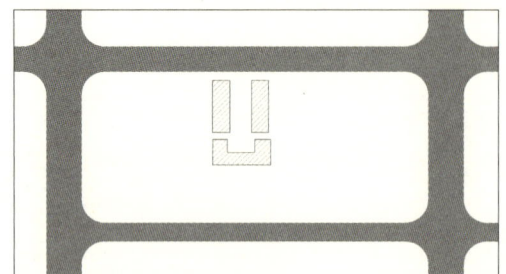

图12 "线性非贯通式"模式图

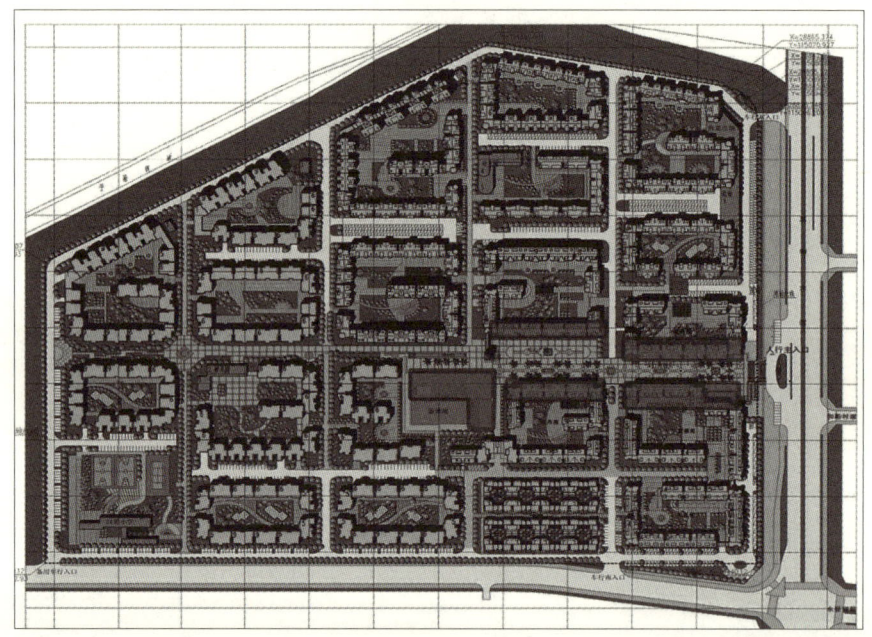

图13 深圳四季花城项目"线性非贯通式"

住区配套商业规划布局模式评价表　　　　　　　　　　　　　　　　　　表1

	商业布局类型	设计	商户	消费者	开发商
1	底商围合式				
2	侧边线性布局式				
3	角部集中式				
4	局部集中式				
5	线性穿越式				
6	线性非贯通式				
	综合评价				

社区商业布局模式评价表　　　　　　　　　　　　　　　　　　　　　　　　　　　　　　　　　表2

	商业布局类型	设计	商户	消费者	开发商
1	底商围合式	1. 规划要点要求南侧不能设置底商 2. 周边商业结构将较为复杂 3. 住区品质感较差	1. 商业业态单调，不能做餐饮 2. 一~二楼商业一起出售面积过大价格高 3. 商铺位置好坏差异太大，远离小区入口处，人流量小价值不高	1. 有些商铺离入口较远不方便 2. 商铺离外圈住宅很近影响生活品质	1. 周边商业结构成本过高。 2. 项目品质感低，住宅售价上不去 3. 项目缺乏特色档次低 4. 商铺二层价值低
2	侧边线性布置式	1. 地块南边及东边为主干道，不允许设置大量商业，西面及北面商业价值低	1. 商业业态可以很丰富 2. 如不能临近主干道商业服务对象的面过小，商业价值不太高	1. 本项目住户认为生活将很方便，但周边消费者觉得到达性很差的话将不会去消费 2. 商业对生活环境干扰影响小	1. 如不临主干道商业价值将大大的降低
3	角部集中式	1. 可集中布置大型商业，小区品质感将大大提高	1. 商业的业态可以很多种 2. 如不能临近主干道商业服务对象的面过小。商品档次参差不齐将影响销售价格 3. 铺位位置好坏明显，不具均好性	1. 如不临近小区入口对本项目住户生活的便利性大打折扣 2. 将利于周边消费者生活购物 3. 对住户生活环境干扰较小	1. 招商问题较大 2. 商业面积过于集中且面积大总价高不利于销售 3. 有利于提升项目档次，住宅售价有保证
4	局部集中式	1. 地块规模较小，中心点状布置困难	1. 小区规模小，仅依靠项目本身客流将有生存压力	1. 对住户生活配套最为便利 2. 但对临近部分住户生活有干扰 3. 周边消费者由于距离问题几乎不会来消费	1. 可结合会所等公建共同布置形成统一的社区的公共中心，土建成本低 2. 丧失了周边消费者的支持，商业价值低
5	线性穿越式	1. 将有力地利用北侧市政道路 2. 设计出特色商业街能极大地提升商业价值及产品特质 3. 对住宅部分干扰影响小	1. 特色的商业街将带来大量周边人流 2. 商业业态丰富 3. 单层销售总价压力小，可按需购买	1. 有利于住户生活购物等需求 2. 特色商业街将提升小区知名度及档次，可满足一定虚荣心 3. 周边消费者可就近满足各种需求 4. 对住户生活干扰小	1. 特色商业街可配合并强调出项目整体定位及特色，有利于提升产品价格 2. 商业业态丰富，将加快销售速度 3. 二层商铺价值将极大提高 4. 利于项目分期开发及实施，资金压力将较小 5. 结构成本相对较低
6	线性非贯通式	1. 将有利于项目入口品质的打造 2. 能较好地解决本社区商业的配套	1. 商业业态较单调 2. 消费者的面积小 3. 需上下两层一起买，总价压力大	1. 住户认为入口人流量大为混杂，对生活有一定影响 2. 周边消费者到达并不十分顺畅	1. 周边消费者支持力度不够，价值难提升 2. 对住户生活影响较大，并且入口部分环境较混杂，对住宅售价有影响 3. 商铺需上下两层一期卖销售压力大
综合评价		3、5、6	3、5	2、3、4、5	4、5

我们可以将上述分析汇总编制成一个简单的综合评价工具（表1），使其更直观并具有良好的可操作性，以利于开发商做出准确的判断。

将四个维度中对每种布局方案里最关心的问题进行分析判读，然后得出每个维度的综合评价。最后综合各个方面的因素帮助开发商从中选择最为恰当的住区配套商业规划布局模式。

以濮阳加州小镇项目为例对综合评价表进行示意说明（表2）。

站在不同的维度来看，推荐方案都可能有重合的地方。本项目的评价表中，所有的评价维度都选择了"线性穿越式"。通过这样评价表格的形式来分析住区配套商业规划布局模式，其模式选择不再是件很纠结的事情，项目的配套商业规划设计定位将更加准确，开发商也能据此对项目进行准确的判断，住区项目的总体开发也将更加顺利。

本文发表于《住区》杂志 2013 年 4 期总第 56 期

信息不对称会如何？

毋庸置疑，现在是一个信息社会，信息是实实在在的资源，信息的地位变得越来越至关重要。其实，在信息社会之前又何尝不是这样呢？从原始社会到农业社会，从农业社会到工业社会，从工业社会又到信息社会，信息一直在社会生活中占据着重要的地位。一方面大家通过信息的交流和共享，促进社会进步，给大家带来好处；另一方面一部分人通过信息控制，独享信息资源，给自己谋取利益。后者实际上是一种信息不对称的情况，就是我知道的比你知道的多，或者我知道你不知道的，这就优劣立显了。实际上，人是有私心的，信息不对称的存在情况远远普遍于信息共享的情况。我们生活中的很多现象其实都可以用信息不对称来解释，不妨试举几例。

我们都有去看医生的经历，无论这个医生态度好不好，我们也不知道他的医术高明不高明，但是一律对他的话惟命是从，医生说做什么检查就做什么检查，说让吃什么药就吃什么药。之所以这样，就因为我们不具有他的专业能力，不具有他对我们病情的判断能力，他拥有关于我们病情的绝对权威的信息。这是信息掌控带来的专业权威观念。

有时，我们在工作中也会不自觉地陷入这种泥潭。例如，作为房地产开发商，我们对某一种新的技术有需求，这时我们会委托专业的研究机构来做研究，因为他们比我们专业。但是，如何判断他们提交的研究成果是否合理呢？可以去找一个专家来做我们的顾问，针对这一项研究成果提一些专业意见和建议。但是，他提的意见以及他的建议是否合理，我们是不是还要再找一个专家来把关呢？其实，真的有人这么做，但是最后的结果不理想也是真的，因为专家很容易跑题，因为专家太专了，其专业领域太窄了，他看不到整体，况且，从理论到应用的距离还是比较远的。而真正的专家是做具体技术应用的操作人员，比如某些专业厂家的技术人员，既了解材料的生产又懂得现场施工，又比如地产开发商或者施工单位的现场工程师，既有设计院工作经验又有施工现场的操作经验，等等。

  我们还有送孩子上学校的经历。我们对学校的乱收费，对老师的不满意，一般都是埋在心底里面，不会冲着老师去讲理。为什么呢？因为老师掌握着你家孩子的全部在校信息，也掌握着如何对待孩子的"生杀予夺"大权。我们会觉得让老师不高兴，他肯定会对你的孩子不好，而他对孩子好不好你永远也不会知道。这是信息掌控带来的心理恐惧感。

  我们在操作房地产项目的时候，有时也会受到这种来自合作方的威胁。工程招投标的时候，总有一些施工单位采用低价投标的方式来投标，其投标价往往低于成本价。如果你一旦选定了他，那你就惨了。只要工程一开工，就不停地有现场签证费用增加，这些增加的费用都是没有在合同里面明确的，都有合理的增加费用的理由，所以你会不得不签大量的现场签证，最后结算时你会发现，仅现场签证就签出了差不多半个投标价。如果你胆敢不增加费用，现场就敢停工，造成的损失更加无法估量，遇到大型的工程公司还有得商量，如果是小公司天不怕地不怕，再鼓动工人闹事，就更加无法收场了。

  我们其中的一部分人有和房地产中介公司打交道的经历。我们有时候是去租房子的，有时候我们是去买房子的，但基本上经纪人对付我们的套路是一样的。经纪人会告诉我们，受到某某、某某等原因的影响，现在房屋租赁市场行情很好，本季度、本月的租金又比上季度、上月上涨了多少云云，但是，正好现在有一套房子不错，业主不在本地，且很早以前就将房子放在本公司了，这两年一直委托本公司代为出租，刚好上一期的租户将房子退出来了，可以给你一个两年前的租价，现在马上租下来很划算的，否则马上就会让别人租了去。反正就是让你尽快下定，马上签订租赁协议，这样他可以尽快收取租金。

  他们会承诺帮你向房主争取尽量低的价格，当然了，他们也会尽力促使房主以比较低的价格将房售出,虽然他们承诺会帮房主卖一个好价钱。他们会跟房主说,现在受到某某、某某等原因的影响,二手房销售市场行情低迷,本季度、本月的成交价格和成交量又比上季度、上月下降了多少云云,但现在正好有一位客户急于在什么地方购房,他给出的价格算是比较高的了,你不应该放过这一个机会,应该将你的报价稍微降一些,马上就可以成交了。

按理说,成交价格越高对经纪人越有利,因为成交价格越高,他们拿到的中介费用也就越高,所以房主很容易就会相信他们。但是,这其实是一个美丽的误会。假设有一栋房子可以卖到 80 万元,中介费用按照成交金额的 1.5% 计算,每增加 1 万元的交易额,他们多得的中介费用只有 1 万元的 1.5%,即 150 元钱,而到他们腰包里面的业绩提成可能只是这 150 元钱中的 50 元(三分之一)或者更少,所以他们才不愿多花费很多精力去多挣这 50 元钱,况且也不一定能够挣得到,如果因为价格太高促不成这笔生意,连本来应该拿到的大头也拿不到了。假设在他们的极力劝说下,买卖双方以 78 万元达成交易,就可以帮助经纪人多快好省地为公司赚回 11700 元,也为自己的腰包增添 3900 元。买卖双方之所以都会被房地产经纪人牵着鼻子走,其实这也是信息不对称带来的心理恐惧感,房地产的实时的、动态的信息在经纪人手里就变成了他们最有力的武器了。当然,如果是自己或者自己亲朋好友的房子,他们肯定会卖一个很好的价钱的。

我们的所有行动或者行动之前的计划,其实都是基于我们对所有信息的分析、判断结果之上的。信息是不是充分,直接决定了我们对事情发展方向的判断是否准确。我们常常发现领导会一针见血地指出我们在工作中所犯的方向性错误,我们也非常佩服领导的远见卓识和真知灼见,很遗憾自己为什么就没有想到这一点呀?其实,这也是信息不对称造成的。领导经常接触一些底层员工接触不到的较为宏观层面的信息,他们站在高处,当然对前方的道路看得更清楚,哪一条是大道、哪一条是小道、哪一条是直路、哪一条是弯路,又有哪一条是死路,领导基本清楚,而领导的基本职责也就在于为大家指明方向,这没有什么令人惊奇的。如果领导是一个近视眼,他看错了路,那么大家就会误入歧途,后果当然不堪设想。

孙子兵法有云:"三军之事莫亲于间,赏莫厚于间,事莫密于间。"意思就是说,在军队的各种事务中，最亲信的莫过于间谍，赏赐最丰厚的莫过于间谍，行事最机密的也莫过于间谍。间谍的作用就是获取对方的信息，由此可见间谍在战争中的作用是多么重要了。在有明显竞争关系的现代公司与公司之间的信息攻防战，也像战争中的间谍战一样越来越趋于白热化了。掌握了对手的信息，在竞标的时候能够以比对手稍微高出的价格获得意向地块，在楼盘定位方面可以采用稍低价格尾随的战略取得主动，以比对方稍微高出的薪水挖对方的墙角，等等，不一而足。

在信息不对称格局中，拥有较多信息的一方往往会占优势，但也不是绝对。曾经有一句颇似玩笑的话说的是，什么时候你的汽车贬值最厉害——是在你将新车开回家的那一天。为什么呢？如果你将新车出售，买主就会认为你的新车有问题你才会这么快就将它卖掉，而他不知道你的新车是不是有问题，只有你自己才知道新车有没有问题。其实这就是你必须为你的信息优势付出的代价。如果你的新车果然有问题，你也不会傻到马上将其卖掉的地步，而是会等一段时间，等到卖主不会再怀疑你的新车有问题的时候，和其他将车转手的车主一起将车卖掉，达到鱼目混珠的目的。说到底，还是一句俗话"从北京到南京，买家没有卖家精"。在商业上，一方（卖家）总是比另一方（买家）占有更多的信息优势，买家总是处于弱势低位。

这种信息不对称的情况在房地产领域表现得尤其明显，因为房地产所牵涉到的建筑专业知识、地产政策知识、金融保险和贷款知识、法律风险知识都远远超出一般购房者的能力范围，再加上房地产公司的"销控"手段，往往使购房者处于完全的劣势。自从2006年以来，国家及地方政府频频出台促使房地产销售信息、商品房质量信息透明化的政策和措施，通过现代化的网络平台，逐渐扭转这种严重信息不对称的局面。

"销控"即销售控制的简称，它将对不同种类房屋的销售速度或成交数量进行严格控制，使销售达到均衡状态，而避免出现人为滞销房源。成功的销控会使销售达到满分，并配合促进销售员的销售速度，而销控人员或销控代表是销控的关键。在销售过程中，一方面销售员将经常询问销控人员房源情况，了解房源是否售出，或封去某些房源，从而明确推销目标；另一方面销控人员将根据总体房源售出情况来提示、指令销售员推荐房源，从而配合控制销售。双方的这种交流将会使销售达到高潮，刺激客户及销售员达成交易。

举一个模拟场景的例子来说明销控是如何进行的：

销售员（对销控人员说）："喂，请问××幢××层××室卖掉了没有？"［其中"卖掉了没有"表明销售员不想推荐或建议封去该套房屋］

销控人员："对不起，已经卖掉了。"［配合应答］

销售员（对销控人员说）："喂，请问××幢××层××室可不可以介绍？"［其中"可不可介绍"表明销售员想推荐该套房屋］

销控人员："恭喜你，可以介绍。"［如果该房屋确实存在，并且销控代表亦愿意推荐该套房屋］

销售员："请帮我再确认一次。"［说明客户确定要订购该套房屋，并愿意付定金］

销控人员："可以确认。"

销售员（大声通知现场全体同仁）："××幢××层××室售出啦！"

现场全体同仁（鼓掌）："恭喜啦！"

销控人员："现场全体同仁请注意，让我们恭喜×先生或小姐，订购我们××小区××幢××层××室，让我们恭喜他。"［当客户订购完毕离开案场时，为炒作现场气氛而通知全场，可以起到刺激其他客户尽快成交的作用］

全体同仁（鼓掌）："恭喜啦！"

这多像一场有编剧、有导演的电影场景呀，客户完全在不知情的情况下完成了交易。

为了解决这种信息不对称的问题，早在2004年3月24日，上海市人民政府就发布了《上海市商品房销售合同网上备案和登记办法》。这一办法施行后，部分开发商先处理差房子、好房子卖高价的人为惜售行为得到一定的遏制，而内部关系订房、炒房套利也将难以实现。同时，一女二嫁、一房多卖的现象也有望杜绝。以往开发商藏着掖着的销售信息被公开，解决了购房者与房产商之间的信息不对称，能够真实地反映市场需求，对于市民来说，买房的选择将变得从容一些。

建设部、国家发展和改革委员会、国家工商行政管理总局也于2006年7月6日发布了《关于进一步整顿规范房地产交易秩序的通知》，通知要求各级房地产管理部门加强对商品房预（销）售活动的动态监管，要抓紧建立健全商品房预（销）售合同网上即时备案系统和房地产交易信息公示制度。商品房基本情况、销售进度、权利状态等预（销）售信息应及时、全面、准确地在网上备案系统和销售现场公示。对房地产企业发布虚假信息、炒卖房号、捂盘惜售、囤积房源等恶意炒作、哄抬房价，或者房地产企业纵容雇佣工作人员炒作房价，扰乱市场秩序的，房地产、发展改革（价格）、工商管理部门应按各自职责依法从严查处。

现在在很多城市，想买房子的业主都可以在网上实时查看楼盘的销售情况，如有现场销售和网上备案情况不符的可以投诉。

网络的发展，势必缩小信息不对称的范围、降低信息不对称的程度，政府和媒体的有力监控，也会带来更多的信息透明，给大家带来福泽。

本文发表于《住宅与房地产》2007年9月总第211期

心照不宣的知识

我女儿是一个非常有思想，也非常能说、能表达的女孩儿，但是写作文对她来说是一件非常头痛的事儿。

她马上就要 11 岁了，相对于她这个年龄来说，她的思维速度很快，很敏捷。虽然她很能说，但我感觉她说话的速度跟不上她思维的速度，经常省略一些她认为是想当然的"细节问题"，让人感觉她的思维是"跳跃式"的。她写作文的时候，因为书写的速度更慢，所以省略的内容更多，而且经常省略很关键的一些内容，所以有的时候，在我读她的作文的时候就感觉有些难以理解。反过来你问她这是为什么的时候，她能给你解释一大串儿，简直是滔滔不绝，原来这些内容在她脑子里都是很清楚的，逻辑性也很强。于是我就告诉她，你把你刚才给我说的全写下来，就是一片非常好的作文了，交给老师可以得高分了。我调侃她说，我的宝贝女儿总是"想的比说的要多，说的比写的要多"，还再加一句，"写的比做的要多"（意指她写了一些学习计划和决心、保证之类的却不能坚持做到）。往往这个时候，她就会哇哇大叫着抗议。

今天我在研究"知识管理"的时候，忽然明白了一个道理，岂止是小孩子，我们大人一样是受"大脑的左右半球活动特点"和"知识的特性"的制约的。

我们都知道，人的大脑分为两个半球，左脑占主导地位，包括说话、逻辑分析、计算、抽象化等行为由其主管；右脑居于次属地位，它沉默寡言，负责对外界的整体感知、信息的综合分析和下意识的一些活动，它是不讲逻辑的，也不考虑用抽象的词汇和语言来表达的，它是具象化的（表1）。我想，女儿心里面的意识和思索，是存

左脑模式和右脑模式的特征对比（资料参考《像艺术家一样思考》）　　　　　表1

	左脑模式		右脑模式
词汇性	使用词汇进行命名、描述和定义	非词汇性	使用非词汇性认识来处理感知
分析性	有步骤地解决问题，一部分一部分地来	综合性	把事物整合成为一个整体
象征性	使用符号来象征某些事物，比如文字和符号	真实性	涉及事物当时的原样
抽象性	取出很少一点信息代表整个事物	类似性	看到事物相同的地方；理解事物象征性的含义
时间性	有时间概念，将事物排序：首先做什么，然后做什么	非时间性	没有时间概念
理性	根据事实和理由得出结论	非理性	不需要以事实和理由为基础；自动自发地作出判断
数字型	使用数字进行计算	空间立体性	看到事物与其他事物之间的联系以及怎样由各个部分组合成为一个整体
逻辑性	根据逻辑得出结论：把事物按照逻辑顺序排列，比如说一个数学定律或一个理由充分的论据	直觉性	根据不完整的规律、感觉或视觉图像洞察出事物的真相
线性	进行连贯性思维，一个想法紧接着一个想法，往往引出一个集合性的结论	整体性	一下子看到整个事物；感知整体规律和结构，往往引出分散性的结论

在于右脑里面的，是综合的、整体的、混沌的，而想要说出来的时候，她的左脑就要把这件事情按照一定的逻辑性，用一定的词汇组成语言，但它的速度又远远跟不上右脑的整体思维，所以就会漏掉很多信息。

基于左右脑的不同特点，对个人掌握的"知识"而言，"知识"有两种，一种是"实际的知识"，这是一种简单的知识，它可以通过左脑的逻辑性梳理用语言或者文字表达出来；另一种是"心照不宣的知识"，它是一种由右脑掌握的，整体的、综合的，很难用语言和文字来表达的，但是右脑可以很轻松地想象出来，也可以通过指挥肢体来进行精细的操作。

所以，我的理解是，"实际的知识"就是可以转化为"技能"的知识，可以明明白白展示出来的知识，而"心照不宣的知识"是指个人掌握的但却很难向他人表达的知识。比如"系鞋带"，每个人都知道是如何系鞋带的，可以熟练操作，但是，你却很难向其他人用语言、用文字甚至用图解的方式表达清楚整个系鞋带的过程。这就是"心照不宣的知识"。由于对"心照不宣的知识"的不同态度，导致了东西方管理文化的差别。又比如，学骑自行车，无论如何你不能通过详细的讲解把如何才能掌握自行车行进中的平衡来一下子教会别人，你不得不亲自示范，他不得不自己摸索，通过右脑综合各种实践经验形成一套"操作流程"，而一旦学会，可能终生难忘，而且一辈子也别想清楚地用语言和文字把这个过程表达出来。

西方的管理理论认为，只有正式的和系统的知识才是有效的知识，而组织（机构、公司）就是一种处理信息和知识的机器。虽然知识是难以衡量的，但是知识的作用是可以量化的：增长的效率、降低的成本、改善的投资回报等等。

而东方，主要是日本的现代企业管理理念认为知识的创造不仅仅是对客观信息的处理，相反它取决于发掘员工作为个体的"心照不宣的知识、主观的认识、直觉和预感"，而且这些知识、经验可以在得到检验之后为公司所运用。

我觉得，这也是东西方文化、世界观的差别带来的。西方人虽然信基督、信上帝，但他们是以客观的态度来看世界的；而东方人虽然不信神，但却是以主观的态度来看世界的。

主观的态度就决定了我们东方的管理更加关注个人在组织中的作用。公司的知识积累，说到底还是要通过个人的知识积累，经由一定的方式，和外部的知识融合在一起，并转移到公司的项目开发中去。而且，只有在你使用知识的时候，你才拥有知识，你不把它们综合起来进行利用的时候，知识只是一些毫无意义的信息片段。所以，对企业来说，知识积累离开了掌握它们的那些人，其价值就大打折扣，因为你积累下来的只是其中的一部分，那些"心照不宣的知识"不可能积累下来，它们将随着掌握它的人的离开而丧失。

这就是说，对企业来说，通过留下一堆总结文件来进行知识积累，其作用就没有留下一堆录像带好，因为一个掌握一定专业技能的员工可以讲出来的内容远远多于他可以写出来的内容，尤其是他们边操作边讲解的时候，可以激发出他潜在的知识积累。这就是他们为什么在录像带中可以比较明白地解释清楚如何去做某项工作，而在一篇专业论文中却描述不清的原因。当然，有一些"心照不宣的知识"可能还是讲不出来，所以最好的办法，是创造一个好的环境，不要让这样的员工离职，或者在企业裁员的时候，尽量保有这些经验丰富的员工。

本文发表于《住宅与房地产》杂志 2009 年 2—3 月合刊，第 245、247 期

产业化

建筑产业化从小事做起

2015-05-05 深圳市住宅产业协会专访

楚先锋，一个建筑产业化"江湖"流传已久却也似乎"消失"了很久的名字。

如同他的名字"先锋"一样，他曾是建筑产业化领域的"先锋"志士。作为土木专业的"清华哥哥"，作为万科集团建筑研究中心资深专业经理、首席专业经理和东莞万科住宅产业化基地创始人、奠基人之一，这些年，他去哪儿了？是继续"先锋"还是已成"先烈"？几经辗转，他对建筑产业化有了怎样新的理解？

"事实上，这些年，我是以另一种方式在践行着产业化的梦想"。近日，深圳市住宅产业化协会来到新博城地产发展有限公司，其创始人正是楚先锋的新身份，而他的故事，或许正是较早一批建筑产业化志士的一种缩影。

大隐隐于市

"能告诉我楚先锋的联络方式吗，我想采访他。"就在去年，我们还接到过国家级杂志或网络媒体打来的类似电话。好似一个退隐江湖的人物背后，总有人还在打听他的去踪。

为什么打听？还得回到楚先锋与建筑产业化最紧密的关联时期，也就是万科时期。在万科任职期间，他不仅负责过天津万科东丽湖、大连万科城市花园、武汉万科城市花园的设计管理工作；还负责万科住宅产业化研究基地的策划与建设，筹建了万科建筑技术研究有限公司，申报了万科国家住宅产业化基地项目；主持完成了20多项万科企业标准的编制，负责集团的工业化住宅和住宅产业化的研发与推进工作……

而这一系列工作都发生在2009年之前,所有从事建筑产业化的人都知道在当时仍然"寂静"的行业环境下,这些成果意味着什么,也正是这些基础性的、却前瞻性的、突破性的工作,进一步成就了万科成为建筑产业化领域内"孤独的先行者"。

2009年是一个重要的分水岭,离开万科,他先后去了大连亿达、重庆东原、奥宸地产等地产圈知名企业,直到2012年,用他的话来说,才真正找到了归属——创业,创建了深圳新博城发展有限公司。

按照简介,公司基于万科集团的资深地产开发管理人员发起,是一个"重点倡导万科的项目管理理念和产品研发理念,致力于万科的成熟管理经验和房地产开发理念为更多的地产开发项目提供服务的综合性项目管理咨询公司";与此同时,还与美国背景的资金管理公司和美国知名的养老服务的管理团队联合注册打造养老养生专业团队和公司,意图"打造领先全球的养老地产开发与运营、服务和咨询领域"。

目前,经过两年多发展,新博城已经在郑州、昆明、广州、天津、北京等十多个城市建立了办事处或联络处,实操项目也多地开花。

"那便是要彻底离开建筑产业化了?"

"产业化的理念从来就没有离开过,我的每一个项目都在积极推广产业创新理念,推广建筑工业化操作理念,探索地产产业化创新之路。"

楚先锋表示,以往的经历表明,建筑产业化必须贯之以"一体化"推进模式,必须从项目的最前端便开始实施,否则便始终无法避免开发、设计、施工、生产等脱节的现象，最终造成成本高企、效率反而降低、而质量也难以保证，产业化、工业化的时间、成本、效率、质量优势难以发挥。

正因此，在新博城，楚先锋得以实现其"一体化理念做产业化"的模式。从项目获取，到项目策划、产品研发、设计管理、施工管理、造价及采购管理、营销管理、物业管理的项目全过程，为推进产业化提供了最佳流程平台，与此同时，"标准化产品库"建设也成为最重要的服务内容之一。

"一体化的策划及设计可以带来更优的住宅产品和商业配套，不仅能给开发商带来更高的开发效益，而且产业技术的集成应用给客户带来居住品质的提升"。楚先锋表示，全过程推进，一体化思维，破除各环节壁垒，切实整合产业链，有效击穿，也是现阶段大力推进建筑产业化的题中之义。

看似归隐，并未离去。就是所谓"大隐隐于市"吧。

从小事做起

从万科产业化"退隐"，又以另一种方式回到产业化，几经辗转，有怎样的新理解呢？

"最大的感受是，产业化还是要从小事做起"，谈到建筑产业化的发展步伐，楚先锋认为，路要一步一步才能走得踏实，建筑产业化也应该遵循一个从易到难、由小及大的过程，先从小事做起，从细节做起。

香港就是最好的例子。他解释道，香港早期的住宅产业化便始于厨房台面、水池等简单的、却十分实用的构件预制，随着经验和技术的积累，进而发展到预制楼梯、预制内墙板等，最后才是外墙板预制、结构预制甚至卫生间立体预制等，其应用也是从公屋逐步扩展到私人住宅。

"这种从小事做起、从细节做起的推进方式，奠定了香港住宅产业化的基础，加之有关鼓励奖励措施和打分机制等，使得预制装配式建筑方式在香港得以规模应用。"楚先锋认为，反观目前我国建筑产业化，一方面片面追求过高的预制率，似乎"惟预制率论"，另一方面，为了追求预制率，一开始就着力于外墙预制、结构预制等，难度更大，要求更高，最终效果往往难以保证。"总的来说，还是比较急功近利。"

尽管如此，对于建筑产业化，楚先锋始终认为"是我国建筑业发展的必然趋势"，但是，从目前来看，其优势还没有得到充分显现，还不能起到降低企业运行成本的作用。原因在于，虽然产业化方式大大提高了住宅产品的质量，但目前由于规模因素，还没有突破成本制约，社会化大生产还没有形成。"这是因为目前大家对住宅质量的要求其实还是比较低的，还处在住宅需求'量'的阶段，只要等'量'的需求得到满足，才会进入'质'的阶段，当传统住宅和产业化住宅在同一个质量水平上竞争时，产业化住宅才会优势尽显。"

而值得欣喜的是，建筑产业化得到越来越多企业与地方政府的认可，虽然大多数企业仍在观望，但一批城市政府已经纷纷出台有关政策措施，鼓励和引导建筑向产业化转型发展。"香港政府当年推进建筑产业化时，开发商由于认知不足不敢轻易下水，香港政府为了鼓励企业，首先，政府的公屋起带头使用，抛弃粗放式的建设模式，从我做起，起到很好的示范作用；其次，出台一些限制性的政策对粗放式的开发商增加费用；最后，对使用产业化方式的开发商给予优惠与奖励，缓解开发商因采用住宅产业化相关新技术而带来的成本增加。这样一来开发商才有了做住宅产业化的动力，才能够源源不断地推动香港住宅产业化技术的发展，才有了市场的内在的动力。"

在同行的调侃中，越早进入建筑产业化，越体会这是"一场勇敢者的游戏"，值得欣喜的是，"先锋"不仅没有成为"先烈"，还在继续这条勇敢者的道路。而随着行业认知的不断提升，政策利好的不断显现，市场接受度的不断提高，建筑产业化，未来，已来。

国内外工业化住宅的发展历程(之一)

本系列文章对工业化住宅的起源、国外工业化住宅的发展过程作了一个回顾,对工业化住宅的本质作了剖析,也对我们国家工业化住宅的发展状况以及面临的问题作了分析。之所以要研究国内外工业化住宅的发展情况,是希望对我们现在的工业化住宅研究有所帮助,能够带给我们一些启示,从中汲取经验和教训。

一、工业化住宅起源

国外工业化住宅的起源,不管是欧洲、日本抑或美国,其原因不外乎两个。

第一个是工业革命。其带来大批农民向城市集中,导致城市化运动急速发展。在1866年的伦敦,曾经有人选择一条街道做过一次调研。在这条街上,住10~12个人的房子有7间,12~16个人的房子有3间,17~18个人的房子有2间。居住情况已经到了令人发指的地步。1910年,在伦敦还出现了一些夜店。所谓夜店,不是现在作为娱乐场所的夜店,而是专门给无家可归的人过夜的一些店铺。它们基本上是人满为患,空间小到躺不下,只能一排一排地坐着,在每一排人的胸前拉一根绳子,大家都趴在绳子上睡觉(图1)。

第二个原因是第二次世界大战后城市住宅需求量的剧增。同时战争的破坏,导致住宅存量减少,因为军人大批复员,住宅供需矛盾更加激化。在这种情况下,受工业化影响的一批现代派建筑大师开始考虑以工业化的方式生产住宅。如法国的现代建筑大师勒·柯布西耶便曾经构想房子也能够像汽车底盘一样工业化成批生产。他的著作

图1 伦敦的夜店
（图片来源：《欧洲风化史：资产阶级时代》）

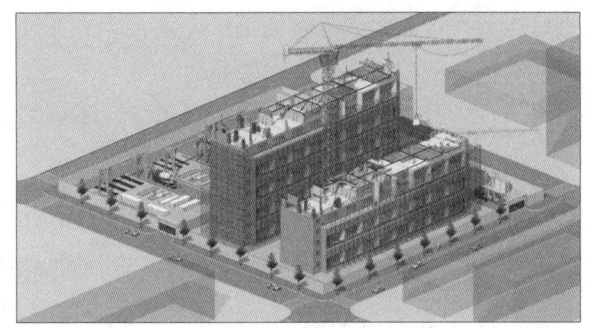

图2 万科模拟的工业化集合住宅建造场景

《走向新建筑》奠定了工业化住宅、居住机器等最前沿的建筑理论的基础。日本丰田公司在二战以后从汽车行业涉足房屋制造业的时候，其领导人明确提出"要像造汽车一样造房子"。

具体到国内的现状，中国停止福利分房以后，住宅需求一直持续膨胀。这主要是因为：一、城市居民改善居住条件的需求巨大；二、中国的城市化进程在加速，越来越多的农民涌向城市。这些情况和西方国家发展工业化住宅时的背景有些相似。

作为国内最大的房地产开发商，万科的董事长在2003年也提出，万科也要像造汽车一样造房子（图2）。那么，万科是基于何种需求提出这一点呢？万科对工业化住宅的诉求是什么呢？这主要包括三个方面：

第一个方面是公司发展规模的问题。2004年，万科提出要在2014年实现1000亿元的销售规模，以后的目标还可能超过1000亿，迈向2000亿。经过分析，结论是如果沿袭传统的建造模式，万科根本不可能完成这一目标。因为这种增长速度超过了万科技术管理人员的培养速度。如果施工现场的技术管理力量被摊薄的话，工程质量又会有所下降。在集团的总体开发规模比较大的情况下，工程质量又有下降，将会导致工程质量问题的总量巨大，出现群诉的可能性增加，这对集团将会是致命的打击。

第二个方面是现在的三农政策引起的问题。胡温新政以后，农民收入持续增长，从而使某些农民不再外出务工。这在许多经济发达地区，比如珠三角等地引起了民工荒。从逐步缩小城乡差距、增加农民工的收入的政策大环境出发，人工成本在建筑总造价里面所占的比例会逐渐增加。建筑工人的缺少、人工成本的增加,缩小了工业化住宅与传统住宅建造成本的差别,使我们考虑将大部分的现场作业转移到预制工厂里面去,这给我们推进住宅工业化创造了一个机会。

第三个方面是国家商品房预售政策的改变。鉴于预售的种种弊端,某些地方已经实行预售款监管,意即只有开发商交了钥匙、住户办理完入住手续以后,银行才能把全部预售款给开发商。但有些人在鼓吹取消预售制度,这样一来,能够提高建造速度、缩短建造周期的工业化住宅便成为我们必然的选择。

二、工业化住宅的定义

那么,怎样像造汽车一样造房子呢?

先从造车说起,国内的汽车厂,大部分会有四个车间。第一个是冲压车间,在这里,成卷的钢材被冲压成型,形成汽车各个部位的面板或者配件;第二个是焊接车间,各种需要焊接在一起的冲压件被焊接在一起,然后被送进第三个车间——涂装车间,进行油漆或者叫涂装。以上工序都是一些基本部品、部件的制造。最后是总装车间或者叫装配车间、总成车间,在这里把所有的零部件组装在一起,形成一个完整的汽车产品,再经过调试、检测,合格以后就下线了。我们可以看出,前面三个车间所做的工作,可以不在汽车厂内完成,而采取定单的方式委托其他专业厂家进行加工。

对应房地产,前三个都是构件预制的过程,总装车间则对应现场装配,只不过我们最终形成的产品是住宅(图3)。不论是我们外购或是自己生产的构件,最终按照我们的产品设计、生产、建造的房子就是万科牌的房子。

我们再来对比一下传统住宅和工业化住宅的实质,我们为什么要向制造业学习呢?

首先是工业化最能体现大规模生产的优势,这个不需要赘言。

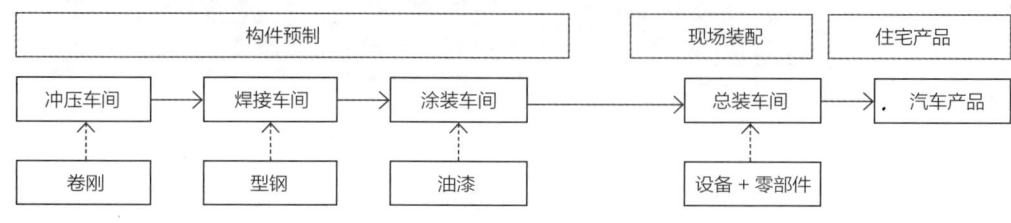

图3 造汽车与造房子的类比

其次是在住宅生产和施工的全过程，用制造业的质量管理体系来进行质量控制，最终保证产品质量的稳定和恒定。这个是我们做几年工厂化以后体会最深的一点。以传统的、手工的生产方式来建造房屋，其质量不能保证稳定和恒定。房屋的质量既跟师傅的手工工艺的水平密切相关，也跟师傅的心情有关。但是在工厂里面，按照流程做出来的东西，每一个步骤都会进行质量检测，即QA，出厂的质量能够保证，这就体现了质量的稳定和恒定。举一个例子，给门窗贴密封胶条，每个人的经验不同、熟练程度不同，胶条贴上去位置可能有偏差或不平整。但我有一次去参观YKK的工厂，看到几位女工在贴密封胶条，窗框上面有两个小小的突起，密封胶条上面有两个小洞，两者扣起来，分毫不差。这就是通过流程的设计、细节的管理，来保证工程质量稳定的例子。

再次，我们逐渐发现工业化是住宅产业化的核心。人们对住宅产业化的概念早已不陌生。包括生态、高技术、环保、绿色、健康等各个方面，都往住宅产业化这个瓶里面装。但是从万科集团建筑研究中心这几年来做的工作来看，工业化才是住宅产业化的核心。为什么这样说呢？万科总部从三四年前就开始作标准化的部品研究，通过标准化的设计、工厂化的生产来保证部品的质量。但是到现场安装的时候，往往发现现浇系统和标准化部品的精度不匹配。我们曾遇到预埋件定位不准，部品不能按照设计进行安装，还需要重新开凿、钻孔等诸多问题。这是它们精度不同造成的，一个是以毫米计，一个是以厘米计的。

最后是精装修。仅从市场上来看，家装市场已经实现了工业化。从洁具到五金，从地板到门窗、橱柜，全部实现了工厂制造。但如果要订购门窗，厂家还是会到家里量尺寸，再加工，并不能按照图纸给你提供现成的门、窗。并不是厂家没有统一的规格，而是因为住房实际尺寸和图纸有偏差。实际上，虽然是标准层，但每一套房子都不一样。这就制约了大规模精装修产业化的发展。如果主体不进行工业化，主体的精度达不到工业化装修部品的要求，精装修就不会形成大规模的产业化。这就是我们要使主体工业化的原因。我们走过这样的路，积累了一些经验，认识到工业化是住宅产业化的核心，于是我们跟建设部与深圳市住宅产业化办公室的领导交流这些问题，他们也逐步认识到这一点。但是还有一些开发商，坚持生态是产业化最重要的一个组成部分，现在还没有条件做大规模的工业化之类观点。他们还没有从根本上认识到这些问题。

三、欧美篇

我们先看一下欧美的工业化住宅发展历程。

欧洲以法国为代表。法国是工业化住宅体系发展比较早的国家，使用的绝大部分都是预制混凝土结构的体系。

20世纪50～60年代，是法国工业化住宅的数量阶段。每一个国家发展工业化的早期都是为了解决数量问题，法国也是这样。其主要目标是：解决有无，以及降低住宅造价的问题。在这个阶段，建筑设计由业主委托建筑师设计；大中型的施工企业和设计公司联合开发出"结构—施工"体系；预制件厂根据来图加工制作，模板并不标准，可以根据设计进行加工和调整，构件生产具有一定的灵活性。

这些"结构—施工"体系，虽然有很多实际工程遵循，但是没有形成确定的设计标准。因为在这个阶段，需求量比较大，所以尽管它的构件是按照要求进行的灵活设计，每一套还是有足够大的生产规模来保障成本的合理性。正是因为这些原因，造成这个阶段"有体系，没标准"的情况。

以预制大板和工具式模板为主要施工手段，侧重于工业化工艺的研究和完善，忽略了建筑设计和规划设计。从数量上满足了住宅需求，但是形成了功能单一化的卧城，建筑形式千篇一律。这些问题在该阶段不成问题，因为此时就是解决有无的问题。

但是到了70年代以后，房屋的需求基本上得到了解决，工业化住宅进入了质量阶段，人们开始注重它的质量和性能。大家提出来要增加建筑面积，提高隔热、保温和隔声等住宅性能，还要求改善装修和设备的水平，并改善建筑的形象和居住环境等等。

同时因为需求量减少，建设工程趋向分散化和小型化。没有规模效应以后，预制工厂逐渐衰败。在这种情况下，法国国家住房部开始推广样板住宅政策（图4）。

样板住宅实际上就是标准化住宅，设计图纸公开发行，所有厂家都可以生产。从1968年开始，样板住宅政策要求施工企业与建筑师合作，共同开展标准化的定型设计。同时通过全国或地区性竞赛筛选出优秀方案，推荐使用。1972~1975年法国通过了建筑设计和建筑技术方面的创新，进行了一些设计竞赛，最后确定了大概25种样板住宅。这些样板住宅实际是以户型和单元为标准的标准化体系。1973、1974、1975年法国新样板住宅的应用量都在10000户以上，分别是：16200户、20800户、12800户。

万科集团建筑研究中心在2004年就做过类似的标准化住宅定型工作。当时曾经

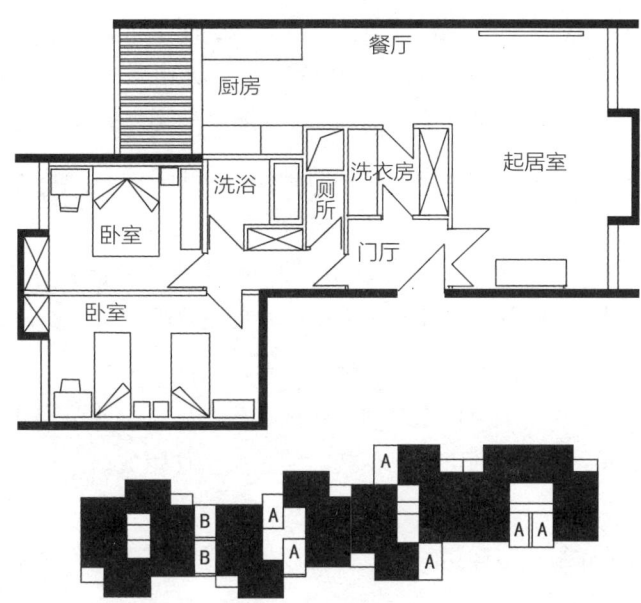

图 4 法国的 DM73 样板住宅实例：基本单元为 L 形，使用面积为 69.08m2，设备管井位于中央，基本单元可以加上附加模块 A 或 B，并采用石膏板隔墙灵活分隔室内空间，这样可以灵活组成 1-7 室户，不同楼层之间也可以根据业主需求灵活布置。规划总平面中，这些基本单元可以组合成 5-15 层的板式、锯齿式、转角式的建筑，或者 5-21 层的点式建筑，或者低层的联排式住宅。主体结构为工具式大型组合模板现浇。

讨论过是以部品，还是以功能模块（如厨房、卫生间、阳台等）或是以整个户型甚至以整栋楼为标准化定型单位。我们知道定型单位的尺度越小，其组合的灵活度越高，最终的多样性越能保证。但是这会导致其生产规模缩小，生产效率降低。经过权衡，最后万科确定的是以户型或者单元为定型单位，这和法国的样板住宅的定型方式不谋而合。这里可以给大家看一个法国样板住宅的例子。

因为受限于住宅生产规模进一步缩小，即使只有 25 种样板住宅，其每一种的生产量仍然小到无法维持，最终不可避免地走向衰败。

1977 年，法国希望通过建立模数协调规则来建立一种通用构造体系，以解决这个问题。为此，法国成立了构件建筑协会 ACC，包括：建筑师同业会；建筑材料、构配件及设备工业协会（AIMCC）；全国建筑承包商联合会（FNB）；设计顾问公司联合会（SYNTEC）；

法国顾问工程师协会 (CICF)。构件建筑协会的主要工作是建立模数协调规则。

1978 年协会制定了模数协调规则，内容包括：采用模数制，基本模数 M=100，水平模数 =3M，垂直模数 =1M；外墙内侧与基准平面相切；隔墙居中，插放在两个基准平面之间；轻质隔墙不受限制，可偏向基准平面的任一侧；楼板上下表面均可与基准平面相切，层高和净高其中有一符合模数。

仅仅看这几句摘要，我们就能感觉到这种模数协调规则表达方式过于复杂，难于理解，并且若按照该规则制定的标准化节点，将使设计僵化。因此，1978 年，法国住房部提出在模数协调规则的基础上发展构造体系（图 5）。

构造体系是向开放式工业化过渡的手段，它是由施工企业或设计事务所提出主体结构体系，每一体系由一系列可以互相装配的定型构件组成，并形成构件目录。所有构造体系（主体、围护、分隔、设备）符合尺寸协调规则，建筑师可以从目录中选择构件，像搭积木一样组成多样化的建筑，可以说构造体系实际上是以构配件为标准化

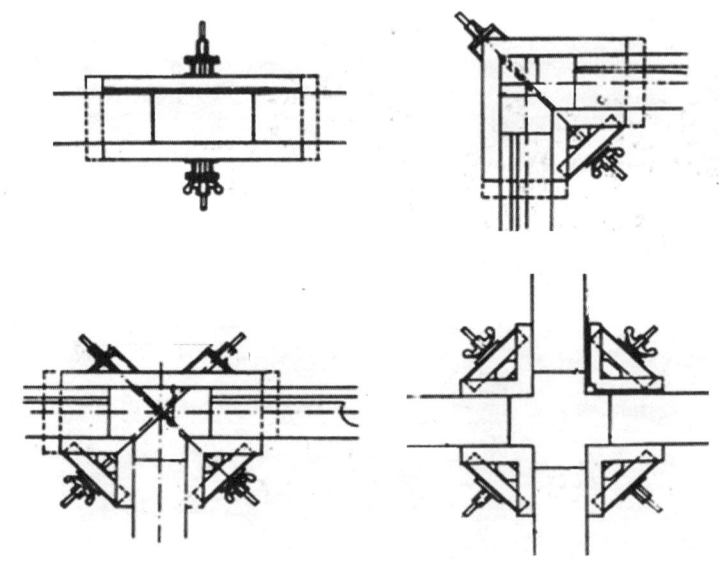

图 5 法国的 SGE-C 构造体系实例的现浇节点模板示意图：这是一种预制大板体系，适用于 7 层以下的住宅建筑。楼板为预制条形板：跨度 4800mm 以下采用 160mm 厚实心板，跨度 4800mm 以上采用预应力空心板。内外墙板统一规格，为实心板或多孔板，外墙做外保温加抹灰或混凝土装饰板，墙板之间的连接节点可预制、可现浇，墙板与楼板之间的连接节点可焊接或者现浇，楼板与楼板之间预留槽灌浆。

的体系。刚才我们说样板住宅的体系是以户型和单元为标准单位的，所以在设计上构造体系比样板住宅更灵活，在这种情况下，设计师的灵活性和主动性就增加了。

法国住房部委托建筑科技中心（CSTB）进行评审，共确认了25种体系，年建造量约为10000户。为了促进构造体系的发展应用，法国政府规定：选择正式批准的体系，可以不经过法定的招投标程序，直接委托，这种政策刺激了构造体系的发展。

法国构造体系以预制混凝土体系为主，钢、木结构体系为辅。在集合住宅中的应用多于独户住宅。多采用框架或者板柱体系，向大跨度发展，焊接、螺栓连接等干法作业流行，结构构件与设备、装修工程分开，减少预埋，生产和施工质量高。这些特点和我们现在倡导选择的技术体系非常相似。以下是一些构造体系的实例。

构造体系的不同体系间相对封闭，造成生产规模较小，在政府提供优惠政策的情况下仅占市场的2.5%。1982年，政府对这些问题进行了反思。

反思一是：主体工程占住宅总造价的50%，在这50%里面，预制混凝土构件仅占到20%。也就是构件的生产效率提高10%，总造价也只能降低2%。所以把提高生产率的希望仅仅寄于预制构件的生产方面是片面的。随后政府调整策略，强调产业链上的所有企业、所有环节，从生产到运输，从施工到安装等等，都要提高效率，革新技术。

反思二是：从样板住宅到新样板住宅、从模数协调到构造体系，由政府来推广某种技术体系是不合适的。政府的职能应该是去确定一个所要达到的目标，而究竟应该如何去达到这个目标，则应该由企业自己去想办法，不应该由政府强制推广使用某种技术体系。

所以，1982年法国政府制定了一个"居住88"计划：到1988年，全国应该有20000套样板住宅，其成本要比1982年降低25%，并且质量不能降低。政府提出了这样的目标，而具体用什么样的技术，则由企业自己解决。

美国的工业化住宅起源于20世纪30年代。当时它是汽车拖车式的、用于野营的汽车房屋。但是在40年代，也就是二战期间，野营的人数减少了，所以旅行车被固定下来，作为临时的住宅。二战结束以后，政府担心拖车造成贫民窟，不许再用其来做住宅。

20世纪50年代后，人口大幅增长，军人复员，移民涌入，同时军队和建筑施工

图 6 美国早年的汽车房屋

队也急需简易住宅，美国出现了严重的住房短缺。这种情况下，许多业主又开始购买旅行拖车作为住宅使用。于是政府又放宽了政策，允许使用汽车房屋（图6）。同时受它的启发，一些住宅生产厂家也开始生产外观更像传统住宅，但是可以用大型的汽车拉到各个地方直接安装的工业化住宅。可以说，汽车房屋是美国工业化住宅的一个雏形。

70年代以后，人们对住宅的要求更高了：要求面积更大，功能更全，外形更美观。1976年，美国国会通过了国家工业化住宅建造及安全法案(National Manufactured Housing Construction and Safety Act)，同年开始由住房和城市发展部（HUD）负责出台一系列严格的行业规范标准，一直沿用到今天。除了注重质量，现在的工业化住宅更加注重提升美观、舒适性及个性化，许多工业化住宅的外观与非工业化住宅外观差别无几。新的技术不断出台，节能方面也是新的关注点。这说明，美国的工业化住宅经历了从追求数量到追求质量的阶段性转变。

我们来看一下它的一个统计数据。美国1997年新建住宅147.6万套，其中工业化住宅113万套，均为低层住宅，其中主要为木结构，数量为99万套，其他的为钢结构。这取决于他们传统的居住习惯。

据美国工业化住宅协会统计，2001年，美国的工业化住宅已经达到了1000万套，占美国住宅总量的7%，为2200万的美国人解决了居住问题。

2007年，美国的工业化住宅总值达到118亿美元。现在在美国，每16个人中就有1个人居住的是工业化住宅。

在美国，工业化住宅已成为非政府补贴的经济适用房的主要形式——因为其成本还不到非工业化住宅的一半。在低收入人群、无福利的购房者中，工业化住宅是住房的主要来源之一。

据统计，美国70%的工业化住宅建造在私有房主的土地上，另外的30%是建在租用地或是他人（包括亲戚朋友）的土地上。

美国为了促进工业化住宅的发展，出台了很多法律和一些产业政策，最主要的就是我们刚才提到过的HUD技术标准。

HUD是美国联邦政府住房和城市发展部的简称，它颁布了美国工业化住宅建设和安全标准（National Manufactured Housing Construction and Safety Standards），简称HUD标准。它是唯一的国家级建设标准，对设计、施工、强度和持久性、耐火、通风、抗风、节能和质量进行了规范。HUD标准中的国家工业化住宅建设和安全标准还对所有工业化住宅的采暖、制冷、空调、热能、电能、管道系统进行了规范。

1976年后，所有工业化住宅都必须符合联邦工业化住宅建设和安全标准。只有达到HUD标准并拥有独立的第三方检查机构出具的证明，工业化住宅才能出售。现在，HUD又颁发了联邦工业化住宅安装标准（HUD Proposed Federal Model Manufactured Home Installation Standards）。它是全美所有新建HUD标准的工业化住宅进行初始安装的最低标准，提议的条款将用于审核所有生产商的安装手册和州立安装标准。对于没有颁布任何安装标准的州，该条款将成为强制执行的联邦安装标准。

由此可见，政策和标准是推动工业化住宅发展的关键性条件。

本文发表于《住区》杂志2008年5期总第33期

国内外工业化住宅的发展历程(之二)

日本篇
一、日本工业化住宅发展概述

日本的工业化住宅应该是我们重点学习的对象,这一点我在《中国住宅产业化路在何方》一文中已经谈过,这里不再详述。

早在1955年,日本为了推动产业化的发展,制订了一个住宅建设10年计划,并且在随后每过3～5年就作一些修正。这10年被称为战后复兴时期。

接下来的20年是其高速增长期。在这个阶段,其出台了一系列的法律和产业政策,对促进住宅的建设起到了重要的作用。政府在1965年制订的第一个住宅5年计划——"新住宅建设5年计划"中指出,工业化住宅所占的比率(预制构件住宅建设户数/住宅建设总户数)要达到15%。结果公共资金住宅的工业化达到了8%,民间住宅率达到了4%。1971年再次制订的新住宅建设5年计划中规定,前者要达到28%,后者14%。

为了推动住宅产业的发展,政府建立了住宅产业的政府咨询机构——审议会。为推动标准化的工作,审议会建立了优良住宅部品的审定制度,合理的流通机构和住宅产业综合信息中心,发挥了行业协会的作用。此外,政府实行住宅技术方案竞赛制度,直接效果是使松下和三泽后来将参赛获奖的成果商品化,成为企业的支柱产品。此外,该竞赛还从整体上推动了日本预制住宅产业的发展,提高了住宅产品的质量。1975年后,政府又出台了《工业化住宅性能认定规程》以及《工业化住宅性能认定技术基准》。工业化住宅性能认定制度的设立指导了在住宅工业化产业中起带头作用的预制住宅事

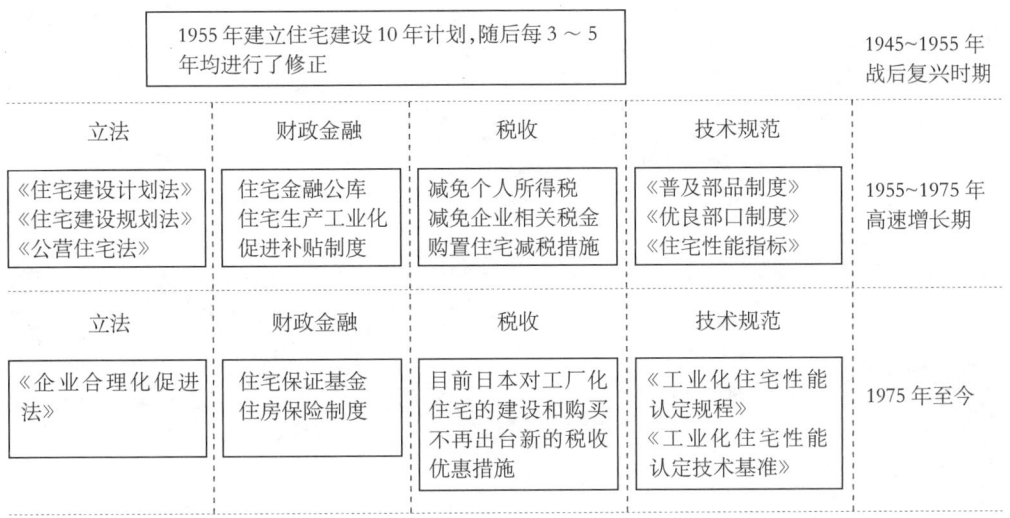

图1 日本住宅建设计划和相关产业政策

业的发展，提高了日本住宅建设事业的整体水平。两项规范的出台，对整个日本住宅工业化水平的提高具有决定性的作用。由此可见，该行业的大规模发展有赖于政策和标准的完善与推行（图1）。

二、日本工业化制法的分类

第一类是日本传统的办法，即木造轴组工法（图2），多被大工工务店类的中小型建设企业所采用，是历史最悠久、采用最广泛的住宅施工方式。一般情况下，大工工务店的木制住宅现场由工务店的负责人统一指挥。住宅的木制主体结构多由本工务店的技术工人承担施工，屋顶、装饰等工程则由外部的工人承担。采用该工法的住宅数量难以统计，原因是按照日本的法律规定，较小的建设工程（工程造价低于1500万日元，约90万元人民币）无需取得建设业许可证，是可以不用办手续的。

第二类是2×4的工法（图3），它是日本传统工法和美国标准化的结合，以2英寸×4英寸的木材为骨材，结合墙面、地面、天井面等面形部件作为房屋的主体框架进行房屋建造。该工比传统的轴线工法有更高的施工效率，且不需要技术较高的熟练工，适合中小企业进行房屋建造。该工法不同于当时盛行的美国式的标准化、规格化工法，

图 2 日本的木造轴组工法住宅实例

图 3 日本的 2×4 工法住宅实例

房屋构造形式多样、较高的抗震与耐火性能、西洋式的外观设计等是其特色。1988 年日本采用该工法的新建住宅户为 42000 户，占全部新建住宅的 2.5%。以后持续增长，2003 年达到 83.000 户，占全部住宅的 7.2%。

第三类是预制构造 (Pre-fabricated) 工法（图 4），它是大型住宅建设企业的主要施工方法。该工法是将住宅的主要部位构件，如墙壁、柱、楼板、天井、楼梯等，在工厂成批生产，现场组装。从目前的日本住宅市场来看，Pre-fabricated 住宅并没有真正发挥其标准化生产而降低造价的优势。其主要原因是大部分消费者仍倾向于日本传统的木制结构住宅。其次，标准部件以外的非标准设计、加工所需要的费用使该工法建造的住宅总体造价上升,价格优势无法发挥。2003年使用该工法的新建住宅户数为158000户,占当时新建住宅的13.5%。历史最高水平是1992年,采用该工法建造的住宅为253000户,占当时新建住宅的17.8%。

图4 日本的预制构造工法住宅实例

三、日本住宅产业的参与主体

日本住宅产业的参与主体主要有三大类。

第一类是住宅公团,它是一个半政府、半民间的机构。其发展主要有如下几个阶段:第一阶段完成了不同系列的63种类型的住宅标准化设计,其中1973年完成的公有住宅建设量高达190万户;第二阶段完成了木结构、钢结构和混凝土结构的住宅试制,在1974年公有住宅建设量为130万户;第三阶段所有公营住宅普及标准化系列部品,逐渐发展成住宅单元标准化,该阶段期间,平均每年公有住宅建设量达110万户;第四阶段开发出大型预制混凝土板、H型钢和混凝土预制板组合施工法,该阶段内公有住宅的建设量占住宅总建设量的80%以上(表1)。

第二类是都市机构,这也是一个半政府性的机构。2004年7月1日,旧都市基础整备团体和旧地域振兴整备团体的地方都市开发整备部门合二为一,成立了独立行政法人的都市再生机构(简称UR都市机构)。UR都市机构以人们的居住、生活为本,致力于创造环境优美、安全舒适的城市。

都市住宅技术研究所通过建设城市的实践,获取丰富的经验和知识,并对现有城市的状况进行切实的调查、掌握,开展必要的调查研究、技术开发及试验(图5)。

日本住宅公团的住宅研发及应用情况   表 1

	研发情况	应用情况
标准化	完成不同系列的 63 种类型的住宅标准化设计	1973 年公有住宅建设量达 190 万户
试验楼	完成木结构、钢结构和混凝土结构的住宅试制	1974 年公有住宅建设量为 130 万户
部品系列化	所有公营住宅普及标准化系列部品，逐渐发展成住宅单元标准化	该阶段期间，平均每年公有住宅建设量达 110 万户
机械化施工法	开发出大型预制混凝土板、H 型钢和混凝土预制板组合施工法	该阶段内公有住宅的建设量占住宅总建设量的 80% 以上

图 5 日本 UR 都市机构的住宅实验塔是目前世界最高的住宅设备系统检测设施

UR 都市机构对外公开其研究调查成果，回馈社会。

第三类是民间企业。二战后的日本政府推进的住宅建设工作重点是通过"量"来解决住宅危机。这个阶段必须解决两个问题：一是依靠传统的手工劳动无法短时间内解决大量的住宅供应；二是当时没有足够的木材满足日本传统的木结构住宅建设。

在这种社会背景下，预制住宅企业尝试用新工法来改善这种局面。20 世纪 50 年代后期开发了基础构造体系；70 年代前期开发了大型板材构造法（松下住宅、三泽住宅）和住宅单位构造法（积水化学）；进入 90 年代，根据市场需要展开了各种技术开发活动，比如解决 VOC 问题的健康住宅、无台阶住宅技术开发。

目前各企业的技术开发和设计体制重点基本都转移到顺应市场变化的轨道上(图 6)。

参与工业化住宅的企业比较多，既有比较大型的房屋供应商，如积水（图 7）、大和（图 8）、松下（图 9）、三泽、丰田等，也有大型的建造商，如大成建设（图 10）、前田建设（图 11）等（表 2）。

图 6 日本民间企业参与住宅开发促生了住宅公园，这是大阪千里住宅公园的平面图及住宅展示情形

图 7 日本积水化学为了开拓新的业务领域，1960 年 3 月在公司内部创建了住宅业务部，同年 8 月将住宅业务部独立，并更名为积水住宅产业。这是积水化学在大阪千里住宅公园展出的产品

图 8 日本大和住宅综合技术研究所以"同自然环境共存"为基本主题，研究、开发着眼于未来

图9 松下电工于1961年成立了住宅业务部，1963年由松下电器和松下电工共同出资3亿日元，成立了松下住宅建材股份公司（现松下住宅的前身）。这是松下住宅用于都市空间虚拟体验的设备

图10 日本大成建设建造的大型住宅项目

部分日本民间企业在住宅产业化方面的业务发展　　　　　　　　　　　　　　　　　　　　　　　　　表2

机构名称	研发情况	住宅建设量	企业背景
积水住宅（Sekisui House）	着重研究建筑的热工性能、老年住宅、结构体系和内装部品	1989年住宅建设量达170万户	1960年成立，1961年设立滋贺工厂，开始B型住宅的开发建设，1971年上市
大和房屋（Daiwa House）	着重研究与环境共生住宅、老年住宅、建筑热工以及建筑工程研究和实验	2000年住宅建设总量为132万户	1955年成立，1957年建造日本首个工厂化住宅，1961年开始涉足钢结构住宅和厂房、仓库、体育馆等公建
三泽房屋（Misawa House）	着重研究住宅耐久性、住区微气候环境、地球环境问题、老年住宅等	2001年住宅建设总量为122万户	1962年成立集团，1964年大板系统开发，1965年设立预制构件工厂，1967年三泽房屋成立
大成建设（Taisei Corporation）	着重研究工厂化住宅施工工艺、工程管理、生态环保等	2002年住宅建设总量为115万户	1917年设立，1946年财阀解体，分离出大成建设，1960年开始建造大型酒店、大坝等公建，1969年进入住宅市场

日本前田建设高层RC和PCa技术开发历程

年代	1985年	1990年	1995年	2000年	2005年
高层RC开发过程	● 1986年开始开发高层RC	● 1988年高层RC技术委员会审批结束	● 1995年确立了MARC-SuperH技术 ● 1994年开始开发HIW工法技术	● 2001年开始开发Fc=100MPa技术 ● 2003年开始开发Fc=150MPa技术	● 2005年将MARC-H和SuperH两系统统合为MARC-H系统
代表业绩(竣工)[含竣工预定项目]		● 1991年东札幌LionsTower项目（21层，Fc=36）	● M.M Towers 2003年（30层，高层免震）	● 2000年南千住E街区（39层，Fc=54） ● 2000年River产业京桥（40层，Fc=60）	● 2005年LionsTower月岛项目（32层，Fc=60） ● 2008年Kachidoki再开发项目（58层，Fc=130）
PCa化技术的开发		PCa化（柱，主梁，次梁，阳台）Fc36~60MPa		高强度PCa化（柱，主梁）Fc60~150MPa	

图11 日本前田建设（MAEDA）的高层RC和PCa技术开发历程

四、日本PCa住宅技术的发展

1. 1955~1965年预制住宅技术的开发期。1956年日本开发了2层的建筑壁式预制住宅，即预制大板式住宅。后来，技术逐步发展，最后可以做到5层。在这个经济高速成长期，5层以下的预制大板式住宅被大量建设。

2. 1965~1975年：预制住宅的最盛期。1970年，住宅公团HPC（预制混凝土高层结构）工法被应用到14层的高层住宅开发。但是，1973年的第一次石油危机以后，由于土地不足，导致住宅小区小型化，同时由于需求的多样化、高级化，预制混凝土工法建造的住宅急速减少。

3. 1975年以后：预制住宅的再度发展期。1975年开始实施钢筋混凝土构造的PCa化，即从现浇混凝土向预制混凝土转变。在此期间，RPC（预制混凝土框架结构）施工工法被开发实施。因此，预制大板式工法也向RPC工法转化，而且RPC工法也逐渐从多层向高层、超高层的应用发展。为了解决超高层建筑预制柱断面过大的问题，高强混凝土及高强钢筋开始被应用到实际工程。

五、日本住宅产业的发展趋势

首先，独立住宅的比例越来越少，高层集合住宅逐渐增加。这是由土地价格的上涨、核家族化、面积狭窄而引起的。独户住宅的减少，导致集合住宅的占有比例逐渐增加，以房地产投资为目的的集合住宅购买力相对增大。

木结构的独立住宅是日本的传统建筑方式,而工业化住宅的历史较短,故日本人的居住观念仍然倾向于传统的木制结构。因早期的工业化住宅质量较差,Predicated 住宅(预制住宅)成为劣质住宅的代名词,实践证明该意识的转变经历了 30 年。图 12 表明,在 2002 年的日本,集合公寓占到住宅总量的 58.4%,已经超过了独户住宅的市场占有率。

严格来说,目前日本只有 20%～25% 的住宅属于预制住宅,该比例之所以如此小,主要是因为预制住宅是按照日本建筑中心对工厂化住宅的认定标准来认定的。该认定标准是:全套住宅建造过程中的 2/3 或以上在工厂完成,及主要结构部分(墙、柱、地板、梁、屋面、楼梯等,不包括隔断墙、辅助柱、底层地板、局部楼梯、室外楼梯等)均为工厂生产的规格化部件,并采用装配式工法施工的住宅。其实,在日本 85% 以上的高层集合住宅都不同程度地使用了预制构件。

从图 13 可以看出,在预制住宅里面,预制混凝土结构的住宅所占的比例较小,这主要是因为预制装配整体式住宅在施工现场的混凝土浇筑量较大,其工厂化率要达到日本建筑中心对工厂化住宅的认定标准——2/3 以上的工厂化预制——是比较困难的。按照香港预制混凝土结构专家——香港理工大学李恒教授的观点,香港的预制混凝土住宅的预制比率在 45%～50%。但如果按照日本建筑中心对工厂化住宅的认定标准,香港的预制住宅绝大多数都不能称之为预制住宅了。

上文我们提到的,高层集合住宅的市场占有率为 58.40%,如果其中有 85% 的住宅不同程度地采用了预制混凝土构件,那么采用预制混凝土技术的住宅,市场总体占有比率接近 50%。

项目最终选择什么样的工厂化率,取决于项目本身。在日本调研时我们发现,建筑的层数越高,它的工厂化预制比例越高。9 层以下的住宅,全部现浇,而不是用预

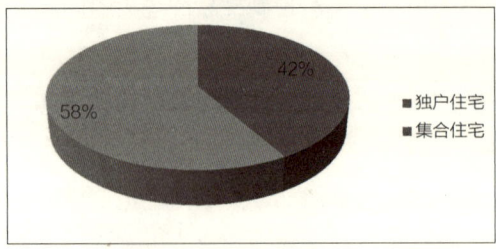

图 12 2002 年日本全国预制独户和集合住宅的比例

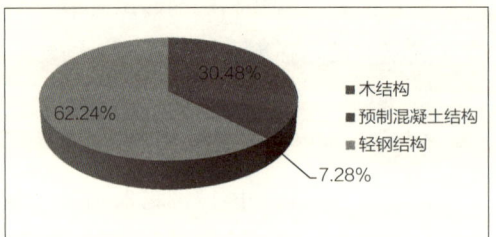

图 13 不同结构形式预制住宅(工厂化率达到 2/3 以上者)所占比例

制的方式来建造；层数在20层以下，会用半预制；如果超过20层的话，包括梁、柱在内的会全部预制。这样做的主要原因有两个：一是考虑模板的利用率和成本摊销，二是建筑的层数越高，泵送商品混凝土的难度越大，高空养护的难度和工作量也越大。所以减少现浇量对施工效率的提升是有价值的。

万科集团在做1号工业化住宅实验楼的时候，选用的是6层住宅原型，因为当时多层住宅，尤其是多层的情景洋房产品是万科集团的主流产品。当时是基于这样的考虑：多层住宅的标准层虽然少，但是楼盘的规模足够大，可以通过复制（建造很多栋完全一样的楼），把高层建筑的竖向标准层水平摆放，一样可以实现大规模标准化的构件生产量。但实践证明这是行不通的，因为这种想法仅仅考虑了生产环节，却没有考虑施工环节。施工的时候，在水平铺开的施工现场，吊装设备的效率是保证不了的，因为汽车吊在行走的时候不能载重，在载重的时候不能行走。虽然当时还想出一个办法，就是在各栋多层住宅楼之间铺设轨道，让一些吊车在施工现场来回移动以提高其使用效率，但现在来看这种想法很幼稚，很难实行，因为现场的复杂性不允许我们做这样的施工组织方案。

这给了我们一些启发：我们的所有工作都必须遵循人类认知事物的普遍规律，遵循从认知（了解阶段，调查、研究）到掌握（初试阶段，试验、试做，完成技术验证），再到创造（中试阶段，设计、创新，完成市场验证）的循序渐进的过程。所以，当我们在学习别人的先进技术的时候，先要完整地学，不要一开始就想自己创新。当别人的做法和我们的想象存在差异的时候，我们要意识到：既然这种做法"存在"，总有它合理的地方。这样，我们首先要弄清楚日本的现状和主流，以及在它原始的发展过程中技术是如何演变的。于是万科在完成了颇具创新特色的1号工厂化住宅实验楼之后，从2号实验楼发展到开始全面学习日本的KSI技术体系。后来到4号实验楼，完全变成了照搬日本做法，请了一个10人左右的日本技术专家团队全程指导，就连脚手架等施工辅助设施都是从日本进口的，目的便是为了弄清楚在日本这一套体系是怎么做的，然后才能去改进它，使它适应我们的国情。从技术创新上来看，从1号实验楼到4号实验楼，万科一直在作战略收缩，但是技术水平却比原来更成熟。

本文发表于《住区》杂志2008年6期总第34期

国内外工业化住宅的发展历程(之三)

一、中国香港篇

香港的工业化是在 1953 年开始启动。当时香港发生了一场大火,把 Shek Kip Mei 棚户区基本上都烧光了,造成了 53000 多人无家可归。于是,政府启动了公屋计划。20 世纪 50 年代香港仅有人口 236 万,到 1965 年达到 400 万,2001 年全港人口 670 万。香港居民住在私人楼宇公司建造的永久性房屋(即商品房)内的占 49%,住在公营租住房屋(即香港房委会建造的公屋)内的占 31.9%,住在房委会资助的出售单位(类似内地的经济适用房)内的占 16.1%。由此可见,近一半的住房是香港房委会建造的,相关部门完全具备控制和引导香港的房地产投资的能力。

公屋的设计方案大多千篇一律,但是它也随着时代的变化经过不断改进,由原来的内走廊、两边排列居室的板式平面布局,发展到 20 世纪 90 年代的电梯间设在中间,每个单元均有阳台和洗手间的高层井式平面布局。这种布局在香港被命名为"和谐式"设计,其一直影响着香港的高层住宅设计。图 1、图 2 所示的为香港海滨南岸住宅项目。

"和谐式"的公屋在设计上采用筒式结构加剪力墙,但其早期的建造工艺比较落后,外墙和楼板全是现场支模现浇混凝土,内墙用砖砌成。建筑管理是粗放式的,建筑材料浪费严重,产生的建筑垃圾令人头痛,施工质量无法控制。于是从 20 世纪 80 年代后期开始,房委会提出预制构件的概念,开始在公屋建设中使用预制混凝土构件。当时所有的预制构件都是工地制作,由工地负责质量,但是现场的条件使质量难以控制,后来逐渐把构件预制的工作转移到预制构件厂里面去了。在预制工厂内生产标准

第二章 产业化

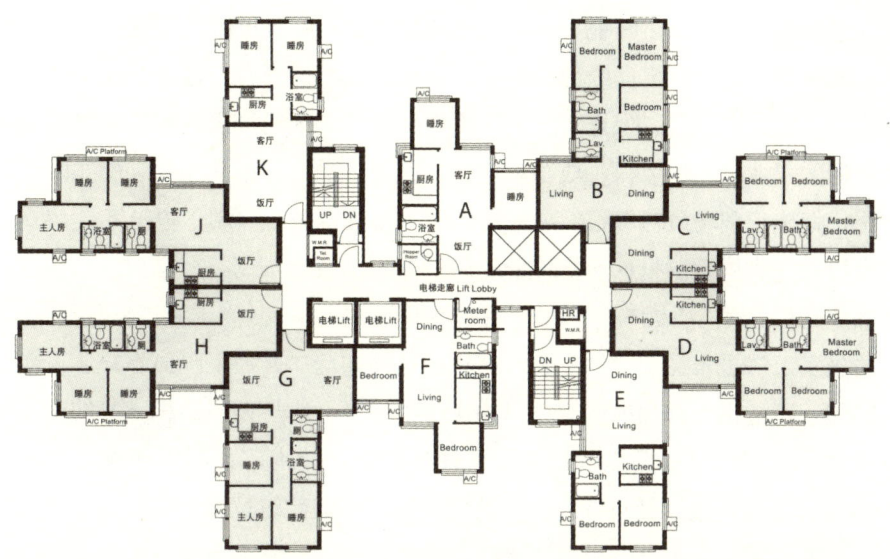

图 1 香港海滨南岸项目典型楼栋平面图（图片来源：项目公开宣传资料）

图 2 香港海滨南岸项目总平面布置图（图片来源：项目公开宣传资料）

083

化的预制构件，可以很好地贯彻质量管理和 ISO9000 质量保证体系。

最先放到预制厂生产的是最简易的洗手池和厨房灶台，这两个小部件改为预制装配式后，质量不但得以保证，施工速度也加快了，现场产生的建筑垃圾也减少了，预制装配的工业化工法取得了成功。于是，房委会进一步推动预制装配式的工业化施工方法，把施工现场最耗费模板、最费工时的楼梯也进行预制。1990 年，房委会又推行更大尺寸的房屋预制构件，把传统的砌筑内隔墙改为预制条型墙板，这和我们内地推行墙改一样。但内墙板的生产和应用并不顺利。新的产品尚未经过长时间的使用检验，新的施工工法也未经实践的考验，难免出现诸如墙体开裂、隔声不好、不能吊挂重物等问题。不过由于预制内墙板可以加快施工速度，增加使用面积，节约人工和材料，减少建筑垃圾，这些明显的优越性促使房委会坚持推广预制内墙板。一方面政府于 2005 年开征建筑废物处置费，为了处理施工现场的建筑垃圾，建筑公司除了支付运输费，还要缴纳每吨 125 港元的处置费。显然预制装配施工会减少建筑垃圾的产生，使得建筑商使用预制部件的积极性提高了。另一方面，政府还采取了一系列质量保障措施，包括：所有生产厂家必须通过 ISO 质量保证体系认可，使用的配套材料必须经过认证，内墙板的生产和安装由同一家分包商负责，厂家对工地负责的是最后的墙体，而不是送交的墙板等，最终取得了较好的效果。

私营建筑商看到公屋建设使用内墙板产生了良好的经济效益，随即跟进，使内墙板的应用得到了普及。而其成功应用又加快了外墙板的生产。由于香港采用英国的结构设计标准，不考虑抗震，预制混凝土外墙板通过现浇结合部与框架结构主体连接，既不用考虑外墙承重，又不用考虑蒙皮效应对结构的影响，完全是外挂式，能够突出预制装配的优越性。最主要的是预制混凝土外墙板解决了框架填充砌块外墙的渗漏问题。因为现浇框架填充砌块外墙上面的窗户是先预留窗洞口后安装窗框，洞口与窗框间的缝隙用砂浆填塞，由于现场难以控制质量，使得缝隙的密实度不够，在台风肆虐的季节容易造成雨水渗漏。使用了预制外墙板后，窗框直接在预制构件厂预埋、浇筑在混凝土内，杜绝了窗框与墙体之间的缝隙渗漏问题。同时外墙的瓷砖饰面甚至是石板饰面，也都可以在预制构件厂内和构件浇筑在一起，大大减少了高层建筑时有发生的外饰面跌落事故。

由于预制装配式外墙的质量保证率较高，可以减少政府在后期维护的人力物力投入，所以从 20 世纪 90 年代起，香港的公屋建造强制性使用预制外墙。又由于公屋的设计标准化，使得预制构件的规模化生产成为可能，带来了不错的效率和效益。1998 年以后，私人楼宇（即商品房开发项目）也开始应用预制外墙技术，但是由于预制外墙的成本较高，在 2002 年之前，全港仅有 4 个私人楼宇采用了预制建造技术。其大量使用是从 2002 年开始的，这主要归功于政府的两项政策，为鼓励发展商提供环保设施、采用环保建筑方法和技术创新，2001 年、2002 年香港屋宇署、地政总署和规划署等部门联合发布《联合作业备考第 1 号》及《联合作业备考第 2 号》（图 3），规定采用露台、空中花园、非结构预制外墙等环保措施的项目将获得面积豁免，其实是变相提高容积率，多出的可售面积可以部分抵消发展商的成本增加。此两份文件对香港住宅产业（尤其私人发展商）的影响巨大，私人发展商采用预制外墙项目数量从 2001 年之前的 4 个项目增长到 2006 年的 26 个（图 4）。

图 3 香港屋宇署、地政总署和规划署联合发布的《联合作业备考》

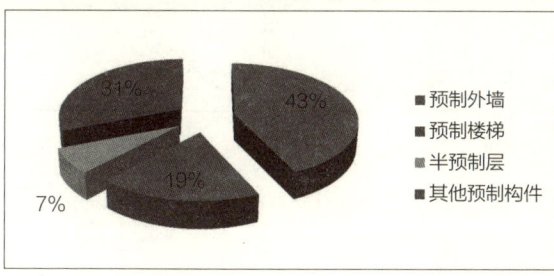

图 4 2006 年香港预制混凝土构件的应用情况

到今天，由于绝大部分的住宅（含公屋和私人项目）采用了预制建造技术，一些大型建筑公司纷纷到珠江三角洲地区开设预制构件厂。在这些厂里面，窗框甚至玻璃全部装好，瓷砖贴好，然后运到香港工地。由于工地上空间有限，严格要求按计划运送墙板，其直接从拖车上起吊、安装，不允许二次转运。现场工人数量减少，施工效率大大提高，体现了构件生产工厂化、施工机械化的优越性。为了达到规模优势，私人楼宇的设计在考虑个性化的同时，也尽量使用标准化的模块设计。比如我们前面提到的海滨南岸项目的7栋楼宇全部是标准化的，通过规划组织，使整个项目的建筑造型和外部空间丰富多变。

现在，预制构件已经不再是单调、呆板的代名词了，正好相反，现场不容易搭建模板的异型构件，采用预制装配式反倒更加有效，比如能够表现波浪起伏造型的预制构件。

我们来看一些香港工业化住宅的统计数据。

从预制比例来看，2002年，在所建公屋中，预制构件的混凝土方量约占建筑钢筋混凝土总方量的17%。2007年，包括整体式厨卫及结构墙体，其比例提高到65%。由此可见，预制混凝土构件的应用发展迅速。

从选择哪些构件进行预制来看，公屋和私人楼宇是不同的，但是，无论是在公屋还是在私人楼宇中，预制外墙的使用都是占第一位的，平均应用百分比为43%；排在第二位是预制楼梯，平均有19%的住宅使用；而排在第3位的则有所不同，公屋是半预制楼板，私人楼宇是半预制阳台，总体来说还是半预制楼板的使用比例较大，平均为7%，详见表1。

从香港的工业化住宅发展过程来看，政府在其间的作用非常明显。首先，政府的

2006年香港预制混凝土构件的应用情况　　　　　　　　　　　　　　　　　　表1

应用量排序	综合		公屋		私人楼宇	
	预制构件类型	应用百分比	预制构件类型	应用百分比	预制构件类型	应用百分比
第一位	预制外墙	43%	预制外墙	47%	预制外墙	32%
第二位	预制楼梯	19%	预制楼梯	18%	预制楼梯	21%
第三位	半预制楼板	7%	半预制楼板	8%	半预制阳台	18%

公屋带头使用，抛弃粗放式的建设模式，从我做起，起到示范作用；其次，出台一些限制性的政策，比如征收建筑废物处置费，逼着开发商走资源节约的道路，具有一定的强制性；最后，给予一定的优惠政策，缓解发展商因采用新技术带来的成本增加，起到引导作用。

2006年深圳市成为国家第一个住宅产业化试点城市，2008年深圳市住宅产业化办公室成立，开始进行深圳市的住宅产业战略规划和推进机制及产业政策方面的研究，以期尽快制定相关的产业鼓励政策。深圳完全可以借鉴自己的近邻——香港的经验，把预制外墙部分的建筑面积豁免政策作为突破口，因为这种政策对政府来说既不用付出太多财政经费，也会给开发商带来一些成本方面的补偿。据我们测算，按香港联合作业备考的2号条款，仅考虑预制外墙的面积豁免，项目的可售建筑面积便可增加约4%，开发商可以从这部分增加的销售面积里面得到一部分成本补偿。

二、中国内地篇

纵观上述国家和地区的建筑工业化的进程，给我们许多启示，主要有以下几点：

（1）建筑工业化并非是一个可望而不可即的目标，只要政府下定决心，并通过一些限制政策和鼓励政策进行引导，使开发商、建筑商和生产企业有利可图，是不难推行的，在短短10~20年的时间内即可取得令人瞩目的成就。

（2）建筑工业化符合我们建设资源节约型社会的要求，是利国利民的好事，政府应该带头推行。政府投资的建设项目（比如保障性住房）应该积极使用，同时调动从研发、设计、生产、运输、安装等环节的社会力量，逐步发展，以事实影响社会认知。

（3）在市场经济占主导地位的今天，单靠发布命令强制使用某项新技术或者新材料是不够的，还应该资助发展商建设一批示范项目，把成功的做法示范给社会看。

（4）在市场经济占主导地位的今天，任何有利于公众的事情，必须制定相关的产业促进政策，让相关行业的参与者都得到实惠，单是呼吁，而没有经济实惠是无用的。

（5）政府的相关建设主管部门还要组织研发机构解决相关的技术问题，扫清工业化建筑技术的推广应用障碍，同时还要改变现有的审批流程，建立配套的管理体系，扫清工业化建筑推广应用的程序障碍。

现在我们来看一下国内的工业化建筑发展历程。

我国大概在上20个世纪70年代初的时候就开始了"三化一改",即:设计标准化、构配件生产工厂化、施工机械化和墙体改革。其最终目标是实现"三高一低",即实现建筑工业化的高质量、高速度、高功效、低成本。为此,20世纪70~80年代,政府开始了一系列与住宅产业化相关的政策制定,包括改革城镇住房制度、停止福利分房。随着城镇住宅建设的加快,房地产行业开始萌芽。

在技术方面,最早是学习苏联的大板房技术。这种技术有很多的缺点,逐渐被淘汰了。其主要的原因并不是它的抗震性能差的问题,因为在北京现存的大约50万 m² 的大板楼还没有经历过强烈的地震灾害的验证。实际上,它面临的最重要的问题是外墙的防水、防渗技术比较落后。由于当时的大板楼没有采用构造防水,而且使用的密封胶质量不过关,过了二三年之后就出现了大面积的渗水。此外,还有一些其他方面的问题,比如没有考虑保温、隔热、隔声的措施,造型单调,审美跟不上时代的发展,等等。所有这些问题,造成其居住的质量和感觉非常差,后来就没有再用了,业内也停止了对预制技术的研究,预制装配技术被淘汰了。

1998年建设部住宅产业化促进中心成立,1999年国务院办公厅转发建设部等八部委《关于推进住宅产业现代化提高住宅质量若干意见》,要求加快住宅建设从粗放型向集约型转变,推进住宅产业现代化,提高住宅质量。在这个文件中,第一次提出了住宅产业现代化的概念。此后,在JICA项目(日本援华项目之一)专家的支持下,按照日本的成熟作法,逐步建立了中国的《商品住宅性能指标体系》、《国家康居示范工程建设技术要点》等文件,开始对中国的商品住宅进行性能认定。

国内的住宅产业化工作主要集中在住宅部品的研发和生产上面,对工业化住宅建造体系的研究较少,主要集中在轻钢结构的住宅体系方面。包括万通筑屋、博思格、北新房屋、居琪美业等在内的轻钢结构住宅开发、制造商,作了许多尝试。从1998年建设部住宅产业化促进中心成立开始到2005年为止,中心陆续批准建立了几个国家级的住宅产业化示范基地,包括:天津二建、青岛海尔、正泰电气、北新建材,都是住宅部品和设备的生产型企业。2005年批准建立的合肥经济开发区也是一个住宅部品和设备生产的工业园。这些基地有产品、有技术,但当它们的住宅部品和技术去打开市场的时候,却发现很难,因为技术的配套与标准问题、审批和验收的问题、成本的问题等等,开发商不愿意用。虽然是国家的住宅产业化示范基地,但在市场经济下,客户不买账，他们也没有办法。

2005年在合肥召开的国家住宅产业化工作大会上，上述四家老基地都强烈批评建设部住宅产业化促进中心，认为他们并没有推动住宅产业化的发展，国家级住宅产业化基地的称号也没有给这些企业带来市场机会。于是，在2006年6月，住宅产业化促进中心颁布了修改后的国家住宅产业化基地的管理规定，把产业化基地变成了三大类，除了保留原来的生产型基地之外，新增加了两类：

一类是试点城市，第一个住宅产业化试点城市授予了深圳市，主要是考虑到深圳作为经济特区，有立法权，能够进行产业政策方面的制定，给予住宅产业的相关企业以一定的政策支持。

另一类是以房地产开发商为龙头整合住宅产业链上的企业形成的企业联盟，属于开发应用型的产业化基地。经过申请，万科成为了第一个获得国家住宅产业化基地称号的房地产开发商。那么，万科又是如何走上住宅产业化发展之路的呢？

万科集团于1999年成立了建筑研究中心，为集团提出的走住宅产业化之路，像造汽车一样造房子的目标服务。但是，具体怎么走，走什么样的道路，万科做了大量的调查和研究，其研究成果对我国的住宅产业化选择什么样的技术道路具有很大的启发意义。

2004年万科集团工厂化中心成立，中心的第一项重要任务就是同时开展3栋工业化住宅实验楼的研究，包括：预制混凝土结构的实验楼、轻钢结构的实验楼以及钢结构的实验楼，甚至在更早期还考虑过木结构的实验楼。后来经过比较研究，只选择了PC结构进行深化，并完成了1号工业化住宅实验楼的建造。

万科之所以选择PC结构，是出于对我国实际情况的考虑：一是我们国家缺少木材和钢材，钢结构和木结构的住宅在我国的成本居高不下，不能支撑大规模的住宅建造。此外，在消防上面很难进行技术突破也是它们的弱点。二是我们国家缺少土地资源，住宅要向高处发展，只能建造低层住宅、独户住宅的钢结构和木结构，不适合中国的住宅政策导向。三是老百姓更容易接受和传统的砖石建筑类似的住宅。从传统的砖石建筑到钢筋混凝土建筑的转变很容易，而到轻质的木结构和轻钢结构的转变就比较难。

在选择了预制混凝土结构（PC结构）以后，万科又对欧洲、日本和香港的PC结构技术进行对比分析。我们知道，欧洲是非地震区，采用非抗震技术；香港采用的是英国的技术，同样是采用非抗震技术；而日本的地震灾害比较严重，其对地震的考虑比较全面，所以日本的预制技术体系对我们来说是最适合借鉴和使用的。

日本的 PCa 结构体系主要有板式体系和框架体系。

板式体系有：WPC——板式（剪力墙）预制混凝土（适合 5 层以下）；WRPC——框架剪力墙预制混凝土（适合 7~14 层）。

框架体系有：RPC——框架预制混凝土（适合 3~14 层）；HRPC——高层框架预制混凝土（适合 14 层以上）。

对日本预制住宅市场的调研显示最主流的还是预制框架体系。经过几十年的发展，它已成为日本工业化住宅市场的主流，这是因为比起板式结构（WPC 和 WRPC），框架结构（RPC 和 HRPC）更适合于高层住宅，其建筑容许高度也比较高，可以做 14 层以上的预制住宅。同时，RPC 结构也更适合于多样化、自由的平面布局的需求。另外其成本低、空间灵活性大、容易与其他结构（比如 RC 或钢结构）组合成复合工法。除了这些技术原因，还有一个非常重要的原因是，框架结构的连接方式是最简单的，做简单而不做复杂的原则，完完全全地体现出来了。

现在，万科集团建筑研究中心在做的预制技术研究，把最简单的预制框架技术作为核心，并引入了 S-I 分离的原则（图 5）（详见《KSI 住宅》），二者结合在一起形成了万科的 VSI 技术体系。该体系已经通过深圳市建筑新技术促进中心的鉴定，成为深圳市建设局推广应用的新技术。深圳市建设局也在 2008 年启动了深圳市工业化建筑技术标准的编写工作，万科作为主编单位之一为课题组贡献了几年来的 100 多项实验成果。

为了持续进行住宅产业化的研究和实践，万科在东莞松山湖建立了住宅产业化研究基地（图 6）。基地建成后接待了大批的政府机构、行业协会、合作伙伴、新闻媒体、股东代表以及房地产开发的同行们，

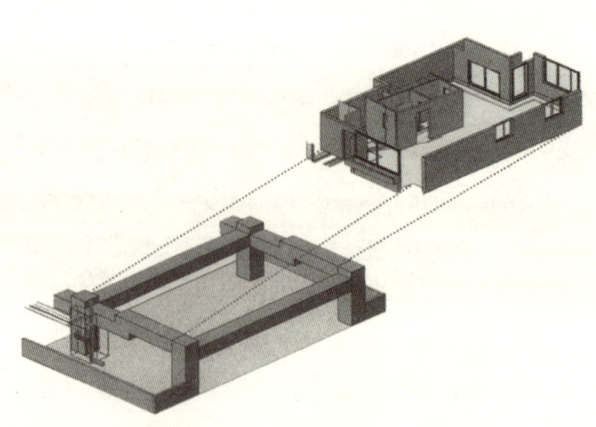

图 5 S-I 分离的概念

图 6 万科的住宅产业化研究基地总体规划

它已经成为宣传住宅产业化的一个重要阵地了。

其实，在推广应用工业化住宅建造技术的过程中，我们可能会面临很多的困难。可能有技术问题，也可能有成本问题，还可能有技术规范、国家标准、产业政策的问题，当然还有市场接受程度等各个方面的问题。但是总的来看，当前我们面临的问题主要有两个，一个是技术标准，一个是产业政策。参考国外和香港的经验，我们可以找到解决这两个问题的方法：

首先，技术本身不是问题，技术标准才是问题。香港也好，日本也罢，预制住宅技术已经用了二三十年，技术问题已经在使用的过程中完善，我们拿来用就好了。如果一开始用不好，我们还可以请国外的专家手把手教我们，所以技术本身不是问题。但是要在国内应用，我们面临的是这些技术和国内现行的建筑技术标准、规范不兼容，即所谓的"超限"。这种情况就使得设计、审批、验收无标准可依,即使工业化技术的科研单位能够提供切实可行的实验数据证明它们可行,每一个项目还是需要通过专家论证,对工业化住宅的大规模推广是一个障碍。在万科集团、中国建筑科学研究院、同济大学和其他一些科研院所的推动下,国家和一些地方已经开始预制装配混凝土结构规范的编写,包括国家的预制装配式建筑技术标准和上海、深圳等地工业化建筑技术标准。在国家和地方标准出台之前,开发商可以先通过"超限审查"的方式获得地方的技术准许和项目审批。

其次,成本不是问题,产业政策缺失才是问题。在工业化住宅的起步阶段,一方面企业要投入研发经费,一方面社会资源缺乏,也没有规模效应,造成平均的成本水平较高,这些因素都会导致开发商的成本升高。在任何一个国家,为了鼓励新技术的应用,国家都会在起步阶段给予一定的产业优惠政策。对于起步阶段的工业化住宅来说,国家也应如此,包括研发经费补贴、税收减免、贴息贷款等财政金融政策,也包括建筑面积豁免、容积率或建筑高度限制放宽等非财政政策,还可以对报批、报建等程序开辟绿色通道以减少工业化项目的审批周期、提高效率等行政审批措施。只有这样才能促进企业应用住宅产业化的技术的积极性,也才能在一定程度上降低工业化给企业带来的成本增加,这样,整个住宅产业才会发展起来。之后,通过社会化、规模化的生产,成本会逐步降低,政府在适当的时候就可以取消这些优惠政策,产业自身也进入了一个良性发展的阶段。

如果能够在技术标准、产业政策方面有所推动,我们国家的工业化住宅的大发展时期应该是很快就会到来的。最后,我想套用一句阳光卫视纪录片的名字《居住改变中国》作为本文的总结,那就是——"工业化改变中国",它必将带来中国住宅行业的第二次革命。

本文发表于《住区》杂志 2009 年 1 期总第 35 期

中国住宅产业化路在何方?

中国住宅产业化路在何方,这是一个被业界关注的题目,而中国的住宅产业却是一个既非常重要又非常沉重的话题。这里,我想从住宅产业化和住宅工业化开始谈起。

一、住宅产业化和住宅工业化

住宅是居民的基本生活资料,"衣、食、住、行"是人类生存的四大基本需求,所以住宅问题是重大的社会问题。保障、改善居民的居住条件,对于促进经济发展、维护社会安定具有不可估量的作用,所以,国家关于住宅的政策直接关系到住宅产业的健康发展,关系到公民的切身利益和生活秩序。

住宅产业是以住宅为最终产品的相关生产、经营产业,包括房地产业、建材业、建筑业、金融业等全面参与开发其经济运作过程和物业管理过程的完整的产业链,这个产业链的形成过程就是住宅产业化(动词)。其实在早期的标准产业分类中并没有"住宅产业"这个类别,住宅产业的叫法以及住宅产业化运动是从日本开始的。

在20世纪60年代中期,日本与住宅建设相关的钢铁、木材、水泥等大型工业企业预测其行业在十几年后将步入衰退期,而日本国内的住宅需求会保持稳定持续的增长,所以要求政府明确住宅行业为一个产业。他们促进通产省和建设省制定了"住宅生产工业化促进补贴制度"和"住宅体系生产技术开发补助金制度",并通过金融机构对开发生产住宅新部品提供低息贷款。我们可以看出,日本的住宅产业化是从住宅的工业化开始的。

欧洲的住宅产业化同样是从住宅的工业化开始的，所不同的是出发动机，它是为了解决二战后的缺房现象。而大规模的工业化住宅建设可以实现"多、快、好、省地建设住宅"的目标，当时欧洲许多国家，尤其是法国，以功能主义等现代派建筑理论为指导，以预制大板为主要施工手段，进行了成片住宅新区的开发。

而美国、加拿大和澳大利亚等国家的住宅产业化则是伴随着建筑市场的发育逐渐成熟的。这些国家由于地广人稀，其住宅产业化并没有采用大规模预制构件装配式建设方式，而是以低层木结构装配式为主，注重住宅的舒适性、多样化、个性化。住宅部品和构件生产的社会化程度很高，基本实现了标准化、系列化，居民可以根据住宅供应商提供的产品目录，进行菜单式住宅形式选择、委托专业承包商建设，建造速度快、质量高、性能好。随着居民生活水平的提高及住宅制造技术的突破，工业化住宅在性能和成本上渐显优势，由市场完成了传统住宅产业向工业化住宅产业的过渡。

从中我们可以看出住宅产业化的核心是住宅工业化。有时我们会说到另外一个名词"工厂化"，那么工业化和工厂化有什么不同呢？简单来说，将现场完成的工作或者其中的一部分工作转移到工厂里面去完成，就可以说是实现了一定程度的工厂化。举一个例子——传统门窗制作与安装在现场完成。现在不同了，可以在现场测量外墙的门窗洞口尺寸，然后在工厂里面根据测量尺寸，按照选定的设计式样进行加工，再将成品运到现场进行安装。从开料到油漆均是在工厂内完成。我们认为，木门木窗就已经实现了工厂化。

而工业化的要求就会高一些。一方面其工厂化生产的构件或者部品范围要相对大一些，而不仅仅是某一两件部品构件，必须达到一定的百分比才能被称为工业化住宅。另一方面，不仅仅是部分构件或者部品的生产加工由施工现场转移到了工厂里面，而且要求无论是工厂里面的生产、加工、保存、运输，还是现场的堆放、安装、施工保护，均是按照统一的、工厂化的管理规程进行操作。工业化从系统操作的层面上保证住宅质量的稳定性和均质性。

二、住宅工业化的前提

工业化住宅要实现在工厂里生产制造和在现场安装，有两个必要条件。

第一是住宅产品要实现标准化。通常标准化有两个意思，一个意思是建立一系列

图1a、1b 欧洲某工业住宅小区的标准化部品材料和标准化住宅单元设计

的技术标准、行业标准,做到有标准可依,尤其是作为标准基础的计量标准、设计标准、制造标准、质量检验标准、测试标准等比较重要,覆盖面也比较广泛。国家标准化办公室、中国建筑科学研究院标准所等单位就是致力于这种工作。标准化的另一个意思是"统一化",整齐划一。工业产品的生产是在生产线上完成的,只有达到一定的量产,才能摊薄这条生产线投资、模具投资、产品研发的成本,才能体现出工业化生产的效率并降低成本。福特在开创大规模生产模式的时候就清楚地认识到,一旦他对产品的多样性让步,产品的一致性立刻就会彻底消失,对他而言,产品的一致性是大规模生产的关键。难道标准化就没有办法实现多样化,或者说个性化的需求了吗?实际上真正的大规模生产方式比人类涉及的任何其他生产方式都能制造出更多样的产品,大规模生产方式的本质应该是以标准化、统一化的零部件来组装各种不同的产品(图1)。

第二是要推广精装修住宅产品。这是一个具有中国特色的话题。自从20世纪90年代住宅开始商品化,人们从单位分房迈入自己拥有房产的新时代,再也不用住在千篇一律的公房里面的时候,自己改造、装修的积极性被极大地激发出来了。框架结构以其空间灵活性、毛坯房以其经济性占领了商品房的绝对市场。这种家家自己搞装修带来了非常严重的社会问题。首先这种生产方式形不成规模经济,粗放式经营管理,生产效率极低,浪费了大量的社会资源,包括业主的时间和精力。第二,室内隔墙、楼板的拆改造成大量的建筑垃圾,同样是浪费社会资源。第三,部分业主无所顾忌的拆改对住宅建筑的结构造成危害,影响居住者的安全使用。最后,入住时间的不同造成小区内装修工程持续时间很长，无法形成安静、干净的居住环境。现在我们要走工业化住宅的道路，毛坯房会带来更大的障碍。

工业化住宅的特点是在工厂里面集成了结构、分隔、围护、水电、设备系统，至少是预留了各种设备设施的接入条件，如果是毛坯售房或这是半装修售房，预留条件就不能满足形形色色的住户的需求，预留条件不能满足业主要求时又不具备业主进行自行装修、改装管线设备的条件。所以在国外购买工业化住宅的客户都是中等或者偏低收入的居民，对个性化的需求不是太高。而国内出现的倾向是，白领阶层因为没有时间和精力去装修，同时白领的大部分时间是在办公室度过，住宅不就是个"窝"嘛，所以，这部分人群需要负责任的开发商提供质量有保证但不一定是非常具有个性化的精装修房。这种现象越是在大都市就越突出。2005年上海万科曾经在假日风景做过试验，同样的两栋高层住宅，一栋是毛坯房，一栋是精装修房，精装修房在毛坯房的售价上面增加装修成本价，两者的市场欢迎度和销售速度明显不同，基本上是精装修房销售完了，毛坯房才卖得动（图2）。

如果确定具备了这两个前提条件，就看看我们采用什么技术来生产制造这种工业化的住宅了，接下来我谈谈技术方向的选择。

三、技术方向的选择

纵观发达国家的工业化住宅建造技术，不外乎以下三种体系：PC、木和LGS，其中PC（Precast

图2a、2b 欧洲住宅内的精装修部品

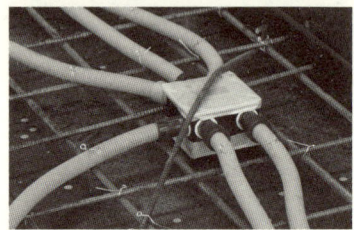

图2c 日本工厂内生产预制构件时就预埋好的电气管线套管

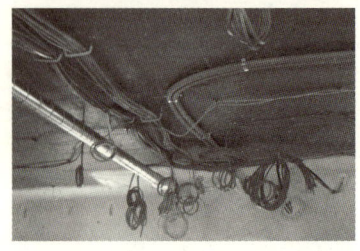

2d 日本统一施工的SI体系住宅的设备管线

第二章 产业化

图 3a 预制混凝土叠合结构的预留钢筋

图 3b 预制混凝土外墙板，铝合金窗框一起预制保证其水密性能

图 3c 预制混凝土外墙的装饰面砖一起预制保证其不脱落

图 3d 预制楼板的预留孔洞

图 3e 预制混凝土构件的雕塑美

Concrete）是预制混凝土结构体系，而 LGS（Light Gauge Steel）是轻型钢结构体系，简称轻钢结构。

在美国，大部分住宅和联体别墅都是木制的，但木质结构有许多缺陷，包括防火、防潮和防虫等，因此美国建筑商一直都在寻找木材的替代品。而中国的森林资源和木材储备都十分有限，中国的人口也非常多，如果采用木结构建筑，中国将会长久依赖于进口木材。同时，这种对木材的消费还会对全球森林资源造成无法想象的破坏。所以木结构是不适合中国住宅产业化的发展的。

美国建筑商认为，轻钢（LGS）结构体系是他们替代木结构体系的最好选择。轻型钢材是用 0.5mm~2mm 厚的薄钢板外表镀锌制成，这种材料看起来有点像木结构的"龙骨"，但是以这种比龙骨还要薄的压型材料做主体结构可以造出从单层到 9 层高的建筑物。同时，薄钢板被轧成美国建筑木材的形状，所以人们可以用建造木结构建筑的方法来建造轻型钢结构建筑。唯一的不同点是两者的节点：木结构建筑是用钉子连接的，而轻型钢结构建筑用的是螺栓（或自攻螺钉）。不过，采用轻钢结构建造的房子大多是低层（1~3 层）的独立住宅（别墅），虽然最多可以建造多达 9 层的住宅建筑，但从建造技术和建造成本上来看都是不经济的。我国人口众多，土地资源紧张，更适合于建造中高层和高层的住宅，以利于节约建设用地。国家早就三令五申，严格控制别墅用地的审批。这也是早在 2004 年就已经编制完成的"低层轻钢住宅建筑设计规范"迟迟没有颁布执行的原因。所以，这种仅适合低层住宅的建筑体系在我国没有用武之地。其实，还有一个更重要的原因，市场不接受，老百姓不认可这种轻质的房子，他花了毕生的积蓄，希望买到手的房子是沉甸甸的、实实在在的，就像传统的砖结构建筑一样。这也是为什么现浇钢筋混凝土结构的建筑取代砖建筑的时候就没有这么难的原因，其属性接近。

现在只剩下 PC 结构了。PC（预制钢筋混凝土）是在 RC（现浇钢筋混凝土）的基础上发展起来的，只不过将一部分现场浇筑的工作量转移到工厂里面罢了，对于建造者来说只是生产方式的改变，而对居住者来说，其基本属性以及给居住者的感觉并没有改变。所以居住者不存在能不能接受的问题。

实际上市场问题是最大的问题，它决定着一个行业、一个产业的兴与亡。我们认为，发展 PC 住宅产业是中国住宅产业化最能够行得通的道路之一（图3）。

四、学习对象的选择：欧洲／中国香港／日本

确定了住宅产业的发展方向是 PC 之后，我们就要考虑如何行动了。首先，我们应该采取"拿来主义"、"洋为中用"的态度。学习能够使我们少走弯路，能够将别人用几十年摸索出来的经验在几年内就掌握了。

那么我们向谁学习呢？欧洲、中国香港、日本都有各自成套、成熟的 PC 技术（图4），谁的技术更适合我们国家的现实情况呢？

我们知道欧洲基本是非抗震地区，我去欧洲考察工业化技术时也特别注意到了他们的预制构件的构造，基本上处于搭接状态。我们在 20 世纪 50、60 年代曾经向苏联学习过这种预制技术（大板房屋），当时预制大板、预制空心楼板产业极度兴盛。其构造要求是诸如"板端搭接长度不小于 1/3 砖墙厚度"之类的规定，而 1976 年的唐山大地震给这种做法画上了句号。

香港虽然和内地毗邻，但是由于历史的原因其沿用英国的标准，同样是不考虑抗震的。但其不抗震的做法和我们当年学习苏联的大板结构却完全不同。大板结构简单搭接的节点连接方式可以说是弱节点，而香港的节点连接方式则是强连接。如何强呢？就是所有节点连接部位都通过预留钢筋后浇的方式形成刚性节点。节点太弱不能抗震，节点太强同样不能抗震。节点太强使整栋大楼成为一个刚性体、弹性体，在振动中不能产生吸收消化能量，会使建筑内部破坏更加严重。三年前就听说，香港要考虑修改

图 4a、4b 北欧的预制轻质混凝土结构住宅施工现场

图 4c、4d 北欧的预制混凝土结构住宅施工现场

图 4e、4f 日本的预制混凝土结构生产工厂实景

结构设计规范，增加抗震设防的要求，只不过到现在仍没有颁布。不知将来实施了抗震设计后，香港发达的 PC 住宅产业何去何从？

日本处于环太平洋大陆架的边缘，地震频发，其 PC 建筑的第一考虑就是抗震安全性能。如果我们要学习国外的 PC 技术，日本是最适合的学习对象。但我们需要考虑的问题是，其抗震设防等级对我们来说是不是太高了，能不能降低等级，使成本合理？

五、难点：标准／资源

接下来就要看看我们从哪里开始学习？要回答这个问题，就要弄明白我们在 PC 住宅产业化这条路上面临着那些难题：技术？资金？技术人员？施工设备？特殊材料？还是……

其实，从国内很多家企业在住宅产业化道路上的探索过程来看，上述这些问题都不是问题，因为这些问题，企业都能够自己解决。企业不能解决、无能为力的问题才是问题。技术从来都不是问题，因为国外有现成的、成熟的技术，我们可以拿来。但拿来就可以用了吗？不是，因为我们没有标准。没有标准就没有设计依据，就过不了审图办这一关，也就拿不到开工证，不能建设。即使是通过审图办，顺利开工、竣工了，但是你没法验收，因为没有验收标准，就没有办法办理销售，在这种情况下，冲在前面的开发商只能是做中国住宅产业化的先烈。万科在做工业化1号住宅实验楼时，就遇到了无法报批、无法拿到开工证等问题，幸亏深圳市建设局的支持，将实验楼作为科研项目，由万科和深圳市建筑科学研究院联合立项，才得以开工。但是后来仍然被城管部门作为违法项目查处，由深圳市国土局住宅产业化办公室出面协调，才得以最终完工。某日本企业曾经在我国投资生产运作产业化住宅，坚持了几年以后终于撤退了，就是这个原因。这是宏观层面上的标准，除此之外还有一些具体的标准，比如材料标准。日本在连接钢筋时采用的套筒和胶，是否能在国内应用，必须先有标准。这种钢筋连接方式比国内的挤压式钢筋套筒更适合于工业化住宅，因为施工时的挤压会带来结构精度上的偏差，且不容易在现场控制，而这种注胶式的套筒可以保证现场调校好的尺寸保持稳定，尺寸的稳定和精度的保证是工业化住宅品质保证的前提。

其次是资源问题。资源问题就是工业化住宅产业链上的各个环节的机构、企业，包括技术设计研发单位、构件生产制作单位、构件运输单位、构件施工安装单位等。

这些单位必须具备具有工业化住宅的基本知识的技术人员，必须具备生产、运输、施工、安装工业化住宅构件的基本设备、设施。我国在唐山大地震之后，预制住宅被打入冷宫，预制混凝土结构体系的研究也被搁置。原来的预制构件厂也纷纷倒闭，或者转行。但是，经过我们的考察，发现在珠三角地区有很多的预制构件厂，不过这些预制构件厂像当地大多数的其他类型工厂一样，属于来料加工的出口企业。他们在珠三角设厂，产品仅供往香港，不具有内销的资质。万科在做工业化1号住宅实验楼时，在这些厂家定做的预制构件需要拉到皇岗口岸，在香港境内掉头再回深圳，以便完善报关手续。这给运输带来了很大的不合理成本，同时也给厂家带来很多安检方面的担心。

谈到资源，我们知道，和资源相关的是市场和成本。有了市场不愁没有资源，不愁没有人来做。市场大了，做的人多了，不愁成本降不下来。但是在成本没有降下来

5a~5c 能够大大方便现场施工的特殊材料，我们需要引进这些材料并建立有关这些特殊材料的使用标准

图 5d 这是由专门加工钢筋的厂家或车间绑扎好的钢筋网片

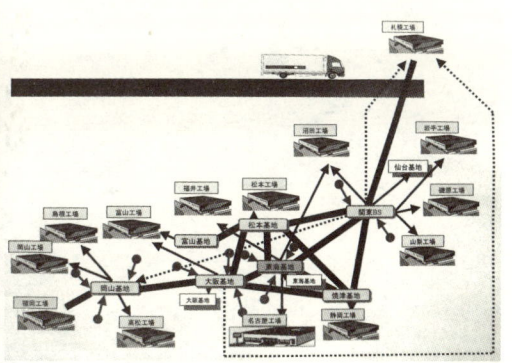

图 5e 日本某住宅建设公司的生产工厂分布网格

之前，是没有人愿意去用的，没有人愿意去用就意味着没有市场，没有市场就没有人愿意去做，就没有资源。那么是先有资源还是先有市场呢？答案是确定的，一定要先有市场。这就需要政府引导和开发商的身体力行。政府可以在产业政策上给予工业化住宅以一定的优惠政策，也可以加以一定的产业化住宅的宣传引导，从而保证开发商的主动性和购房者的积极性（图5）。

图 5f~5h 预制构件生产工厂也可以有这么美丽的风景

在国家建立了五个住宅产业化基地之后，2006年6月份，建设部住宅产业化促进中心修订了产业化基地的实施办法，发布了《国家住宅产业化基地试行办法》。新的办法一改过去只讲住宅产业化基地授予住宅部品生产型企业的做法，增加了"具备一定开发规模和技术集成能力的大型住宅开发建设企业为龙头，与住宅部品生产企业、科研单位等组成的产业联盟"和"产业联盟和大型住宅部品生产企业比较集中的城市"两种。前者针对开发商，力求从技术、产品的使用方面突破，后者针对地方政府和建设主管部门，力求从产业政策方面突破。比如，2006年11月，深圳成为首个国家住宅产业化综合试点城市，建设部住宅产业化促进中心主任陆克华与深圳市副市长吕锐锋签订了《国家住宅产业化综合试点城市实施责任书》，而刘志峰副部长要求深圳市力争在2010年基本取消住宅商品房的毛坯房。按照《实施责任书》，深圳将严格按照《深圳市建立国家住宅产业化综合试点城市可行性报告》所确定的总体目标、进度计划和工作内容开展综合试点工作，积极探索推进住宅产业现代化、建设节能省地型住宅的经验和机制，解决好城市发展与资源短缺之间的矛盾，为市民提供高品质、低消耗的住宅，在全国起到示范和经验总结推广作用。

中国发展住宅产业化道路的关键，总的来说，就是：第一，选择走适合国情的预制混凝土结构住宅；第二，向日本学习预制混凝土结构住宅生产、建造技术；第三，联合科研院所和部品供应商、建造商和建设主管部门，尽快制定相关技术规范；第四，呼吁政府主管们尽快制定相关产业政策，引导产业发展方向。只有大家都开始行动了，中国的住宅产业化才有希望。

本文发表于《住区》杂志2007年4期总第26期

历史：万科住宅产业化进行时

万科的住宅产业化运动是从住宅的标准化开始的，当时可能是无意识的，但却为现在的住宅产业化事业打下了坚实的基础。

1999年，万科成立了建筑研究中心，并于2002年建成了万科建筑研究中心大楼。这期间完成了两件对后来的住宅标准化非常有意义的工作：一件是完成了一系列的技术研发工作，并形成《技术研发成果汇编》；另一件是建立了集团的材料和部品战略采购平台。

2003年集团在当时的设计总监张纪文的领导下开始了轰轰烈烈的住宅标准化运动。住宅标准化不仅在集团内快速复制了许多由多层公寓和情景洋房组成的住宅小区，还进行了标准化部品的设计和研发，形成了万科的标准化部品库。这些标准化部品遵循的是工业化的生产和安装方式，对提高成品质量及保证其质量的稳定性很有帮助，所以在非标准化的项目上也得到了广泛的应用。2003年集团还发布了万科的"双标"文件，即《住宅使用标准》和《住宅性能标准》。这是万科一系列内控标准开始建立的标志。

2004年，在标准化工作的基础上，启动工厂化工作，成立了工厂化中心，开始万科工厂化住宅的研究工作。在研究工作之初大家就认识到，所有工作都必须遵循人类认知事物的普遍规律，遵循如下四个阶段循序渐进：

认知（了解阶段，调查、研究）

掌握（初试阶段，试验、试做，完成技术验证）

创造（中试阶段，设计、创新，完成市场验证）

应用（推广阶段，规模开发、规模生产）

在认知阶段,我们经过对国际上各种工厂化住宅体系的调研,结合国内的实际情况,最终从轻钢结构、木结构、预制混凝土结构三种住宅体系中选择了预制混凝土结构住宅作为万科工厂化住宅的研究方向。然后就进入了初试阶段。为了对预制混凝土结构住宅进行充分的认识,2004年底开始设计1号实验楼,2005年底完成这栋实验楼的建造。在这栋住宅楼上我们试验了PC(预制混凝土)结构、PC外墙、PC整体式厨房和卫生间、轻钢外墙、轻钢屋顶和ALC外墙,对各种工业化建筑体系完成了一次全面的检验。

在1号实验楼的经验基础上,同时经过对欧洲、香港和日本三个地区的预制混凝土结构住宅的研究,我们认为日本的预制混凝土结构住宅技术最适合我国的情况,所以最终我们选择了日本作为我们学习的对象。

2006年万科聘请了日本丰田房屋的伏见文明先生作为万科工厂化住宅的建筑技术总监,全面负责万科的工厂化住宅的技术研发工作。在伏见文明先生的指导下,我们制定了万科的中长期工业化住宅计划,从三条路线完成工业化住宅的商品化:一条是RC的工业化,即在传统现浇钢筋混凝土结构基础上的逐步改良,逐渐向工业化住宅过渡,其主要目标是解决集团现项目开发过程中遇到的传统建造方式带来的工程质量问题;第二条是PC工法的开发,即完全的工业化住宅体系的研发,其目标是为未来集团的规模化工业化住宅生产作产品技术开发;第三条是内装的工业化,主要是针对现在国内毛坯房交楼的实际状况,内装的工业化成为住宅工业化的前提条件。

RC的工业化这条路,是在集团建筑研究中心的规划下,各区域公司参与的工业化住宅之路。它不涉及结构体系,首先开始的是轻钢围护系统在传统的现浇钢筋混凝土结构体系上的应用。2005年,我们和世界500强企业——OC(欧文斯科宁)签订了关于轻钢结构外围护体系的战略研究协议,开始轻钢外墙和轻钢屋顶系统的研究开发。2006年年初在万科工厂化1号实验楼上面进行了系列试验,完成了技术验证之后,在武汉城市花园项目上东区进行了试点应用(初试),目的是进行市场验证,对销售情况和居住情况进行总结分析。为了和武汉试点项目进行不同区域消费者对比,在完成武汉试点项目之后又在北京四季花城项目进行试点。同时,我们又和美国华新顿公司在武汉润园项目完成了全轻钢结构体系的房屋建造试验,为项目成功保留原生树木做出了贡献,取得了非常好的效益。

其次,有进展的是PC外墙体系。在1号实验楼的PC外墙试验之后,上海万科首先迈出走向PC住宅之路的第一步。新里程项目的20号、21号楼分别采用香港PC技术和日本PC技术进行外墙设计和建造。现在项目已经进入实施方案设计阶段，2007年春季开工建设，这是万科工业化住宅的又一个里程碑。

上述无论是轻钢结构的外墙、屋顶还是PC结构的外墙，都能有效地解决集团面临的外围护系统渗漏投诉居高不下的难题。

而第二条道路，即PC工法的开发，从1号实验楼的全预制体系开始，到2号实验楼的选定的半预制体系，逐步沿着既定的"神州计划"前进。2号实验楼除了结构柱之外，梁、楼板、直接外墙、楼梯等都采用PC构件，工厂预制、现场拼装。而非直接外墙、楼梯间墙、分户墙则采用ALC墙板，内隔墙采用轻钢龙骨双面石膏板系统。设备系统将完全与主体结构脱开，给排水系统采用同层系统。内装系统将完全采用来自日本的松下设计及其配套产品。2号实验楼之后，2007年上海建造的3号实验楼将是一个投入实际应用的PC建筑，这将是万科工业化住宅的另外一个里程碑。

为了支持上述技术研发工作的开展，2006年我们确定完成一系列工作平台建设。工作平台分为软硬件两类，硬件是两项基本工程——万科客户体验中心和万科住宅产业化研究基地。软件也有两项基本工程——申报国家住宅产业化示范基地和成立万科住宅产业化企业联盟。

万科客户体验中心主要是作为万科建筑技术面向客户、面向社会的窗口，但它同时兼具收集客户体验信息、客户需求的功能，直接为万科的产品设计部门提供信息，具有一定的研究功能。体验中心的一部分设施围绕尺度展开，让客户对自身行为相关的尺寸形成基本概念，达到自我认知的目的。另一部分设施将上述尺度内容有效整合到产品功能空间中，结合产品的性能和设备，对产品局部进行展示，达到产品认知的目的。还有一部分设施将尺度内容、产品局部内容整合到产品概念中，结合不同人群的生活场景描述，展示特定人群的住宅概念，营造细分人群的生活场景。

万科住宅产业化研究基地主要是作为万科建筑研究中心的产业技术研究平台，但它同时也具有对外宣传展示、对内培训交流的作用。基地的主要内容包括：万科建筑技术研发中心，满足研究人员的办公、会议、接待、培训等功能需求，是整个研发基地的中枢；实验工厂，包括PC构件生产车间、模具车间、钢筋车间、木工车间、金属构件及装饰部品加工车间，以及附属仓库等设施，满足实验研究用的构件生产需求，同时满足后续各实验楼建造的预制构件生产需求；建筑技术检测中心主要包括耐候及节能实验室、建筑隔声实验室、建筑设备实验室、建筑结构实验室、建筑环境实验室、建筑材料及构造实验室等；建筑技术试验场为建筑施工技术模拟验证提供必要的条件，现场将搭建一系列的试验用构架；产品开发试验场，为万科住宅产品的开发提供实体验证（即搭建 1:1 现场实体模型）的必要条件；系列实验楼，完成技术验证和居住体验。另外，还有配套设施，主要包括员工宿舍、外部人员招待所、员工食堂等，满足部门研究人员、外部单位技术交流和培训人员的住宿和就餐问题；附属设施，包括水处理设施、垃圾收集和转运设施、人工湿地设施等，为基地实现生产、生活污水零排放等四节一环保提供保障。

建设部住宅产业化促进中心在 2006 年 6 月发布实施《国家住宅产业化基地试行办法》，确定"具备一定开发规模和技术集成能力的大型住宅开发建设企业为龙头，与住宅部品生产企业、科研单位等组成的产业联盟"可以申报国家住宅产业化基地。我们以万科客户体验中心和万科住宅产业化研究基地为依托，递交了申报材料，已经完成深圳市、广东省建设主管部门的审批，获得建设部住宅产业化中心和专家评审认可，成为国内第一个企业联盟型住宅产业化基地。

关于万科住宅产业化企业联盟，我们已经陆续和 10 余家知名的国内外企业、研发机构、大专院校签订了关于住宅产业化方面的战略合作协议，例如《多层及小高层框架结构住宅工厂化外墙体系战略合作协议》（欧文斯科宁、博思格）、《关于开发幕墙和中层轻钢结构房屋的技术合作协议》（华新顿）、《住宅产业化研究及应用战略合作意向协议》（香港理工大学、中国建筑科学研究院、日本前田建设集团）。已达成初步意向并即将签订这种战略协议的还有日本 YKK 企业、日本松下电工、香港中威预制混凝土制品有限公司、华润建设、ARUP 设计公司、中建（国际）建筑设计咨询有限公司、大连理工大学等多家企事业单位。战略合作伙伴的大会已于 2007 年 1 月召开。

记得当时《居住改变中国》的总监制杨澜曾经说过："过去这十几年，住房改革和房地产的发展不仅影响了城镇的个人居住环境、消费方式和邻里关系，还对政府的城市规划、信用制度的建立等等产生了结构性的影响。居住的确正在改变中国。"

我们现在也可以说："住宅的产业化生产模式将影响到个人、家庭、市场对居住的选择习惯，这不仅会改变地产开发行业的运作模式，也会改变包括建材、建造、运输等在内的房地产周边行业的运作模式，将对相关行业产生巨大影响。所以，住宅产业化同样会改变中国。"有这么多具有先见之明的企事业单位加盟到万科的住宅产业化大业之中，我们一定能够在中国开创出一个全新的产业来。

本文发表于《万科周刊》2007 年 7 月 30 日总第 516 期

万科住宅产业化的依托

万科集团从事房地产开发 20 余年来，在建筑技术和客户认知方面具有深厚的积淀，新的千年来到之前，基于企业规模发展需要和强烈的社会责任感，万科集团积极投身于住宅产业化的探索和发展，并在战略上决策，将住宅产业化的推广作为集团未来发展的主要原动力。从 1999 年到 2007 年，在万科集团有这么一个部门，它一直承担着万科集团住宅产业化发展的核心技术研究开发的历史性使命，它就是万科集团建筑研究中心。

1999 年 12 月，万科集团建筑研究中心（简称建筑研究中心）正式成立。其间，曾经更名为规划设计部、创新研究部，现在依托建筑研究中心成立了万科住宅产业化研究基地，今后又可能更名为万科建筑研究院。无论名称如何改变，无论阶段性的工作目标如何改变，其工作实质一直没有改变。

2006 年 7 月 12 日，建筑研究中心所属万科住宅产业化研究基地（简称基地）取得政府批复及用地规划条件。2006 年 11 月 6 日，基地破土动工 (图 1)。

2006 年 12 月 11 日，住宅产业化 2 号实验楼开工。2007 年 4 月 20 日，住宅产业化 3 号实验楼开工。2007 年 9 月 26 日，住宅产业化 4 号实验楼开工 (图 2)。

2007 年 2 月 8 日，建设部批准同意万科为"国家住宅产业化基地"。

2007 年 4 月 20 日，PC 构件实验室开工，并于当年 9 月份完工进入试运营阶段。

2007 年 9 月 29 日，PC 构件实验室成功试制出第一件 PC 构件。

预计 2007 年 11 月 15 日，世界最高的、最先进的住宅实验塔开工。

第二章 产业化

图1 万科住宅产业化基地（一期）鸟瞰图

图2 万科住宅产业化基地全景图（角度：后山）

由于历史和技术原因，在国内尚未有机构对住宅产业化技术进行系统的研究开发和应用，我们研究开发的住宅产业化技术填补了国内技术空白，处于国内领先地位。同时，我们研发掌握的住宅产业化各项关键和重要子技术，也分别处于国内领先和国内先进的地位。

根据万科集团整体战略规划，我们将在集团内大规模推广应用住宅产业化技术，在未来 3～5 年内占据国内绝大部分工业化生产住宅市场份额。依托基地我们正在进行如下技术的研发和推广应用工作。

万科住宅实验塔及住宅设备系统检测技术

1. 技术开发背景

目前在英国、德国、日本等国家和地区均建立了管道系统模拟实验装置，其中以日本的实验装置规模最大、测试设备配置最完善。日本主要的两个住宅实验塔为独立法人都市再生机构的 108m 高的实验塔，另一个为积水化学 57m 高的实验塔。

中国国内现在还没有类似的住宅实验塔，进行管道系统模拟研究时只能采用简陋的检测设备和检测手段在已建建筑或实验室进行。

2. 现实意义和主要功能

万科住宅实验塔的功能有三大方面：一是作为专业理论的基本研究装置，用于进行住宅设备系统性能研究，改进系统设计方法，促进新产品的研发；二是作为住宅工程建设的验证装置，用于验证设备系统在工程中的可实施性；三是作为住宅产品性能、参数的检测装置，用于开展住宅设备的性能认证，通过统一的检测标准、科学的检测方法、完善的检测设备将对我国住宅厨卫产品进入市场进行严格的审查，彻底打破工程应用的产品性能良莠不齐，且无法评判的现状；整体提升我国住宅厨卫的建设水平。

该塔具备实验、展示功能，构建国内外技术交流的平台。

3. 万科住宅实验塔的先进性

万科住宅实验塔设计高度为 113m，共 37 层，检测技术在借鉴日本定流量测试方法的同时，增加了器具排水测试方法，以改进定流量测试方法存在的偏安全、保守及误差较大的问题。关键测试仪器采用日本和美国高精度设备，检测功能完备，检测技术水平超前，检测精度是日本目前现有检测塔的 2 倍：日本现有实验塔排水流量人工控制，流量计的最小刻度为 0.2L/s，只能按照 O.5L/s 间隔增加流量，万科住宅实验塔每层排水采用电磁流量计、电动两通阀、PID 调节控制排水流量在 1L/s 和 3L/s 间的任意一个值，精度为 0.1L/s，可按照 0.2L/s 间隔增加流量。

2007 年 5 月 15 日建设部住宅产业化促进中心在北京组织召开了"高层住宅设备系统设计与检测研究"课题论证会，论证结果：该课题意义重大，完全符合我国住宅产业化发展方向，将填补国内该领域的空白。

建筑虚拟模型技术

1. 技术开发背景

工业化住宅生产最大的特点就是将住宅构件拆分、构件生产、构件组装，如何将构件以最优的方式拆分，最优的方式组装，直接影响施工效率的高低、工程质量的好坏。因此建立一套评价构件拆分方案和模拟构件组装的软件，是保证工业化住宅顺利发展的途径之一。

参考香港和日本的经验，建筑虚拟模型技术是评价构件的拆分方案和模拟构件组装工序的最佳手段，它保证住宅工程从设计、施工全过程百分百可控，同时也可整合设计、构件生产及开发、施工单位制造出优质工业化住宅。

国内目前缺乏相似的软件和经验，无法判断构件拆分和组装的合理性，在工业化住宅设计和施工过程中都存在问题和风险，一定程度上制约了工业化住宅的发展。

万科与香港理工大学、日本前田工业株式会社成立课题研究小组，组织有关部门和相关专家，进行工业化住宅构件拆分和构件组装最优化的研究，引进香港和日本的模拟技术和判断经验，建立万科自主知识产权的工业化住宅的建筑虚拟模型技术，规范国内施工管理制度，提高住宅产品质量。

2. 现实意义

(1) 提供住宅设计信息和设计信息存储平台，即各构件（梁、柱、楼板、墙等）、结构单元的 3D 模型，施工设备的 3D 模型，如塔吊等，利于设计过程信息和施工过程信息的管理；

(2) 提供施工过程模拟信息，利于设计人员、施工人员或维修人员信息共享和再利用；

(3) 预测设计和施工过程潜在的风险和问题，以及分析组装过程的合理性并进行施工优化，提高施工效率和施工质量；

(4) 通过设计和施工的模拟分析，不断提高住宅设计水平和质量水平。

3. 主要功能

(1) 设计过程碰撞检查：检测构件尺寸的合理性，各构件之间是否存在冲突或不一致，从而保证设计方案的可施工性。

(2) 施工过程碰撞检查：检测住宅构件在吊装过程中与其他构件或设备之间，或者设备与设备之间可能存在的碰撞及问题。

(3) 模拟施工过程，进行施工方案可行性评估，同时可以对几个不同的施工方案进行比选，获得最优方案。

(4) 成本和工期优化：模拟施工工期，通过调整施工程序缩短工期，从而降低成本；在碰撞检测和方案评估过程中，也可以有效地降低成本。

4. 先进性

本技术保证了工业化住宅从设计到施工全过程可控：

在施工前就预先真实模拟施工工序，优化结构设计，在施工前期解决因设计引起的施工问题；工业化住宅的构件都在工厂生产，构件质量一致，在施工现场仅完成构件的组装，通过本技术施工模拟，优化构件组装顺序，提高构件组装质量。

本技术目前在内地尚属空白，在香港和日本具有相关技术。

通过引进和学习香港及日本的技术、经验，建立万科自主知识产权的虚拟模型技术，填补内地技术领域空白，更快更好地生产出优质工业化住宅产品。

PC 建造技术

1.PCa 技术

PCa 是 Precast Concrete 的简称，顾名思义也就是预制钢筋混凝土。PCa 技术也就是我们所熟知的预制拼装技术，即在工厂里预制生产，在现场拼装成一栋整体的建筑物。

PCa 与一般所说的现浇钢筋混凝土（RC）的区别在于不同的生产方式，也就是由于存在现场拼接，所以带来了构件和节点的设计方法、施工方式的变化。而 PC 技术主要集中在如何通过合理的节点连接确保 PCa 建筑物具有和 RC 建筑一样的结构性能；

如何简化和优化施工方法，进一步缩短工期，提高效率和品质。

2. 现实意义及主要功能

(1) 品质：预制混凝土构件是在高品质管理下生产出来的，所以品质的离散率较低，可以确保高品质。另外，预制构件的用水量少于现浇构件，不仅节水而且干燥裂缝和密实度都优于现浇构件。日本千叶县15个小区的调查结果显示PC建筑物比现浇RC的裂缝发生率低5倍。

(2) 工期：因为构件在工厂生产，现场只有简单的拼装工作，而且外脚手架、模板、支撑的工作也大幅减少，所以整个工期缩短了不少。以一个传统工期为15个月的项目为例，缩短了两个半月。

(3) 环境：建筑施工会对周边环境产生各种影响，包括施工人员的安全和健康，现场周围行人的安全、交通状况、施工噪声和粉尘等等。还有对地球环境的影响，包括二氧化碳排出量引起温室效应、节能问题、消耗木材等等。

PC节能外墙技术

1. 技术开发背景

随着我国住宅建设的发展，社会、市场对住宅的节能要求越来越高，广大住户对居住的舒适度要求越来越高。据我国《"九五"计划与2010年国民经济发展纲要》规划，我国在九五期间要新建住宅50m^2亿，进入21世纪后，住宅建筑更要加大力度，从统计数字看，我国每年新建房屋16~17亿m^2，节能墙体必然是未来发展的大趋势。

预制节能外墙的研究不仅要解决预制的技术，而且要具备良好的保温、节能的作用，因此预制节能外墙的课题就显得格外的重要。通过本课题的研究，可以得出适用于不同地域PC节能外墙的做法。

2. 现实意义

(1) 系统地研究不同地域预制外墙本身的构造做法，为各地区外围护墙体的节能研究提供参考。

(2) 墙体本身的节能性能是工厂化住宅节能的一个重要点，因此通过本课题的研究有利于工厂化的推广。

(3) 借鉴国外的先进做法，缩小我国与发达国家在节能墙体研究方面的差距。

3. 主要作用

本课题依据华南区域、华东区域、华北区域、东北区域进行课题划分，研究适用于这四大区域的 PC 外墙技术。

华南区域的 PC 外墙主要集中在轻质陶粒混凝土的研究。陶粒混凝土具有质量轻、保温效果好的特点，通过对不同配合比与不同构造的陶粒混凝土进行试验，并研究其热工性能、导热系数，研究出适合于华南地区的 PC 节能外墙。

华东区域、华北区域、东北区域的 PC 外墙研究主要集中在夹心保温墙体的研究。预制夹心保温在国外有先进的做法，并被成功地应用在工厂化的建筑中，本课题将借鉴国外的不同做法，通过对保温板与混凝土板连接方式、以及防水、隔汽等一些节点的研究，再结合我国华东、华北、东北地区不同的气候特征及不同的保温、隔热的要求，研究适合于这些地区的 PC 节能墙体。

4. 先进性

目前，陶粒混凝土墙体在华南地区应用不多，本课题的先进之处在于陶粒混凝土为现场预制，而且通过不同的配合比，用高强结构陶粒与普通陶粒相结合的办法，并拟进行系统的热工检测、抗渗检测、强度检测。

夹心墙体保温做法，在我国较为普遍，但当用于预制墙体时，面临着连接、隔汽、安装等课题，尤其是在华北和东北地区如何解决冷桥问题，按照目前国内的做法很难解决。本课题借鉴国外的先进做法，通过各种性能检测，研究适合华东、华北、东北地区夹心墙体做法，能彻底解决北方地区工厂化住宅的保温，具有国内先进水平。

太阳能与住宅建筑一体化技术

1. 技术开发背景

参考发达国家能源发展的经验，可再生能源是解决能源和环保问题的最佳手段，其中太阳能、风能、生物质能、潮汐能都是有效的途径，其中尤其以太阳能利用潜力巨大。但由于国内相关工作开展得较晚，且多以大型项目为重点。在住宅这种长期使用能源巨大的建筑中应用较少，因此加快开始可再生能源的相关研究是当务之急。

万科集团与中国建科院、深圳建科院、太阳能系统集成商组成合作研究组，组织有关部门和相关专家，展开对中国高层住宅太阳能热水系统研究，太阳能光伏发电技术在民用住宅应用研究，太阳能吸收式制冷空调技术，太阳能与住宅建筑一体化集成技术等子课题研究，为中国的可再生能源在民用建筑领域发展提供技术支撑。

2. 现实意义

(1) 发展可再生能源可以改变我国矿物能源储量不足、能源结构不合理、能源分布不均衡的现状，减少居住日常生活的常规能源消耗，降低日常生活成本。

(2) 可再生能源开发利用可以解决能源开发利用中引发的较严重的环境问题。

(3) 切入该领域国际领先的研究高度，缩小我国与发达国家之间的差距。

(4) 发展可再生能源有助于我国全面建设和谐社会，减少由于传统能源的利用给人民群众身体带来的伤害。

(5) 发展可再生能源可开拓新的经济增长领域。

(6) 太阳能等可再生能源的研究和发展，在理论的基础之上进行住宅成熟可再生能源利用部品研发、住宅性能提升，从而不断提高住宅设计水平。

3. 主要内容

与国内常见的太阳能系统研究不同，本研究着重考虑太阳能系统与住宅建筑的结合问题，为能够将可再生能源引入普通住宅提供技术可能。

(1) 高层太阳能热水系统：传统的太阳能热水系统，多用于普通多层和低层住宅。而面临国家节能省地的政策，未来的住宅将越来越多采用高层建筑，多层和低层将逐渐被限制。而在低层、多层住宅中应用的太阳能系统将面临太阳能系统集热资源不足，辅助热源计量，高层建筑水力工况等现实的技术问题。

本课题将集中采用集中式布置、分散式布置、结合建筑外立面布置等多种形式解决高层太阳能集热资源不足的问题。采用分户辅助热源的方式解决热能计量问题。采用水力平衡控制、进水水压控制等技术解决高层水力工况等问题。

(2) 太阳能光伏发电系统：目前多用于集中大型电厂或示范项目。短期内进入普通住宅面临如下困难：太阳能电池分为单晶硅、多晶硅、非晶硅及高效晶体等多种材料，各种材料间发电效率有差异，选用何种材料以及更高效的材料是太阳能发电的头等问题。太阳能发电系统目前为直流系统，除采用太阳能电池储存外，并网发电是一个好的选择，但同样，太阳能并网发电输送效率问题、对高压电网造成的谐波冲击问题，是制约太阳能发电系统迅速发展的重要原因。

本课题将集成系统供应商资源，共同研发新型高效的太阳能电池材料及可靠的太阳能蓄电系统；将在解决住宅内太阳能直流发电系统应用的基础上，考虑太阳能集中并网发电系统的开发，解决交直流转换过程中的能量损失及减少对电网的冲击破坏。为低能耗、零能耗住宅的设计提供合理技术。

(3) 太阳能吸收式制冷空调系统：是一种节能效果好的空调技术。制约其发展的有两个主要问题，吸收式制冷材料和阴天时的辅助热源。

本课题将与系统集成商共同开发新型吸收材料，并提高系统的热转换效率。辅助热源拟考虑材料一次能源或空气热源共同处理太阳能空调系统。

(4) 太阳能与住宅一体化集成技术：传统的太阳能系统更多的是将独立的太阳能热水器或光伏发电系统安装在建筑中，虽然对建筑的节能有一定帮助，但直接破坏了建筑的整体外观效果。如何解决这一矛盾是太阳能系统商，也是房地产开发商及建筑设计单位的一个重要课题。

本课题在这一问题上，采用工业化设计手段，采用嵌入式安装方式、构件式安装方式、部品式安装方式等多种解决方案共同解决太阳能系统对住宅建筑的影响，同时考虑将多种太阳能系统：热水系统、发电系统、制冷空调系统集成，形成住宅内的新型设备系统，成为真正的一体化太阳能利用的住宅设计。

根据权威机构最新评比结果，万科集团在房地产行业中综合排名第一，在市场占有率、竞争能力、创新能力、品牌价值、成长性等各单项评比中均处于行业领先水平；公司总市值达 2000 亿元。

随着住宅产业化的应用和推广，万科集团的持续领先优势将进一步得到加强，从而创造更大的经济价值和社会效益。在国内住宅产业化初期，我们的各项技术主要服务于集团住宅产业化项目开发需求，随着集团整体规模和市场份额的扩大，以及集团内部住宅产业化开发比例的提升，我们的技术及相关服务将获得稳定快速增长的市场需求。

随着住宅产业化在国内的逐步推广，我们依托在技术水平、研发条件及产业化能力等方面的优势和经验，将赢得十分有利的市场地位，通过技术共享和标准输出，在促进国内住宅产业化发展的同时，也推动万科集团持续提升生产能力、产品质量和市场份额。

本文发表于《住宅产业》2007 年 11 月总第 92 期

万科和拉法基的绿色实践

万科作为一个负有社会责任的企业，不仅积极参与了包括阿拉善SEE生态协会在内的一些社会公益活动，而且在2007年的换标大会上提出了"让建筑赞美生命"的新口号，发布了绿皮书，宣誓了万科关注行业节能环保的企业公民意识，并致力于推动住宅产业化的进程。

事实上，房地产行业整体处于行业好感度普遍较低水平，消耗资源型行业，万科作为中国优秀企业代表，已经进入超越于单纯业务竞争的社会责任的思考，这意味着万科正在聆听并且会为很多生命体组成的社会群体的需要而做出努力。万科相信建筑、住宅是与自然与生命关系紧密的行业，在这样一个行业背景、这样一个时代背景下，仅仅为客户造房子显然已不符合时代要求。万科致力于成为主流住宅地产发展商，产品线加宽，要为更多生而不同的人建筑生活空间，万科相信，住宅建筑是一种与各种形态的生命息息相关的事业。

500亿是万科的现状，通过产业化实现1000亿甚至更多，是万科业务未来的发展速度。万科已经不仅仅满足于为消费者建造房子；通过产业化，以最节能环保的手段实现中国住宅产业的升级，为消费者建造更多高品质住宅需求是万科努力的目标。万科作为行业领跑者，正在"万科制造"的梦想与实践道路上快速前行，这意味着万科将以更高品质，更为环保与适合的建筑来履行"尊重人"、"为人而坚持"的承诺，满足与贡献于不同生命的居住需要。

万科企业公民的实践开始于2006年，于是2006年成为万科企业公民元年。在这一年，万科发布了自己的企业公民规划，2007年又发布了《万科企业社会责任绿皮书——暨2007年企业公民报告》（图1）。在向其他优秀企业学习的过程中，万科不断积累对企业公民的认识，并在制订企业发展战略过程中，进行了企业社会责任规划。绿皮书，不仅是对万科过去努力的总结梳理，更是万科未来践行企业社会责任的战略蓝图和行动纲领。绿皮书的发布，意味着万科在履行企业社会责任方面从懵懂暗合走向系统实践，更意味着万科期望利益相关群体与社会公众对万科予以支持和监督。

在绿皮书中，万科向社会承诺以"杜绝一切不必要的浪费"作为经营过程中环保节能的主旨。业务上，在建造过程中杜绝一切不必要的浪费，包括向社会提供精装修房等措施。在企业内部，逐步营造绿色办公环境，不仅使企业在环保节能上体现效益，让员工在更健康舒适的环境下工作，更能使得所有员工在日常工作生活中，养成良好习惯，以带动更多人参与到节能环保行动中去。

"从小处做起"的"绿叶行动"正在集团及下属公司间广泛执行，具体内容包括：持续推动无纸化办公；提高空调夏季温度、随手关灯、更换节能灯泡在内的降低能耗举措；鼓励员工使用自用水杯等在内的加强资源重复利用措施。

正在建设的万科总部大楼，将是一栋技术全面领先的绿色概念建筑，它将全面展示万科的节能环保理念，并将于2010年前投入使用。万科现有办公场所的节能审计工作也将全面、持续展开。我们将对能耗较大的办公场所进行相应的改造，不断提高节能标准，不断降低办公能耗。

不仅在办公场所，万科也从员工的日常生活行为抓起，让大家逐渐养成绿色的生活习惯。2007年万科企业公民办公室编印了《改变世界的39个行为习惯》小册子（图2、图3）。小册子里面列出的一些做法和戈尔的《难以忽视的真相》一书所附的行动方案有异曲同工之妙，现摘录其中的第一部分"少用一张纸"（图4），供大家比较，也供大家立即行动起来：

图1 《万科企业社会责任绿皮书——暨2007年企业公民报告》封面

第二章 产业化

图 2 《改变世界的 39 个行为习惯》封面

图 3 改变世界的 39 个行为习惯分属于 17 个类型

119

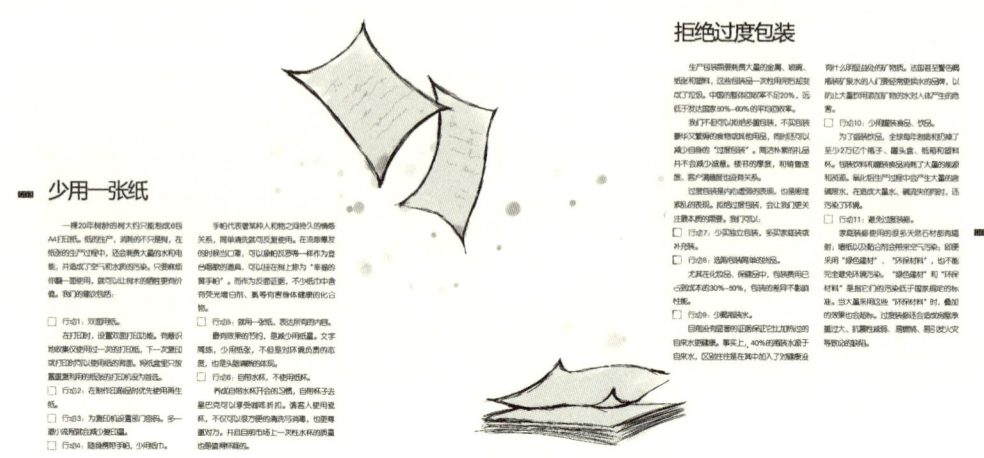

图 4 《改变世界的 39 个行为习惯》之"少用一张纸"

一棵 20 年树龄的树大约只能制成 6 包 A4 打印纸。纸的生产，消耗的不只是树，在纸张的生产过程中，还会耗费大量的水和电能，并造成了空气和水质的污染。只要麻烦你翻一面使用，就可以让树木的牺牲更有价值。我们的建议包括：

行动 1：双面用纸——在打印时，设置双面打印功能。有意识地收集仅使用过一次的打印纸，下一次复印或打印时可以使用纸的背面。将纸盒里只放置重复利用的纸张的打印机设为首选。

行动 2：在制作印刷品时优先使用再生纸。

行动 3：为复印机设置部门密码。多一道小流程就会减少复印量。

行动 4：随身携带手帕，少用纸巾。手帕代表着某种持久的情感关系，简单清洗就可反复使用，在流感爆发的时候当口罩，可以像帕瓦罗蒂一样作为登台唱歌的道具，可以挂在树上称为"幸福的黄手帕"。而作为反面证据，不少纸巾中含有荧光增白剂、氯等有害身体健康的化合物。

行动 5：就用一张纸，表达所有的内容。当然，最有效果的节约，是减少用纸量。文字简练，少用纸张，不但是对环境负责的态度，也是头脑清晰的体现。

行动 6：自带水杯，不使用纸杯。养成自带水杯开会的习惯，自带着杯子去星巴克可以享受咖啡折扣。请客人使用瓷杯，不仅可以很方便地清洗与消毒，也更尊重对方……

不仅万科要身体力行地实践绿色建筑及绿色生活的梦想，万科还在所有的合作伙伴中间推广绿色建筑的理念。在2008年2月29日的万科战略合作伙伴春茗联谊会上，万科提出了在四个方面共同推进绿色居住梦想的主张，私下里我们形象地称之为"四顶绿帽子"：

一是装修房。中国是世界上为数不多的几个以销售毛坯房为主的国家。这种模式，容易造成显性的二次污染和浪费。据中国建筑装饰协会测算，住宅装饰装修平均一户可能产生2吨建筑垃圾，全年如果有2000万户进行装修改造，一年有4000万吨建筑垃圾污染环境。早在2002年，建设部就出台了《商品住宅装修一次到位实施细则》，开始鼓励在全国范围内取消毛坯房、推行装修房。北京、深圳正在酝酿出台规定，要求今后新建的廉租房、经济适用房都要一次装修到位。2008年4月7日，《深圳生态文明建设行动纲领（2008～2010）》和9个配套文件及80个生态文明建设工程项目等系列文件出台，在这些被简称为"1980文件"中，一份《关于推进住宅产业现代化的行动方案》格外引人注目，因为在这份方案中明确提出：强力推进住宅一次性装修，力争在2010年前，销售住宅实现100％一次性装修。万科承诺在全集团的范围内，2008年开工的住宅项目80％以上精装修交房，2009开工的公寓项目100％精装修交房。

二是住宅工业化。住宅工业化是实现住宅产业现代化的核心条件。通过将制造业的精细质量管理模式引入建造业，在"节能减排"方面的表现非常突出。万科承诺2008年开工90万m^2的工业化住宅项目，2009开工120万m^2的工业化住宅项目。同时，在2008年建立万科建筑技术研究院，加大在工业化住宅建造技术方面的研发投入。

三是节能环保技术应用。万科努力通过各种技术手段减少住宅使用过程中的能源消耗和资源浪费。万科集团在2005年就制定了全面的节能技术标准以及配套的技术解决方案，涵盖万科项目设计的四大气候区域——华北地区、华东地区、华中地区和华南地区。万科也早早在各地出台了具体的住宅节能公示制度,让业主明明白白地消费。现在万科正在设计一栋代表未来最高节能技术水平的节能示范楼,有一个专门的工作小组正在组织国内外知名的机构进行协同工作。万科承诺2008年在北京、深圳区域的住宅项目达到三步节能(节能65%),其他地区达到二步节能(节能50%);2009年住宅区公共部位能耗较2007年整体下降10%;2010年,全部达到三步节能。

四是绿色社区生活推广。建设和谐社区,推广文明活动。除此以外,还将通过环境教育、节能活动、环保生活方式的倡议,与客户共同在住宅使用过程中实现节约资源、尊重自然、保护生态环境,这是社区和谐的环境保障。万科承诺在住宅区内实施公共部位节能并推广家庭节能环保活动。

万科的这些提议获得了众多合作伙伴的一致认同。万科董事会主席王石先生在总结发言中表示只有合作伙伴与万科具有共同的愿望,才能实现绿色建筑,才能使客户在居住中感受愉悦。绿色环保需要万科与合作伙伴的共同努力,从而在节能减排中贡献自身力量。

其实,在万科的合作伙伴中,不乏有很多知名机构很早就开始践行绿色建筑了,比如拉法基公司。拉法基是全球知名的建材供应商,也是万科长期的战略合作伙伴,其主要产品集中在石膏板和水泥制品,如水泥瓦等产品方面,这些产品都需要开采矿山,大量消耗自然资源,所以,如何实现可持续发展,既发展了生产又不会破坏生态环境,这也是拉法基很久以前就必须面对的现实。

我在两本拉法基于2005年寄给我的内部刊物《探索》上面首次接触到拉法基在这方面所做的工作,他们介绍当时约有50%的拉法基公司的采石场有环境恢复计划,以后会逐步将这个数值增加到80%。这个信息给我留下了非常深刻的印象。

在石膏建材的开发、生产方面,拉法基充分运用集团先进制造工艺和环保技术,配合国家环保政策,百分之百利用火力发电厂回收二氧化硫(大气污染和酸雨的元凶)的废弃物——脱硫石膏以及100%回收纸为生产原料,同时把废弃石膏板回收原料投入循环再生产,变废为宝,年产石膏板5800多万平方米,为降低大气污染、改善空气质量、最大程度地节约天然矿产,保护自然环境做出贡献。

此外,从建材生产、运输、施工的整个产业链中发生的能耗来分析,拉法基石膏建材从生产、运输到安装应用于建筑的整个过程中的总能耗远远低于其他常用建筑材料。如果把五种常用的建筑隔墙的总能耗做个比较（如图5：100m² 隔墙能耗标准煤），可以发现，拉法基轻钢龙骨石膏板隔墙的能耗最小，是总能耗最小的建筑墙体材料。

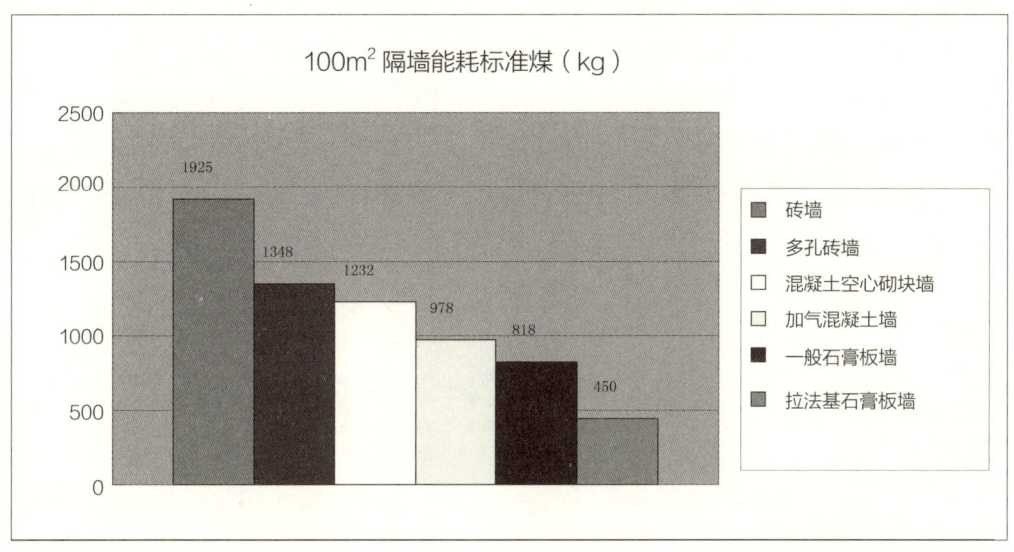

图5 各种隔墙的能耗标准

环境保护一直是拉法基集团的重要发展战略目标。1997年，在拉法基首次公布的行动原则中，就提到要重视和尊重共同利益，这其中也包含环境保护的内容。在集团2012年可持续发展计划中公布相关目标：

一是承诺按照《京都议定书》中的基准年度(1990年)，至2010年前，把每吨水泥产生的温室气体——二氧化碳排放量减少20％，灰尘排放量减少30％，二氧化氮排放量减少20％，二氧化硫排放量减少30％，从建筑的整个生命循环周期角度来建设达到碳中和标准的、可持续性环保型建筑。

二是在拉法基全球的1000多个矿区，按照世界自然基金会(WWF)的标准，对所有矿区实施保护，并联合当地环境保护组织，在具有珍稀动植物种类发展潜力的矿区实施生物多样性发展和矿区生态恢复计划。

拉法基不但从生产经营角度注重环境保护，同时也希望每位员工能在日常生活中通过点滴小事来保护我们的地球。为此，在2003年由拉法基（中国）与世界自然基金会于北京发起了针对中国各个分支的员工的"爱护地球行动"。活动通过一系列诸如环保知识普及、"爱护地球行动：你能为地球做的 20 件小事"、工厂环保大使评选，来唤起员工对环保的关注，了解有关的环保知识，并通过环保大使走进当地社区来给当地小学生普及环保知识，将环保理念传播给更多的人。

环保理念要从娃娃抓起，基于此，拉法基还赞助了世界自然基金会的"地球的孩子"网站 (www.wwfchina.org/kids)，该网站由拉法基（中国）出资，是与世界自然基金会（中国）合作的项目。这一网站针对的对象是 8 到 12 岁的学生。"地球的孩子"网站设计了交互游戏，以帮助孩子们探索发现中国的自然保护状况。"地球的孩子"网站获得了 2005 年度由网络市场联合会 (WMA) 颁发的"最佳非营利网站奖"。

本文发表于《万科周刊》2008 年 8 月总 539 期

松山湖边的住宅技术硅谷

　　1999年,在由国务院办公厅转发的建设部等八部委共同起草的《关于推进住宅产业现代化提高住宅质量的若干意见》中,明确了我国推进住宅产业现代化的指导思想、主要目标、工作重点和实施要求,这成为了推进我国住宅产业化工作的纲领。这个纲领拉开了中国住宅产业化的序幕,而住宅产业化也必将给行业、给社会带来巨大的变革。

　　基于社会需求的逐渐变化,也基于万科规模迅速扩大对生产效率的提升要求,万科现在正在全力以赴推进住宅产业化的工作。作为推进住宅产业化的平台,万科住宅产业化研究基地的建设成为集团建筑研究中心的一项重要任务。

　　万科于2006年8月份获取了位于东莞市松山湖高新技术产业园区的万科住宅产业化研究基地的首期200亩用地,还将在2007年继续和当地政府协商再获取300亩土地用于培训基地(即未来的万科产业技术大学或万科产业技术学院)的建设。

　　获取首期土地后,集团马上开始投入规划设计,在短短的3个月之后就开工建设。2007年2月份,万科又在深圳市国土局、广东省建设厅的支持下,申报国家级住宅产业化示范基地并获得建设部的批准,同时有10余家国内外知名的机构和万科签订了战略合作协议,有意愿和万科共同推进住宅产业化工作,共同建设位于松山湖产业园的万科住宅产业化研究基地。因此,万科受到了极大的鼓舞,决定加大基地的建设投资力度,扩大基地的规模,并对基地的定位作出一定的调整,力争将基地建设成为一个综合"住宅产业化技术及产品研发和住宅产业化技术培训"双重功能的基地。

　　在住宅产业化技术及产品研发方面,大批引进国内外知名机构,形成产业技术和产品研发的集群效应，将基地打造成中国PC住宅技术的硅谷。

住宅产业化技术及产品研发需要基地将会建造如下软、硬件基础设施：

研究中心大楼：满足100家研究所、1000名研发人员的办公需求。基地希望在近期2007年年内引进20家国内外知名机构，这些机构或者是和万科联合成立各种和产业技术、产品、信息、政策相关的研究所，或者独资建设自己的研究所（详见表1），万科提供必要的生活和办公条件。计划在3年内使进驻基地的合作机构达到上百家。按照每家机构平均10名研究人员来考虑，未来基地的研究人员将会有上千人。需要为这1000人提供的办公、资料、会议、学术交流的建筑面积，将会在10万 m² 以上。

检测中心大楼：满足建筑工程各种常规检测的需求（表2），常规工程检测的项目，由合作方自行负责。检测中心大楼建筑面积在2万 m² 以上。

可能的研究所列表　　　　　表1

编号	研究所名称
1	住宅产业技术研究设计中心（多家）
2	住宅节能研究所
3	绿色建筑技术研究所
4	工业化建筑施工虚拟技术研究所
5	住宅建筑设备研究所
6	住区太阳能利用技术研究所
7	住区水环境研究所
8	工业化住宅设计研究中心/公司（多家）
9	工业化住宅装修设计研究所
10	工业化住宅设备集成设计研究所
11	外围护体系研发中心
12	材料、构造与结构研究所
13	室内环境质量控制研究所
14	房地产信息与政策研究中心
15	比较住宅研究中心
16	住宅诊断中心
17	城市地图研究所
18	技术集成型集合住宅研究设计中心
19	节能门窗开发设计中心
20	PC结构技术研究所
21	PC构件生产工艺研究室

专业实验室：满足检测中心不能提供的、非常规的实验及检测需求。各专业实验室均会引入国际知名机构联合经营。2007~2008年将会开工建设4个大型专业实验室，三年之内将会开工建设不少于10个专业实验室（表3）。

其中一些大型的专业实验室建成后都将成为中国的No.1。比如，中国的居民在经历了从集体分房到住房商品化的浪潮之后，在经历过初次购房所遭遇的种种房屋质量和性能方面问题的折磨之后，会对房屋的质量和性能具有较高的期望值。厨房、卫生间是住宅内技术含量最高，设备管道体系最复杂的地方，也是质量事故隐患最多的地方。既是设计院、建造商、开发商、物业公司最头痛的地方，也是住户经受折磨最

常规工程检测的项目　　　　　　　　　　　　　　　　　　　　　　　　　　　　　表 2

序号	检测类别	检测项目
1	胶凝材料	硅酸盐水泥、普通硅酸盐水泥等
2	集料	普通混凝土用砂、普通混凝土用碎石或卵石等
3	外加剂	混凝土外加剂、混凝土泵送剂等
4	砂浆、混凝土	建筑砂浆基本性能、普通混凝土长期性能和耐久性能等
5	岩土	土工、岩石
6	砌筑及保温材料	砌墙砖、混凝土小型空心砌块、蒸压加气混凝土砌块、混凝土路面砖、聚苯乙烯泡沫塑料等
7	金属材料	金属材料力学工艺性能、夹具和连接器、钢筋焊件等
8	给、排水管	建筑排水用硬聚氯乙烯管材等
9	防水密封材料	无机防水堵漏材料、水泥基渗透结晶型防水材料等
10	装饰材料	合成树脂乳液外墙涂料、合成树脂乳液内墙涂料等
11	建筑门窗及其型材	建筑门窗、平开铝合金门、平开铝合金窗、推拉铝合金门、推拉铝合金窗、PVC 塑料门、PVC 塑料窗等
12	建筑物检测与鉴定	混凝土结构、砌体结构、建筑物可靠性鉴定、结构实体、混凝土后锚固件等
13	桩基与地基检测	桩基、地基基础
14	建筑围护结构与材料热工性能检测	建筑围护结构热工性能、建筑材料导热系数
15	空气环境质量	室内环境污染物、室内空气质量、环境空气质量、γ 辐射剂量率、噪声等
16	建筑、装修装饰材料污染物	室内装饰装修材料人造板及其制品、内墙涂料中有害物质、木家具中有害物质等
17	建筑声学	建筑隔声、体育馆声学、厅堂混响
18	空调系统	空调水系统、空调风系统、空调设备（包括风机水泵）
19	建筑幕墙、门窗及其型材	建筑幕墙物理性能
20	智能系统检测	建筑与建筑群综合布线系统检测
21	建筑物检测与鉴定	结构振动、结构内力
22	建筑热环境检测	热舒适度、室外太阳辐射
23	玻璃	建筑玻璃 可见光透射、太阳光直接透射比、太阳能总透射比、紫外线透射比及有关窗玻璃参数的测定
24	空调系统	风管系统、空调、空调水系统
25	照明	室内照明测量、采光测量、光源显色指数评价、照明光源颜色的测量

可能建设的实验室列表　　　表3

编号	实验室名称
1	PC构件成型工艺实验室（生产实验室）
2	建筑虚拟模型实验室
3	环境舱（环境实验室）
4	住宅实验塔（设备实验塔）
5	全天候耐候与节能联合实验室
6	材料、构造与结构实验室
7	空间虚拟体验实验室
8	环境实验室
9	能源实验室
10	防虫实验室

多的地方。在从"有和无"进入"好和坏"阶段的这个关键时期，解决住宅，尤其是高层住宅设备体系的常见问题，建立国内的住宅设备体系设计与检测标准，是当务之急。万科作为国家的住宅产业化基地，希望对此问题的解决有所贡献，因此计划在东莞松山湖的产业化研究基地内投资建设国内第一个高层住宅试验塔，将其建设成国家住宅设备系统的检测基地，探索建立中国高层住宅设备系统及部品的设计与检测标准，为中国的设备系统及部品准入制度提供保障。

又比如，为了满足住房消费者对室内居住环境质量的追求，万科希望在基地建设国内首座大型环境舱，学名称为"居室可变条件室内环境质量综合指标仿真测试实验室"，以实现对示范居室多环境参数调控、测试、改善分析及装饰的综合评估。环境舱建立了一个"真实"、"可信"、"可控"的建筑居室室内环境试验平台，提供不同整体建筑装修室内环境质量指标实际性能测试，提供室内相关设备（日用橱具、家电）与部件（家具）的在"实际状态"下的性能测试，提供室内环境污染治理设备及其措施的考核手段。通过环境舱可以有效地深入研究建筑材料综合使用污染物指标控制，以及污染物释放模型等，建立建筑室内环境质量控制装修技术指南。通过环境舱还可以研究不同建筑装修综合环境（空气质量、热舒适、声环境、厨卫环境、光环境）对于人员的舒适和工作效率影响，建立室内环境综合评估体系。

实验楼建造场地以及产品定型楼建造场地：为了对阶段性的研究成果进行集中的应用检验和展示，需要不定期地建造实验楼进行实战演练。万科在深圳建造了工业化1号实验楼之后，开始在松山湖的基地建造2~5号实验楼。现在已经完成2号、3号楼的建造，年内会开工建设4号、5号实验楼。万科准备在未来三年内总共完成10栋左右的实验楼。在工业化住宅产品投入到一线进行大规模应用之前，需要先完成产品的定型，定型的成果除了数据资料库之外，还包括一栋实体建筑，它为一线公司的项目操作人员提供直观的感受，也为我们基地的另一功能"产业技术培训"提供实体教具。万科计划和设计院成立合资的产品开发与设计公司，在三年内完成10个工业化住宅产品的开发和定型。未来万科还会不断地扩充住宅产品库，并对既有的产品进行升级换代。这方面需要大量的定型楼建造场地。

在住宅产业化技术培训方面，引进知名高校，打造国内最高水平的住宅产业技术学院（或万科产业技术大学）。

基地培训部：1）针对万科内部的培训。这部分培训由万科集团人力资源部统一安排，由基地培训部负责实施，包括针对万科集团的技术人员的专业培训、新动力培训、新经理培训。2）针对所有入驻基地的机构的培训。3）面向业内的开放式专业培训。4）面向社会大众（住宅产品消费者）的普及教育。计划成为深圳市科技局科普路线中的一站，住宅产业化教育从娃娃抓起。5）高校毕业生实习基地。节能产学研相结合，又能扩大万科品牌在这些即将成为购房者心中的影响力。6）博硕士生联合培养点。7）博士后流动工作站。

学术交流和信息中心：1）基地内部的学术交流。2）面向社会的学术交流。3）学术期刊编辑部。4）产业技术研发成果交易会。5）图书馆。力争使这个图书馆成为中国住宅产业技术方面最全面的书籍收藏设施。6）IT中心。7）情报中心。

在所有上述的住宅产业化研究和培训方面，万科坚持平等互利的、全面的、开放的合作方针。首先，合作研究将会给万科带来巨大的价值。因为和先进的研究团队保持密切的联系，既能最先获得最新的研究成果以便在自己的住宅项目上进行应用，又能迅速地将项目上出现的问题反馈给研究团队以便获得及时的解决，这是万科领先其他业内同行的保证。同时，合作研究也将会给合作方带来巨大的价值。因为和万科所代表的技术应用市场保持密切的联系，既能使自己的研发成果迅速应用于实际工程，又能了解到市场的实际需求以便及时调整研究方向使研究更贴近于市场、为社会创造更大的价值，这是研发机构的真正价值所在，同时也提升了自己在相关领域的学术地位。

万科希望和所有的合作伙伴建立一种平等、互利、开放的合作方式。根据双方的需求，根据对方能够给万科带来的价值，决定双方对合作的投入。我们希望万科住宅产业化研究基地能够成为社会的住宅产业化基地，让我们一起将它打造成中国的PC住宅产业技术硅谷。

本文发表于《万科周刊》2007年7月30日总516期

认识误区有几许

从事工业化住宅研究以来,在和大家广泛的交流过程中,我能感觉到有一些人甚至是专家都不同程度地对工业化住宅有一些误解。现在我就我个人的认识,和大家作一个探讨。

我要说的第一个认识误区是关于工业化住宅的造价问题。一般来说,大家会认为工业化住宅是大规模生产的住宅,以工业社会的既有经验来看,"工业化住宅的成本会大大下降",认为推广工业化住宅的目的是降低成本,这是第一个认识误区。工业化住宅起源于第二次世界大战之后的房荒,当时采用工业化住宅的目的主要是追求速度和效率,以尽快安置无家可归的人,满足"多快好省"的目的。只有这个时期快速建立起来的部分简陋的工业化住宅才比传统的住宅便宜,但那是以牺牲质量为前提的,和我们现在提到的现代工业化住宅完全是两回事儿。后来的,或者说是现代的工业化住宅,从无论是美国、欧洲、还是中国香港、日本、工业化住宅的建造成本大多高于传统建造方式的住宅。像日本的工业化住宅成本高于传统住宅15%～20%。

那么是不是就是说现代工业化住宅比传统住宅贵,就只有中高收入者才会买工业化住宅呢?这是第二个认识误区。有两个原因:一是这两种住宅的质量是不同的,对非同等质量水平的住宅产品不能简单地从价格高低就下结论。第二个原因是由于其质量较好,一方面其后期维护费用较低,另一方面其耐久性较好,使用时间较长,最后其生命周期内的总成本(life cost)会比较低,所以这就出现了一个很有意思的现象,只有中低收入的家庭才考虑购买工业化住宅,因为这种住宅的综合性价比较高,否则就会出现后期维护费用较高,买得起用不起的情况。反而高收入家庭会考虑传统住宅,这种住宅可以根据自己的喜好来进行个性化定制,而工业化住宅不能满足个性化需求,同时高收入家庭也能够负担得起后期较高的维护、运行费用。

所以,如果说早期推行工业化住宅的目的是为了速度和效率,那么现在推行工业化住宅的目的是为了提高工程质量,两者都不是为了降低建造时的成本。

那么是不是说建造工业化住宅并不能给开发商带来利益呢?因为提高质量、降低后期维护费用和运行成本,虽然会给客户带来利益,但会增加开发时的建造成本,为销售带来不利影响?其实这也是一个认识上的误区。现行的房地产政策下,对开发商的资金链控制越来越严,部分城市如广州已经实行了对商品房预售款的使用控制政策,同时政府也在酝酿实行取消商品房预售的政策,开发商的资金链将会越来越紧张,这时工业化住宅所带来的速度优势的价值就凸现出来了。我们曾经测算过,如果一栋18层住宅的开发周期(从付出第一笔土地款到收回第一笔商品房预售款)能够从18个月减少到8个月的话,即使住宅的建造成本提高30%以上,其资本净收益率仍然是提高的。而据国外的经验以及我们从一系列试验中得出的数据来看,采用PC(预制混凝土)结构的工业化住宅,规模化生产之后其成本增加也能够控制在15%~20%左右。在未来面临农村经济条件好转,出现民工荒,农民工工资大幅提升的情况下,工业化住宅的优势将更加明显。

自从工业化大生产方式在亨利·福特手上发扬光大以来,基本上就形成了工业化、标准化和个性化、多样性的对立性认识。福特在开创大规模生产模式的时候,曾经说过一句话:"顾客可以选择任何颜色的汽车,只要汽车是黑色的",他的话充分表达了大规模生产的本质——大规模制造出相同的产品。当然,福特知道只要在产品生产线的末端配置几把不同颜色的喷漆枪就可以很容易地让顾客挑选颜色了,但是,福特也清楚地知道,一旦他对产品的多样性让步,产品的一致性立刻就会彻底消失,对他而言,产品的一致性是大规模生产的关键(参见:机械工业出版社,彼得·德鲁克著,《管理的实践》,第84页)。那么是不是说工业化住宅就不可能满足个性化、多样化的需求呢?实际上这是另一个认识上的误区,是对大规模生产方式的误解,真正的大规模生产方式比人类涉及的任何其他生产方式都能制造出更多样的产品,大规模生产方式的本质应该是以标准化、统一化的零部件来组装各种不同的产品。正如同样的

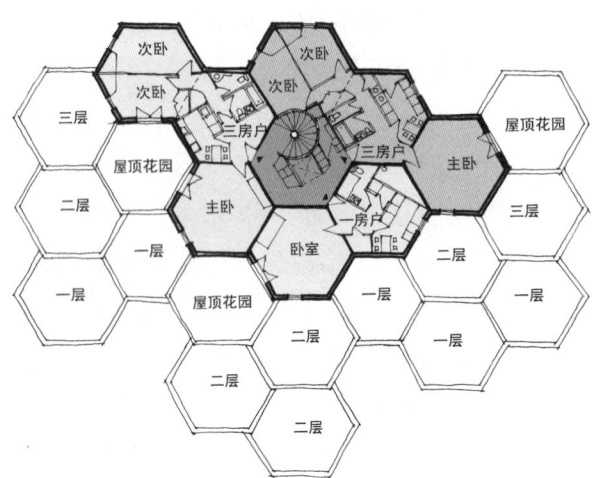

图1 欧洲某住宅楼平面

质子、中子和电子组成性能各异的各种原子，数量有限的原子又可以组成丰富多彩的世界和宇宙，其基本组成越简单，其变化就会越丰富。尤其是自动化技术出现以后，先进的技术创造了丰富的多样性。这一点可以看看迅速兴起的连锁超市、加油站、快餐店，它们的外形逐渐趋向一样（从传统方式的多样化过渡到工业化的标准化），但其供应的商品却多种多样，这是因为食品及食品包装技术比建筑业更发达的缘故。建筑业迄今为止尚未达到大规模生产的阶段，同时又会受地方法规和保守政府的限制，建筑技术的进步速度远远落后于其他行业。哥伦比亚大学商业研究所的范·考特·海尔教授指出"自动化的设备……可用与大量生产几乎相等的成本，来生产广泛的多样性产品。"所以技术越进步，产品多样化的成本越低。当建筑业在技术上赶上制造业后，连锁超市、加油站、快餐店就不会再像同一个模子制造出来的那样了，那时，从传统方式的多样化过渡到工业化的标准化不得不让位于工业化的多样化了（参见：中信出版社，阿尔文·托夫勒著，《未来的冲击》第147页）。标准化的模块同样可以组合出外观丰富的工业化住宅建筑。如图1的平面图是欧洲某住宅楼，其六角形的居住单元灵活组织，形成类似蜂巢状的平面，从中我们能够想象得出其丰富多彩的立面。又如图2中的中银舱体大楼，是位于东京银座区的集合住宅。其居住单元是批量生产的方盒子，一簇簇围绕在大楼的周围。

图 2a、2b 中银舱体大楼

实际上，工业化住宅就是将施工现场的部分工作转移到了工厂内制造，整个生产、制造过程采用工厂的质量管理模式，以保证住宅产品的质量及质量的稳定性。那么是不是意味着极为大量的现场施工工人会面临失业呢？这是政府管理人员的一个认识误区。首先在现场施工这种粗放式管理现状下，农民工的权益得不到保障，工资以及社会保险经常没有着落，住宅产业化可以促使这些农民工转化为产业技术工人。在政府能够有效管理的住宅工厂里，产业工人的劳动条件、技术培训、各种福利待遇可以得到有效保障。同时，也是社会完成产业升级的一个重大成果。

这可能会带来另外一个认识上的误区，即产业技术工人需要较高的文化技术水平。在百老汇的一个音乐舞剧中，有一个叫做亨利·福特的人解释他的装配线特征时的一段唱词就很能说明这件事情，他说：

想看看我的工人吗？
啊，我的理论是
这个国家在前进
每个工人都是正在运转中的齿轮上的一个齿
啊，这就是亨利·福特的想法
一个人上螺丝，一个人装棘齿

还有一个人去拉绳索

装配中的汽车不停地向前移动

这是对亨利·福特的屈服

萨姆,让传送带转快点儿,转快点儿

大规模生产将席卷全国

这是一个简单的想法,它将获得全世界的奖励

每一个不太聪明的人

能够学会永远地去拧螺丝

或踩脚踏板,或控制操纵杆

(摘引自:东方出版社,托马斯·弗里德曼著,《世界是平的:"凌志汽车"和"橄榄树"的视角》,第208页)

我们可以看到,在珠三角的很多电子工厂里面,成千上万的只有小学文化程度或者更低的女工,在夜以继日地生产(组装)电子产品,原因就是,需要精密控制的、复杂的、重复性的工作大部分都是由机械来完成的,而最终的装配工作通过技术措施能够保证任何人来做都不会出差错。

对现场的预制装配施工的工人也是一样的。并不是说做预制装配的施工队就应比传统施工的施工队技术水平高。工业化住宅的目标之一就是要消除现场的人为因素对工程质量的影响,从而形成稳定的工程质量。如果一定要具备一定专业技术水平的人才能进行装配施工,就不能保证质量的稳定性了,工业化住宅应该形成一系列的工业化住宅部品生产标准、施工安装标准及其简单易用的安装手册/操作规程,让任何一个人经过简单的培训都能够进行操作,也就是说,在中国现行条件下,工业化住宅要以技术手段来解决操作问题。曾经听到世界500强企业欧文斯科宁曾经花费巨大代价研发过一种弹性套垫,垫在固定墙板的钉子下面,防止工人将钉子钉得过紧,损坏墙板。如果没有这种弹性套垫,工人就不一定能够控制得住钉钉子时的力度,也就不能保证墙板不被破坏。我也在YKK AP的工厂里面看到过一种操作工具,通过一种定位装置,即使是处于实习期的女工都可以分毫不差地将垫片粘贴在铝合金窗型材的特定部位。这都是以技术手段解决操作问题的成功案例。工业化技术应该保证每一个工人经过简单的培训就能借助工具保证产品的精度,从而保证产品质量的稳定性。同样的

道理，这种原则也适用于我国的工业化住宅生产、建造的各个环节。

住宅的工业化是几代人的梦想，但是受到市场、成本、认识的局限，认识上有一些误区。和欧美、中国香港、日本相比较，我国内地走得太慢，希望我们能够尽快走出误区，吸取别人的经验，用一半或者更少的时间完成别人历经 20 多年走过的工业化住宅技术发展道路。

本文发表于《住区》杂志 2007 年 1 期总第 23 期

KSI住宅

KSI 的 S 是英文 Skeleton 的缩写，就是住宅躯体、支撑体的意思，是住宅的结构体部分；I 是英文的 Infill 的缩写，指住宅里面的填充体，包括设备管线和内装修。SI 住宅就是采用结构支撑体和填充体完全分离方法施工的住宅（图1）。K 指的是"都市再生机构"，KSI 住宅就是日本都市再生机构自己开发的一种 SI 住宅。

SI 住宅（结构体、填充体住宅）将集合住宅明确地区分为结构体部分——主体以及公用设备（Skeleton），和填充体部分——住户私有部分的内装修以及设备（Infill）。因此，它能够更好地实现结构体的耐久性和填充体的更新性、可变性等。

在都市再生机构的住宅技术研究所内有一栋 KSI 住宅实验楼（图2），通过 KSI 住宅实验楼，他们进行了各种必要的实验，致力于推广能够满足各类生活方式和工作方式的这种新形式的集合住宅（图3）。此外，还可以在此发布与 KSI 住宅有关的信息。

KSI 住宅的一大特点是：高耐久性以及更新性良好的结构体。例如：实验楼的结构体中使用了高品质混凝土，覆盖钢筋的厚度也比正常情况下增加了 10mm。此外，在主体结构中采用了无承重墙的纯钢架结构，并且还注重了柱、梁以及地面等的优化配置。不仅增强了耐久性，而且提升了填充体的更新性。

KSI 住宅的厨房以及浴室等的下水管道也可以自行设定。在 KSI 住宅中，人们可以根据生活习惯以及家庭成员的变化自由地变更房间布局以及内部装饰，从而使填充物具备了可变性（图4），而且，由于下水管道的配管以及电气配线也可以轻松变动，因此在厨房以及浴室等场所内，可以方便地进行以往比较烦琐的下水管道的位置变更

第二章 产业化

填充体（Infill）
●可以随着住户的生活方式以及生活习惯的变化而进行改变

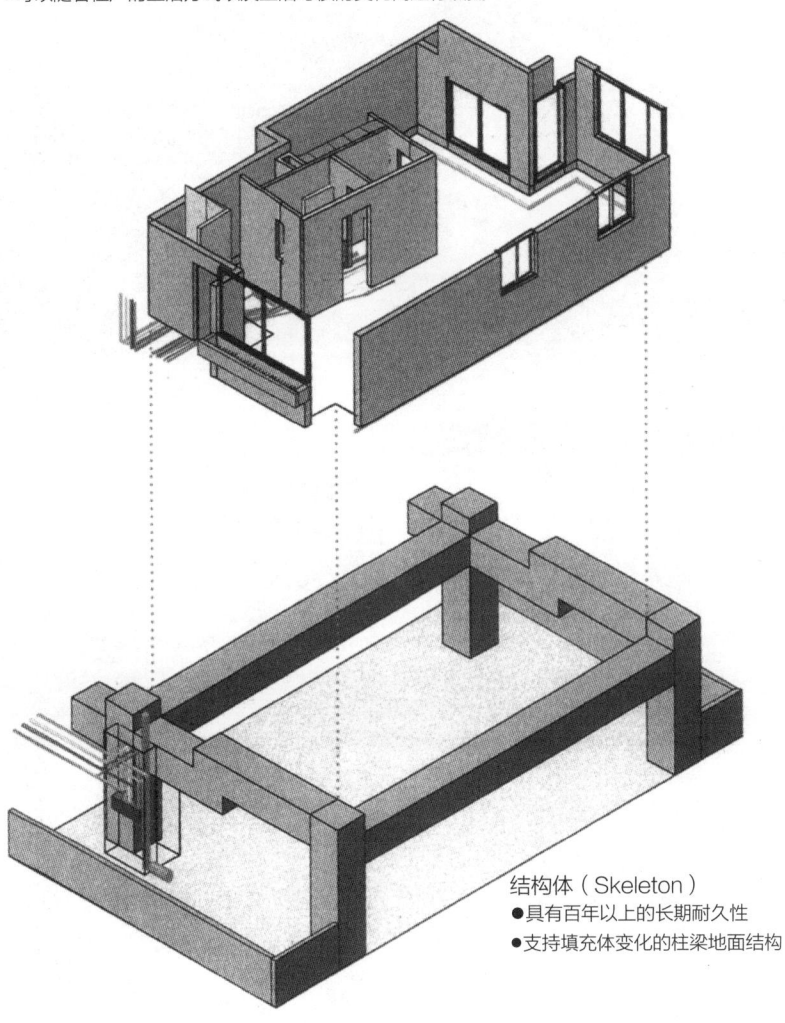

结构体（Skeleton）
●具有百年以上的长期耐久性
●支持填充体变化的柱梁地面结构

图1 填充体与结构体的关系

第二章 产业化

实验楼的概要：
结构：纯钢架钢筋混凝土结构
层高：一层，3600mm；二层，3000mm
层数：2层（结构设计时按11层计算）
建筑面积：一层，约260m²；二层，约230m²
其他：屋顶可以建造阁楼

图2 KSI住宅实验楼

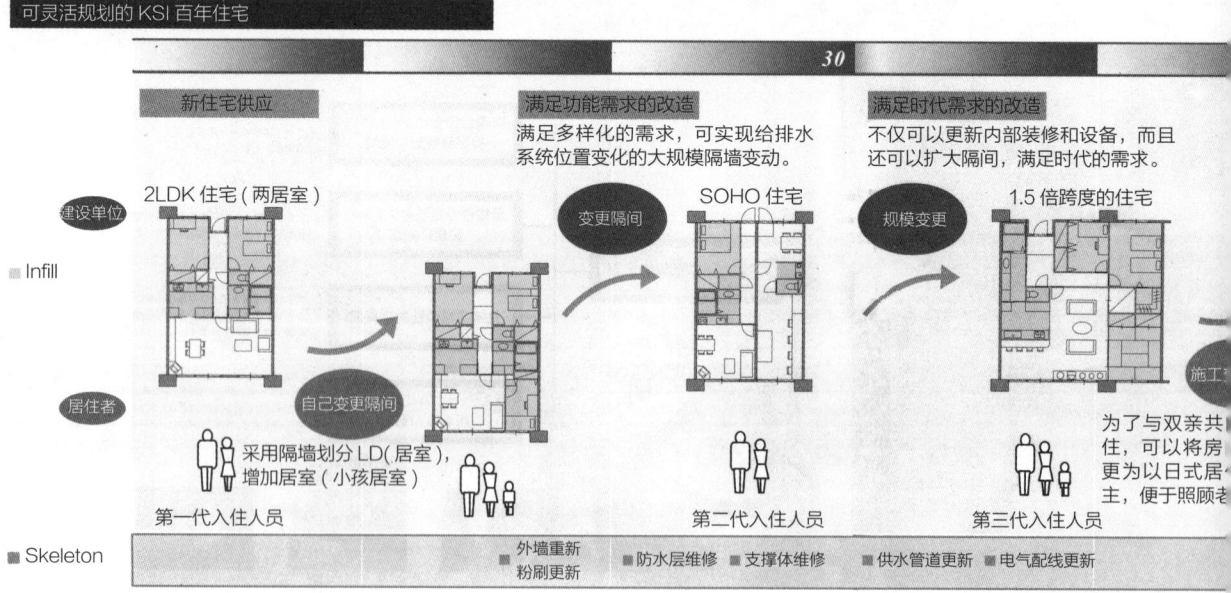

图4 KSI住宅具有可变性

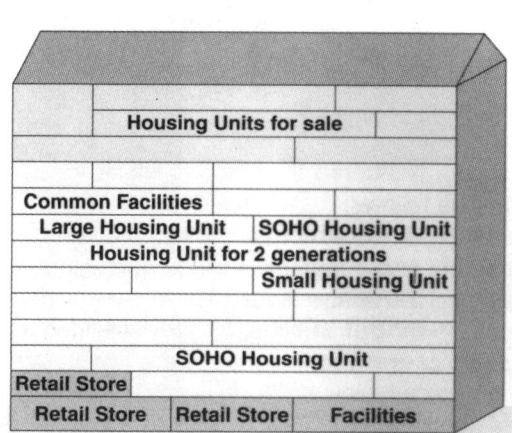
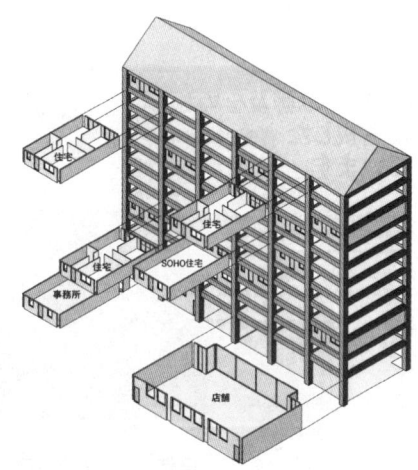

图 3 KSI 集合住宅中不同的房间布局、用途、规格

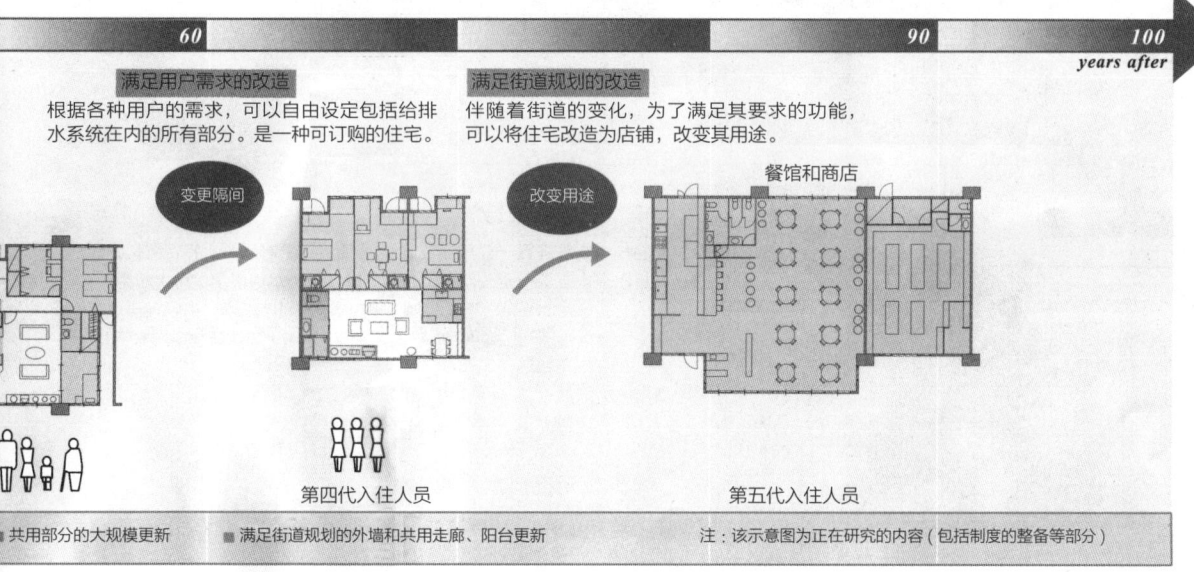

作业(表1)。此外,由于水、燃气、电气等城市生活生命线设置于公用的结构体部分,因此,在进行翻新或改建的工程时,可以最大限度地降低对于邻居的影响。

KSI 住宅管线施工方法 表1

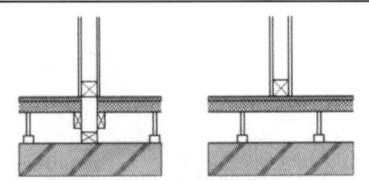 墙壁优先施工方法　地面优先施工方法	**地面优先施工方法** 首先进行地面施工,然后在其上方竖立间隔墙壁的施工方法。由于翻新需要而必须移动或追加墙壁时,无需再次进行地面施工。此外,由于预先完成了平坦的地面,因此为施工时创造了良好的作业基础,提升了施工性能。
	**地下配线槽方式** 将以往埋设在主体内的电气配线收纳至双重地面内的配线槽中,沿住户的周围环绕配线的方式。由于主体内没有埋设配线,因此可以自由地变更房间布局。此外,还可以将电话或电视等的配线铺设至配线槽中。
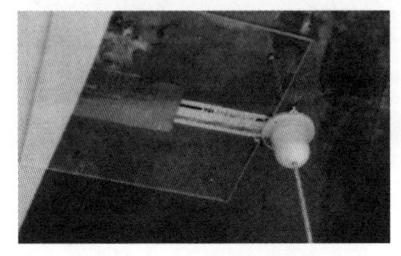	**带式电缆施工方法** 不将配线埋设在主体中,而是直接粘贴于顶棚处,并在其上方进行交叉粘贴的施工方法。如此一来,不仅便于将来的翻新,还可以将顶棚的部分划为居住空间。
	**排水总管施工方法** 将排水立管设置于公用部位,通过缓行配管(1/100)将各器具的排水横向支管引至公用立管,从而使各种排水连接至"排水总管"的方式。如此一来,可以增加住户内部设计的自由度,并且便于翻新。此外,公用部分的保养(检查、清洁、修缮)与更新也更加方便。
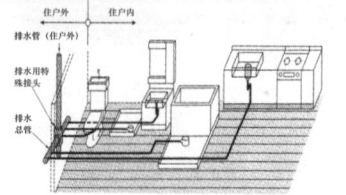	**KSI 住宅的排水系统** 实验楼的几个房间分别展示了不同的内容。

第二章 产业化

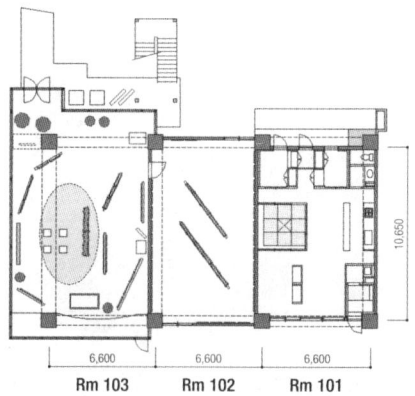

图 5 实验楼首层平面图（展示空间）

图 6 实验楼二层平面图

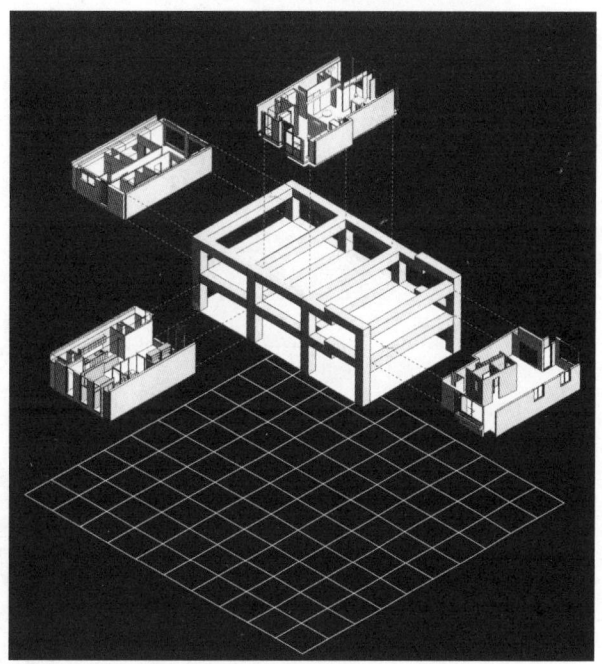

图 8 实验楼的几个房间分别展示了不同的内容

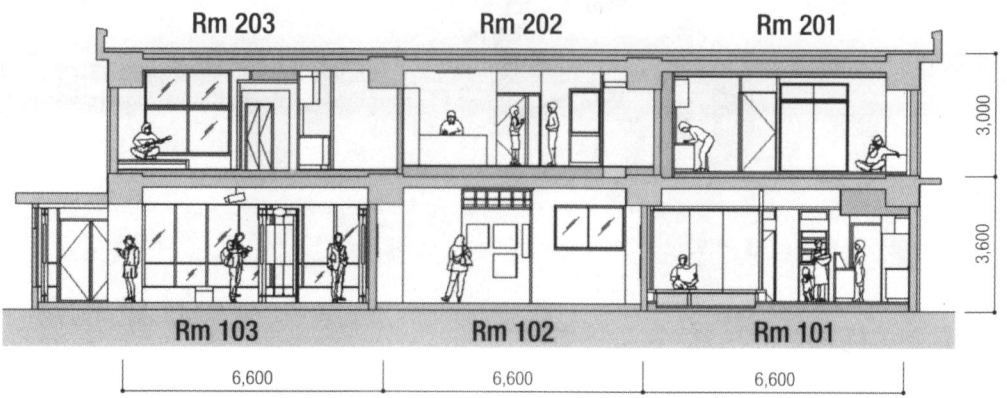

图 7 实验楼剖面图

141

第二章 产业化

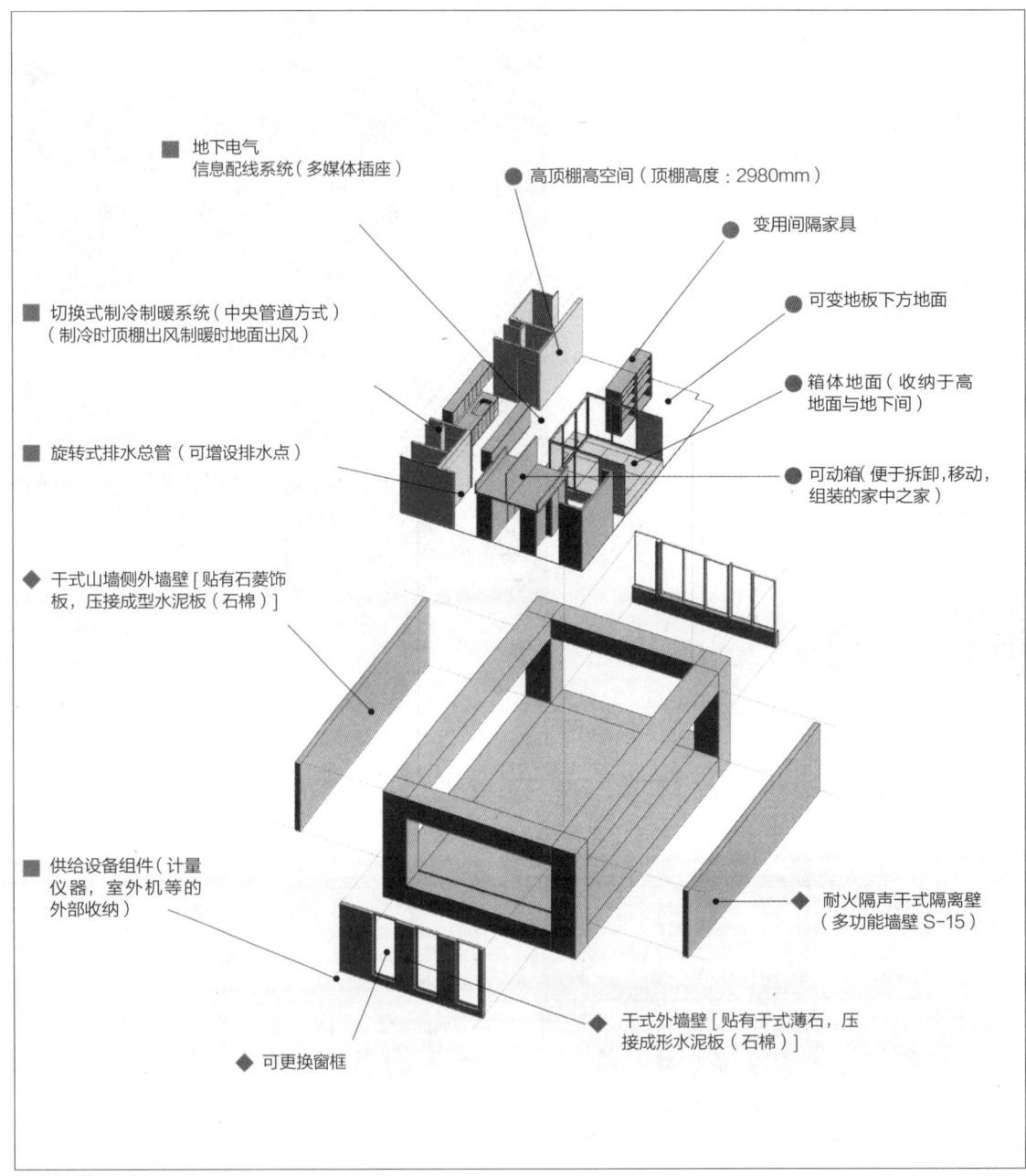

图9 101号室，立体型SI住宅一体化系统分析图

第二章 产业化

图 10 101 号室内部照片

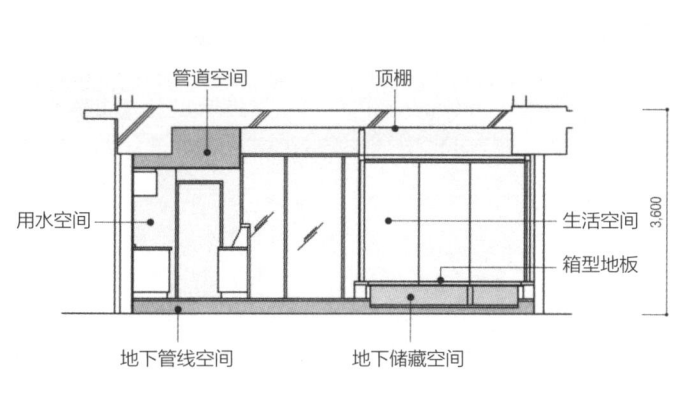

图 11 101 号室剖面图

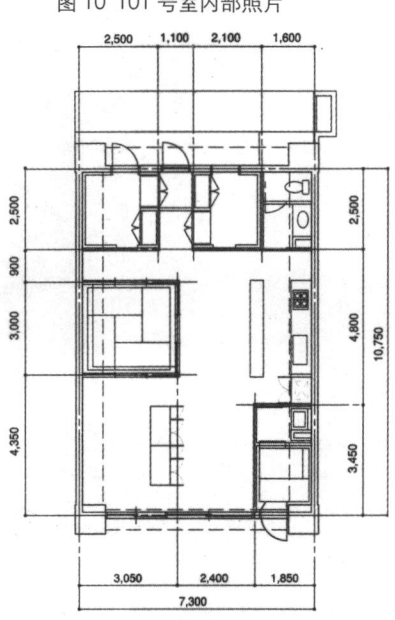

图 12 101 号室平面图

143

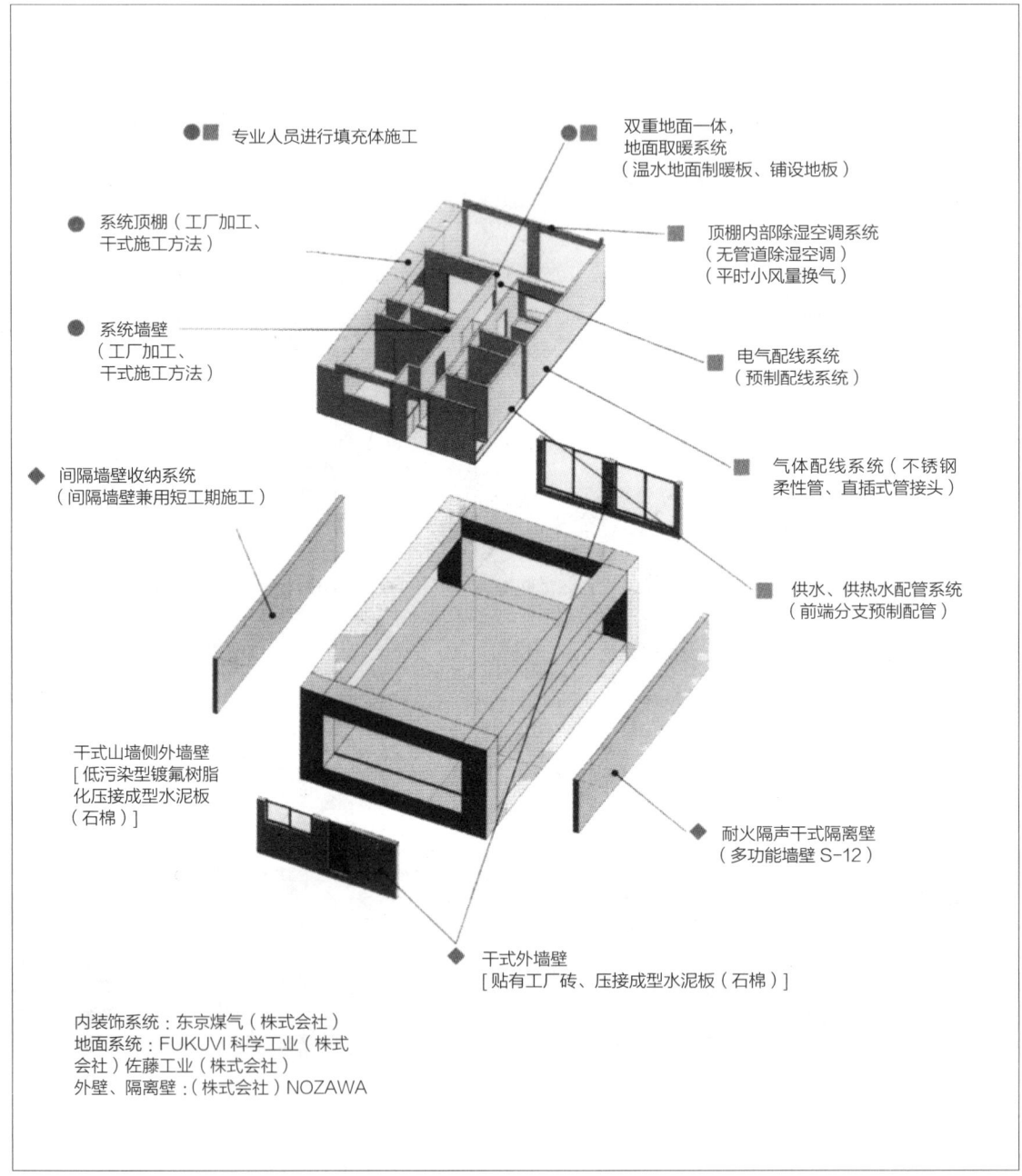

图13 201号室，内装饰设备统一化系统分析图

第二章 产业化

图 14 201 号室内部照片

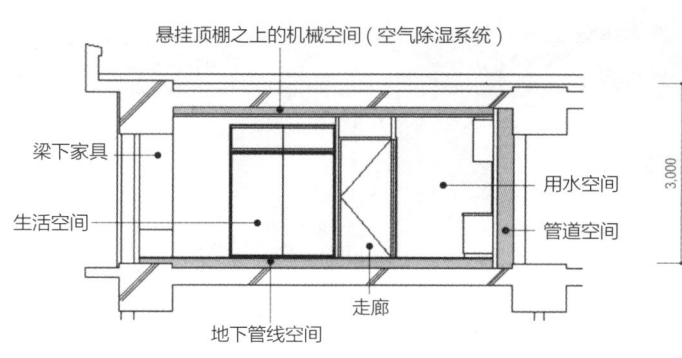

图 15 201 号室剖面图

图 16 201 号室平面图

第二章 产业化

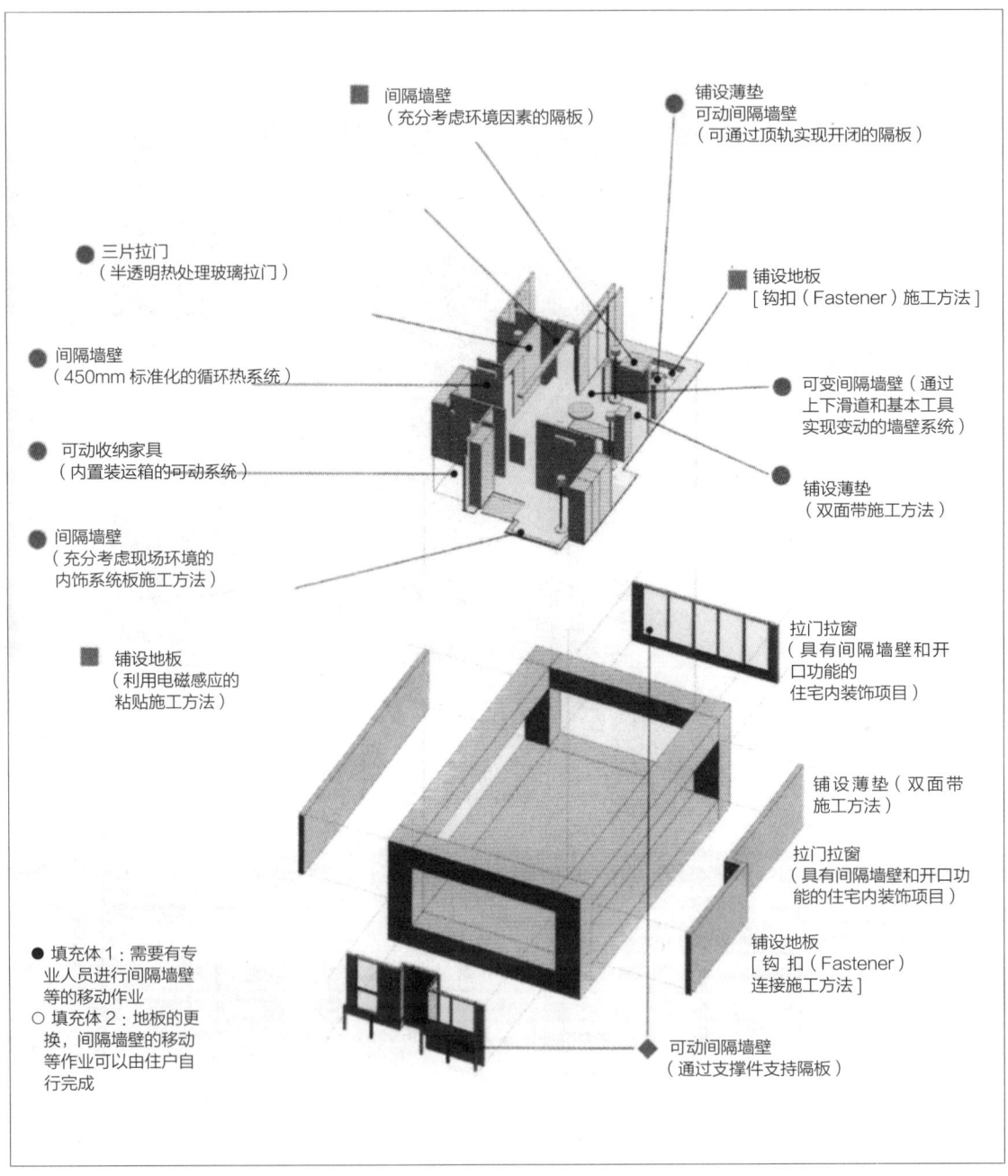

图17 202号室，不同填充体部位试作分析图

第二章 产业化

图 18 202号室内部照片

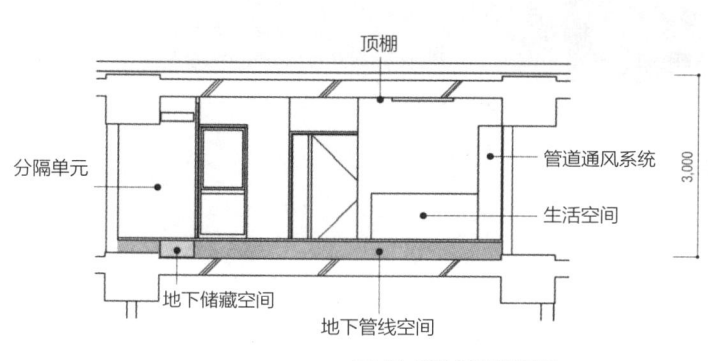

图 19 202号室剖面图

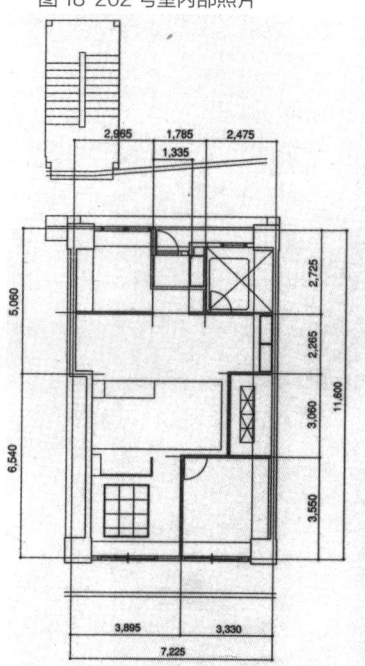

图 20 202号室平面图

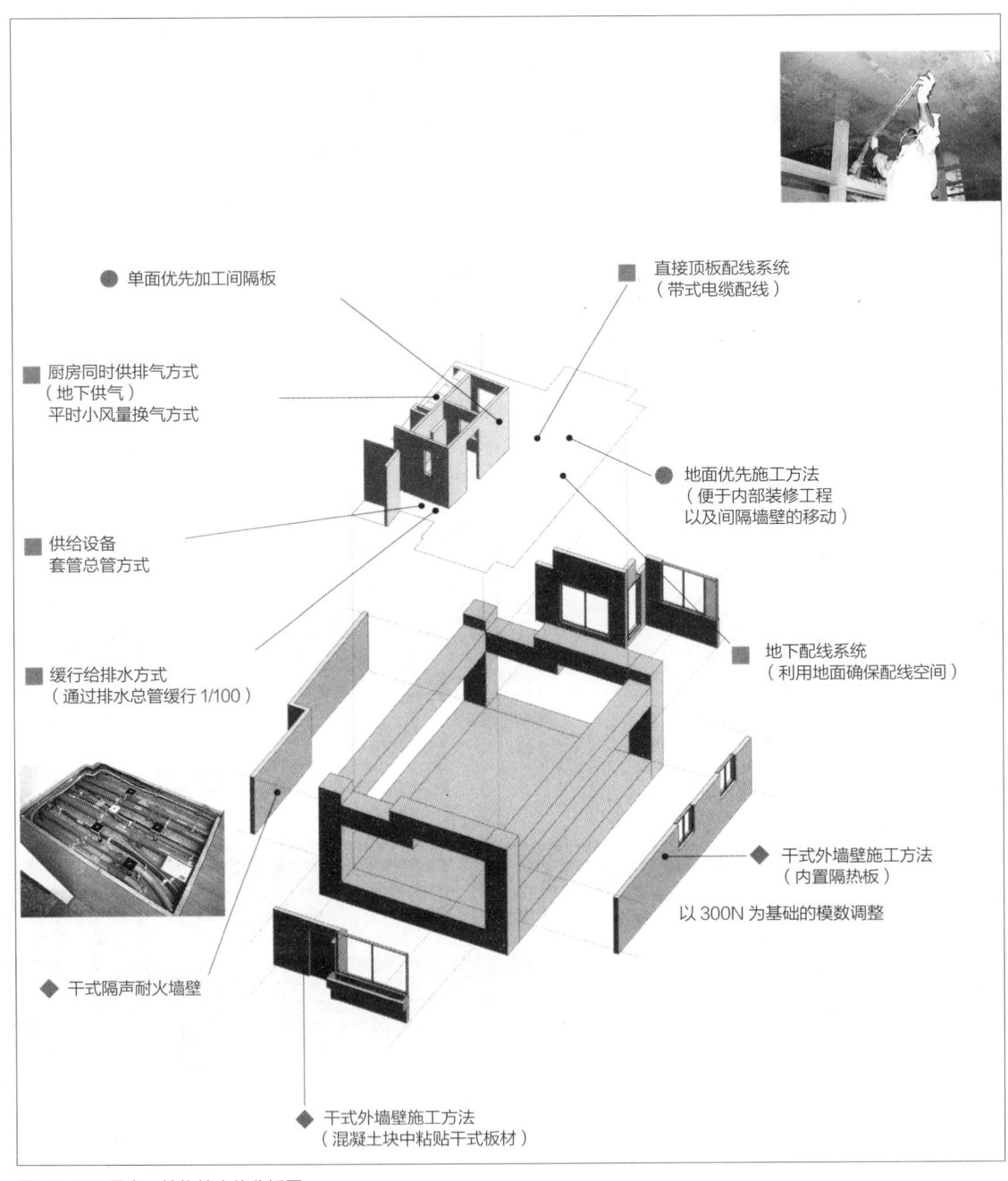

图 21 203 号室，结构填充体分析图

第二章 产业化

图 22 203 号室内部照片

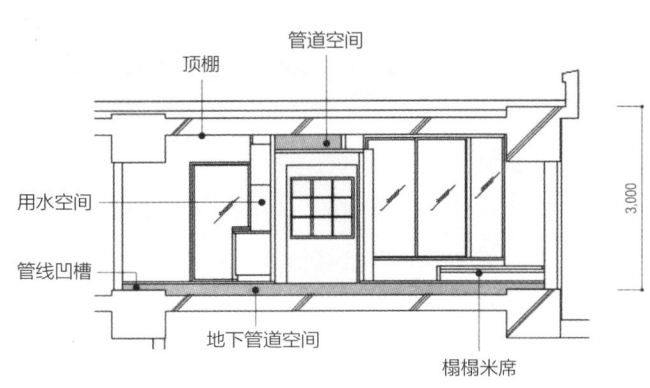

图 23 203 号室剖面图

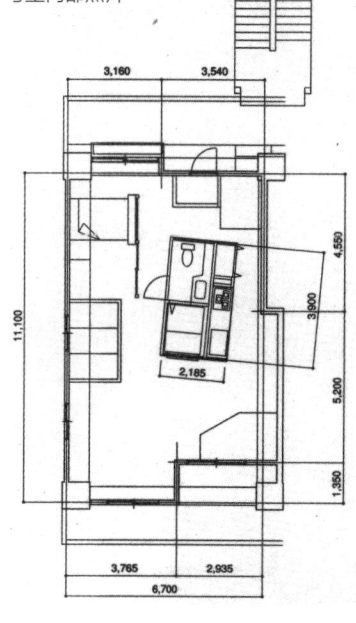

图 24 203 号室平面图

149

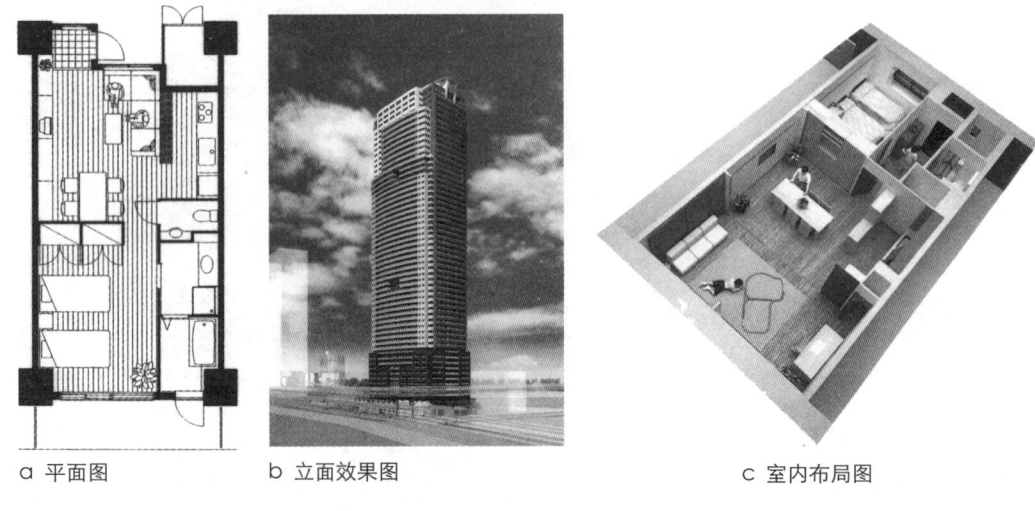

a 平面图　　　　b 立面效果图　　　　　　　　　c 室内布局图

图 25 KSI 住宅研究的应用成果之———You-make 住宅

　　KSI 住宅内、设施内都是可以灵活变更的填充体。KSI 住宅由具有高耐久性主体的结构体以及下水管道位置可以改变的填充体构成。因此，虽然它属于集合住宅，但是其上下层中可以采取不同风格的房间布局。此外，住宅的用途和规格也可以进行变更，比如变更为办公室或商业设施等（图 5~ 图 24）。

　　You-make 住宅是 KSI 住宅研究的应用成果之一（图 25）。这是一种以摆脱 nLDK 的概念为目标的新型住宅，目前已经以分售住宅的形式出现在 Abbandone 原 5 番地，以租赁住宅的形式出现在 Conforl 与野本町西。照片所示的平面图是 Conforl 与野本町西的住宅，通过改变可移动的隔壁以及家具，可以打造自由的空间。当然，也可以进行墙壁的重新粉刷、交叉粘贴。至于 KSI 住宅研究成果在其他具体的集合住宅项目开发里面的应用就非常多了。如位于东京都港区的某集合住宅，地上 56 层，770 户，建筑面积 88000m²，其中 683 户被民间赁贷住宅预定。

本文发表于《住区》杂志 2007 年 4 期总第 26 期

第二章 产业化

外廊之外

　　本人近年来因工作原因数次到日本考察工业化住宅的设计、生产和建造技术，回来后也仔细查阅了从日本带回来的相关资料，发现日本工业化集合住宅中有一个非常明显的特点，那就是他们很多都是外廊式（图1）。我这里所说的外廊，有可能是公共的外走廊，也有可能是外部的阳台（一般是通长的，形式和外廊是相同的，只不过是私家拥有罢了）。经过分析，我发现外廊式集合住宅有许多好处。我们先来看一个实

图 1a 外廊式住宅立面

图 1b 外廊式住宅立面

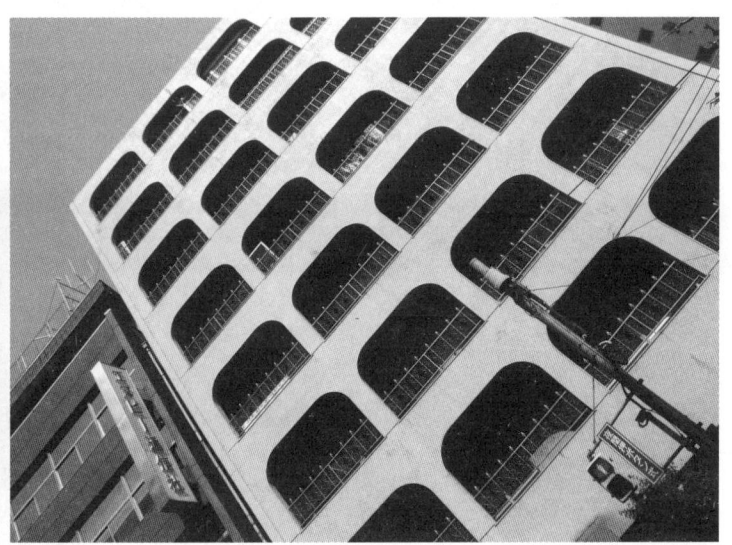

图 1c 外廊式住宅立面

151

第二章 产业化

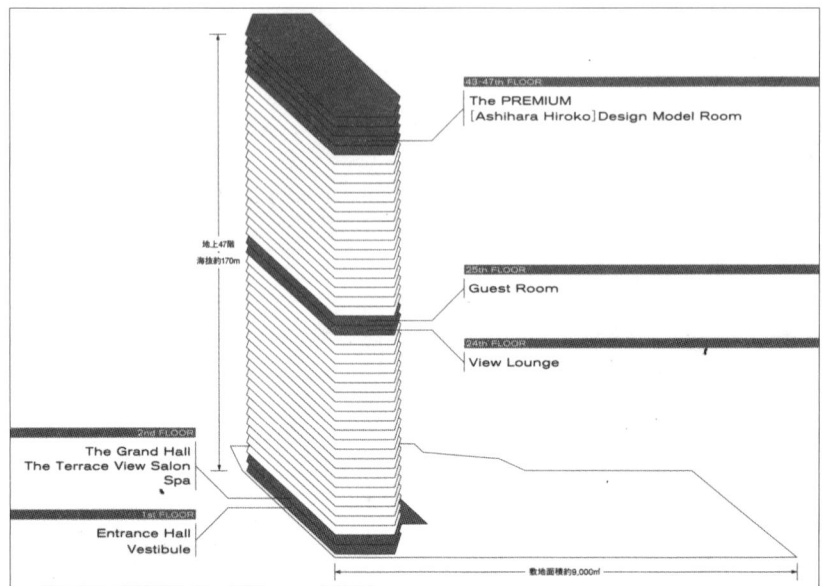

图 2a TAKANAWA 轴测图

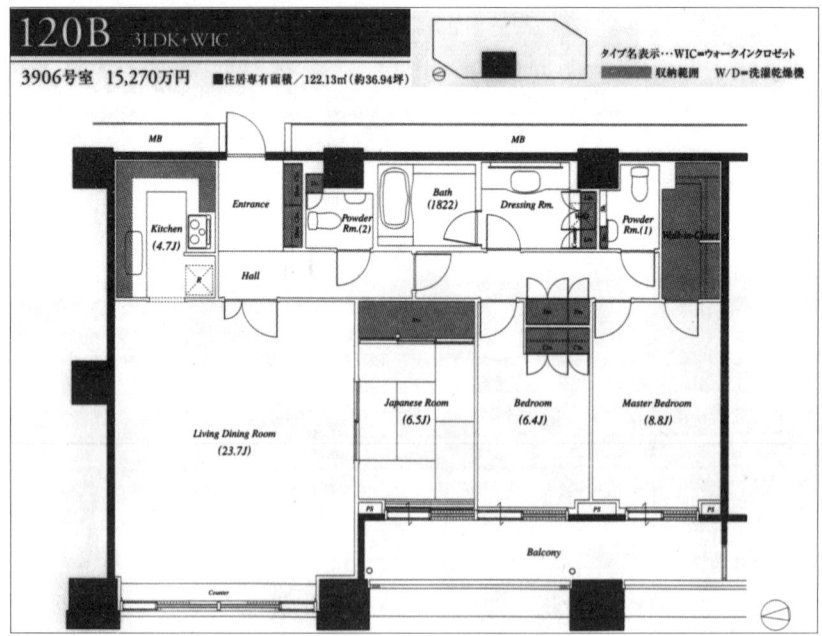

图 2b TAKANAWA 小户型平面

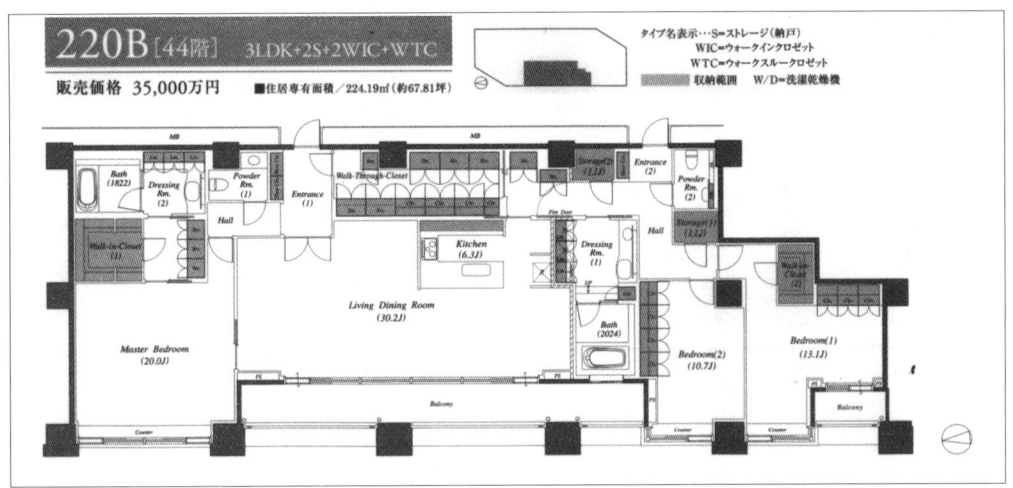

图 3 TAKANAWA 大户型平面

图 4 TAKANAWA 的内走廊　　图 5 TAKANAWA 的阳台，可以容纳一些公用设备

例，然后再逐条分析其具有的优点。

　　第一个实例是位于东京市中心区由大成建设和东京建物合作开发的 TAKANAWA 住宅项目。这个开发项目的主楼平面是一个矩形，其中一对对角各被削去了一部分。户型从 100m² 左右的小户型（图 2）到 200m² 左右的大户型（图 3）均有。无论大小户型，均围绕着中部的内走廊布置，从内走廊入户（图 4）。外侧无一例外是阳台，几近通长。阳

图 6 Brillia 多摩项目销售宣传资料

台属于半室内半室外的灰空间，里面可以设置一些需要设置在室外的公用设备（图 5）。

第二个实例是位于多摩市的 Brillia 多摩项目（图 6）。它也是东京建物开发的住宅项目。在它的销售样板间里面我们看到，它的阳台地板上有一个方形的金属盖板，据介绍这是一个通向楼下的安全逃生通道，紧急情况下可以进入楼下住户的阳台逃生（图 7）。同时，这个阳台和邻户阳台之间的分隔墙是采用轻质墙体隔开的，这同样是紧急情况下的安全疏散通道，很容易撞开（图 8）。我看到的时候，很是担心安全

图 7 Brillia 多摩项目阳台上的上下层之间的逃生口

防盗问题，询问项目销售人员以后，被告知这是政府的强制规定。都这样做了，也就不奇怪了。

现在我们可以看到，这种做法首先能够给居住在里面的人带来更多的接触户外的机会。位于一侧的（通长）阳台，既是家人亲近自然的空气、阳光、雨露、植栽等的场所，又是家人之间交流、活动的灰空间。这种空间可以缓解高层集合住宅给人，尤其是长时间待在家里的老人和家庭主妇带来的高空封闭感和心理孤独感 (图9)。而位于另一侧的公共走廊，如果是室外走廊，可以成为居民驻足、远眺的场所，

图8 Brillia 多摩项目阳台上的相邻两户之间的隔墙，紧急情况时可撞开逃生

图9 TAKANAWA 阳台上可以俯瞰东京市容

即使是内走廊，至少也是住户之间交流的公共空间，对促进邻里关系不无裨益。

其次，和单元式集合住宅比起来，外廊式的集合住宅可以有效地解决消防安全问题，为高空紧急疏散和救援提供有利的条件。公共走廊可以提供两个方向的紧急疏散通道，通长阳台又可以提供更长的高空救援面。同时阳台上户与户之间的紧急疏散口又可提供1~3个额外的紧急疏散口。这些措施都对有效地保障居民的人身安全具有非常有效的作用。

第三，双侧都是外廊或者阳台式的住宅，其建筑形体趋于简单。规则的形体既便于工业化生产与建造，提高效率、降低成本，又能够减小体形系数，节能、节材，同时也使室内空间规整方正，便于室内家具的布置和空间使用。规则的平、立面造型也减少了复杂的节点处理，减少了生产与安装方面的处理难度，当然也减少了发生失误的可能性。

第四，双侧外廊式住宅的大多数外墙退后成为非直接外墙，便于工业化外墙的施工与安装。根据日本的经验，这种情况下基本上可以取消脚手架，仅在外侧搭设安全防护网即可（图10）。这种安全防护网搭设非常简单，可以大大节省施工措施费，给开发商和购房者均带来直接的经济效益。

第五，同样基于上条中提到的原因，非直接外墙不再是直接面对风雨，对外墙的防水要求可以大大降低。对开发商来说，减小了外墙防水施工难度的同时，对住户来说，也避免了外墙渗漏带来的麻烦（图11）。据万科物业的统计，所有物业维修的质量问题中，外墙及外墙门窗渗漏方面的问题占50%以上。采用这种外廊式的住宅设计，可以有效地解决这个顽固困扰住户和开发商、物业公司的疑难杂症。同时，在外廊（或者阳台上）可以设置一些需要设置在室外的公用设备，外廊（或者阳台）可以减少风吹日晒雨淋给这些设备带来的损坏。

最后，这种一侧是公共走廊、一侧是阳台、户内功能空间分区设置的设计方式，可使住宅分区明确，便于公用设备管线集中设置，也便于后期的集中维护、更换和管理，同时也给后期住宅灵活变更室内居住空间的分隔形式带来方便，使住宅能够更好地适应家庭结构的代际变化和时代发展所带来的变化。同时，这种布局方式必然使住宅的进深较小（相对我国住宅而言），使户内的通风、采光均明显优于大进深的住宅，进而令住宅的居住品质更好（图12）。中国现在一味地追求大容积率而无限制地增

图 10a 工业化住宅施工中，顶部几层有金属防护网架，下面均设简易安全网

图 10b 工业化住宅施工中，下部设置的简易安全网

图 10c 工业化住宅施工中，工人在金属防护网架以内工作

图 10d 工业化住宅施工中，顶部金属防护网架

图 10e 工业化住宅施工中，顶部金属防护网架安装细部

图 11a ALC 非直接外墙内侧，角钢框固定，非常简单

图 11b ALC 非直接外墙固定用的扣件

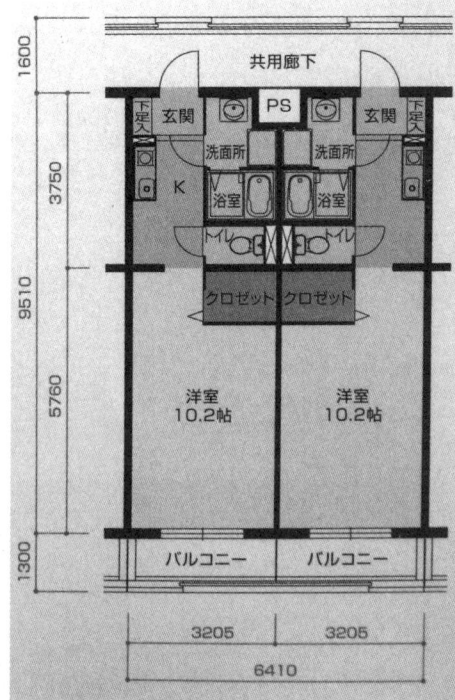

图 12 PALFLEX 集合住宅 – 小户型平面图

图 13a 外廊式住宅立面效果图 –Brillia Tower

图 13b 外廊式住宅立面效果图 –Brillia 代官山丘上之丘

大进深造成很多通风、采光均很差的房间的做法应该改变了。

当然，外廊式的集合住宅可能带来建筑立面的单一化，其对住区环境的贡献有一定程度的降低。但是，通过表面细节处理可以弱化这种影响（图 13），同时，中国的住户在从一次购房向二次购房转变的过程中，也会逐步变得理性，会从关注建筑的外观是不是够气派、够靓，逐步转向关注住宅的使用性能是不是更好、质量是不是更高、入住后的问题是不是更少。有朝一日，我们会有那么一类细分客户欢迎类似日本的这种外廊式工业化集合住宅的出现的。

本文发表于《住区》杂志 2007 年 3 期总第 25 期

何乐而不用干墙？

"干墙（Dry-Wall）系统"这个概念来源于新加坡（图1），它指的是采用干法施工的墙体，和现场湿作业完成的砌筑墙体相对。

砌筑墙体一般来讲是采用砖、砌块等块材用砌筑砂浆在现场砌筑而成，墙面再做抹灰和内外饰面。由于砌筑砂浆和抹灰砂浆均是在现场加水搅拌而成，整个墙体砌筑过程均是在湿环境下作业，故称之为湿作业。当然，不光是墙体，现浇梁、现浇柱、现浇楼板或现浇剪力墙等现浇混凝土作业也应该是湿作业。湿作业的核心问题在于现场的质量控制问题。

图1 新加坡政府宣传干墙的资料

首先，现场施工质量与人的因素密切相关。一是因为它和工人的"手艺"好坏有关系，传统的技术工人可以被称为"匠人"或"手工艺人"，手艺好的工人做出来的活，质量就好，手艺差的工人做出来的活，质量就差，况且，建筑工人多半是农民工，手艺水平本来就参差不齐，所以这个问题容易理解。二是因为它和工人的心情有关，和工人的责任心有关。即使是手艺好的工人，如果他今天心情不爽，责任心就会降低，施工质量就会下降。上述两个"人"的因素导致了现场施工质量的波动——即质量的不稳定性。

其次，现场的施工质量因粗放式的管理，过程控制不力，导致隐性质量问题较多。

从砌块之间的砌筑砂浆开始，人工进行砂浆配比可能会造成误差，人工砌筑时可能会造成粘贴砂浆的饱满度不均衡，人工抹灰可能会造成比较大的平整度误差等等，并且每一道工序都会将前一道工序覆盖掉，使质量检查变得非常困难，即使是有监理和质检部门不定时进行质量抽查，也必然造成隐性质量缺陷的大量存在。

最后，是一些客观原因。一是材料之间的相容性造成的质量问题，比如密封胶（防水材料、抹灰、油漆等）与基材不相容可能会造成密封防水失效与渗漏、面层脱落等等。比如螺栓、螺钉和基材不相容可能会造成电化腐蚀等等。二是因为天气原因对材料及施工质量造成影响，比如冬施期间因为加入防冻剂对混凝土造成质量影响，又比如梅雨天气对防水基层及防水层的施工造成的不良影响等等。三是材料本身的问题，比如某些不成熟的新型建材干缩性较大造成裂缝，又比如一些新材料耐候性能较差造成收缩、开裂、脱落等。

和现浇等现场湿作业类似的施工方式也包括了焊接。焊接的许多特点和现场湿作业类似，比如受制于"人"的因素，受制于"焊料"和钢材成分的相容性，受制于严寒，潮湿等天气因素。

和上述"湿作业"相对的是"干作业"。干作业能够或多或少地解决上述湿作业所带来的质量问题，下面我们来具体谈一下。

干作业不是说就没有了湿作业，而是将大部分的湿作业转移到了工厂里面做。同样是湿作业，难道转移到工厂里面去了就能保证质量了吗？答案是肯定的。

首先，工厂里面执行的是制造业的质量管理、控制体系，每一步都有确定的质量检测程序，且检测的手段和工具都比施工现场先进。残次品（住宅部品）很难通过质检而出厂。

其次，操作主体，即工人的素质不同，生活工作处境不同。与现场大量的农民工相比，工厂里面的是产业技术工人，这些工人基本上都接受了专业的技术培训，具有较好的生活保障和工作条件，工人的技术稳定性和人员稳定性从主观上保证了生产质量的稳定性。

第三，工厂里面优良的工作条件，包括设备、设施和场所，可以从客观上保证质量的稳定性。比如，在工厂里面混凝土构件可以采用蒸汽养护、水池养生，确保其强化所需要的条件。又比如，在工厂里除绣、喷漆，可以消除寒冷天气带来的质量问题，消除现场的工作缺陷。我在另外一篇文章《认识误区有几许？》里面提到了欧文斯·科宁的外墙板安装小配件以及YKK门窗密封条的粘贴方式都是非常好的实例：

……在中国现行条件下，工业化住宅要以技术手段来解决操作问题。曾经听到世界500强企业欧文斯·科宁曾经花费巨大代价研发过一种弹性套垫，垫在固定墙板的钉子下面，防止工人将钉子钉得过紧，损坏墙板。如果没有这种弹性套垫，工人就不一定能够控制得住钉钉子时的力度，也就不能保证墙板不被破坏。我也在YKKAP的工厂里面看到过一种操作工具，通过一种定位装置，即使是处于实习期的女工都可以分毫不差地将垫片粘贴在铝合金窗型材的特定部位。这都是以技术手段解决操作问题的成功案例。工业化技术应该保证每一个工人经过简单的培训就能借助工具保证产品的精度，从而保证产品质量的稳定性。同样的道理，这种原则也适用于我国的工业化住宅生产、建造的各个环节。

而对于焊接这种"湿作业"的方式，可以通过"工厂焊接"、现场用螺栓"装配"来解决。这和其他的预制构件、工厂化部品的生产制造、现场安装相同。

现在我们回过头来看看"干墙"到底是怎么做的。新加坡的干墙主要是轻钢龙骨石膏板的做法，而在韩国和日本等地还有一些采用ALC预制墙板的做法。这两种墙体都是在工厂预制，现场安装，没有现场湿作业，可以说是真正意义上的"干墙"。以下，我就以轻钢龙骨石膏板内墙为例来详细说明一下。

首先来看其在工厂的生产环节。其基本部品构件和主要建筑材料无外乎四种：一是骨架，二是蒙皮——石膏板，三是填充物——吸声棉和保温材料，四是表皮——墙纸（壁纸）。轻钢龙骨是工厂成型、工厂剪切、工厂预穿孔（包括螺栓孔和管线预留孔），在现场拼装成框架。框架龙骨的间距适合石膏板的标准尺寸。石膏板则完全是成品，现场通过螺钉、自攻螺钉安装，不合格的现场可用裁纸刀直接裁切。石膏板之间用专用嵌缝膏嵌缝即可。在石膏板和轻钢龙骨之间采用吸声棉和保温材料填充，可确保房间之间的隔声和保温隔热达到更高的标准。为了消除湿作业以及湿作业带来的质量问题，饰面层一律采用壁纸。整个生产加工与施工过程完全实现干作业。

从干墙的作业过程，我们可以看到它有诸多优点，它消除了湿作业导致问题的诸多不利因素，解决了传统湿作业导致的诸多质量问题。我们可以对照前面干湿作业的优缺点，自己分析一下就会明白，在此我不再赘言。那么对于行业内对干墙的一些误解或者困惑又应该如何解释呢？

首先，有人会认为这种干墙（轻钢龙骨石膏板内墙）的隔声性能不好。其实这完全是一种固有思维习惯的认知误区，通过隔声性能的设计，完全能够达到户内隔声的要求，甚至更高。在新加坡政府推广干墙的宣传片中，一个客户深有体会地说，婴儿在房间睡觉的时候，一定要开着房门，否则，婴儿啼哭的时候，妈妈在客厅会听不见。

其次，有人会认为石膏板怕水，容易受潮、遇水变形、损坏。其实，现在的防水石膏板完全能够解决防水的问题。而石膏板对于房间湿度的调节具有良好的作用。石膏板在房间湿度大的时候吸收湿气，在房间干燥的时候，又可以把水汽释放出来，所以石膏板内墙被誉为"会呼吸的内墙"。当然，对于石膏板用于浴室之类的场所，大家还是有所顾虑，为了考虑住户的接受能力，在新加坡干墙的推广也是分为三步来走的。第一步，干墙先用于户内隔墙，但不用于厨房、卫生间的地方，也不用于分户墙和户内空间与公共空间之间的分隔墙。第二步，在大家对于干墙的隔声、保温隔热有了一定的接受程度之后，开始用于分户墙和户内空间与公共空间之间的分隔墙。第三步，才在厨房、卫生间部位采用。

最后，大家也许会认为这种干墙会很贵，这是基于国内工人成本较低，工程质量较差，住宅性能较低的现状而言的，其实这也是惯性思维。因为干墙减少了厚度，增加了使用面积的同时也减轻了自重，另一方面提高了施工效率的同时也提高了施工的质量，且不用说减少了后期的使用维护费用，在前期的投入方面也不比传统的砌筑墙体高（表1）。关于效率，新加坡政府在他们的宣传资料上有这么一个计算指标，可以供我们参考（图2）。

我们曾经和拉法基公司合作，在上海万科新里程的工业化住宅内做了干墙的试点工程，在做前期研究的时候，拉法基以他们曾经做过的一个实际的住宅工程项目为例给我们算了这样一笔账：

项目层数：28层

建筑面积：20,020m^2

标准层平面如图3所示：

浅色墙体部分表示原有的砌块墙做法为：150mm厚加气混凝土砌块砌筑，加面层总厚度为190mm，每平方米重量为140kg，可以替换为拉法基LP50-201轻钢龙骨石膏

各种隔墙系统的性能指标(数据由拉法基公司提供)　　　　　表1

隔墙系统名称	厚度(mm)	重量(kg/m²)	耐火极限(h)	计权隔声量(dB)	热阻(m²k/w)	施工工日(工日/100m²)
120砖墙	160	240	3	47.5	0.204	51.7
150厚加气砼砌块墙	190	140	5.75	44	0.487	51.9
190厚轻骨料混凝土空心砌块墙	230	216	3.5	54	0.412	56.4
拉法基LP50-201：50龙骨@600双面双层12纸面石膏板	98	42	≥1	≥40	0.326	9~10
拉法基LP75-202：75龙骨@600双面双层12厚纸面石膏板 25mm厚玻璃棉，容重20kg/m³	123	43	≥1	47.5	0.826	10~11
拉法基LP75-201：75龙骨@600双面双层12厚纸面石膏板	123	42	≥1	46.7	0.326	9~10

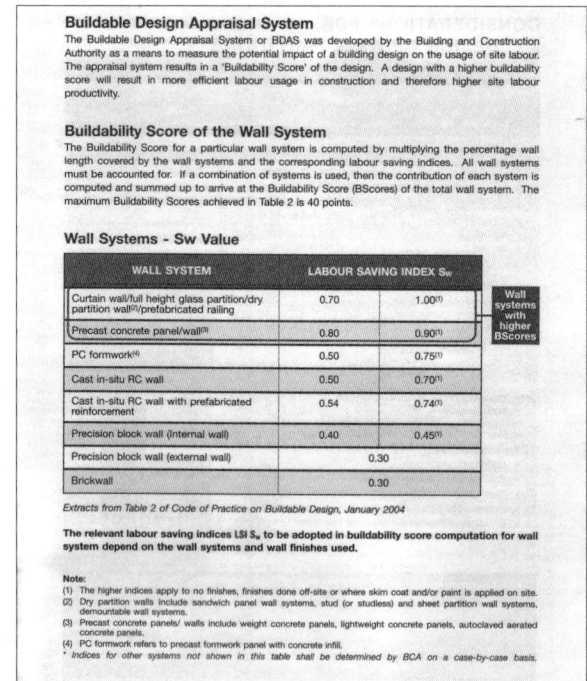

图2　各种隔墙系统的Sw指标(数据来源于新加坡政府提供的资料)

板隔墙系统(图4)，总厚度为98mm，每平方米重量为42kg。

深色墙体部分表示原有的砌块墙做法为：190mm厚轻钢龙骨材料混凝土空心砌块，加面层总厚度为230mm，每平方米重量为216kg，可以替换为拉法基LP75-201轻钢龙骨石膏板隔墙系统(图5)，总厚度为123mm，每平方米重量为43kg。

浅色墙体部分替换之后可以增加室内使用面积100.8m²，减少自重292,880kg，深色墙体部分替换之后可以增加室内面积134.4m²，减少自重615,216kg。二者总计可以增加使用面积

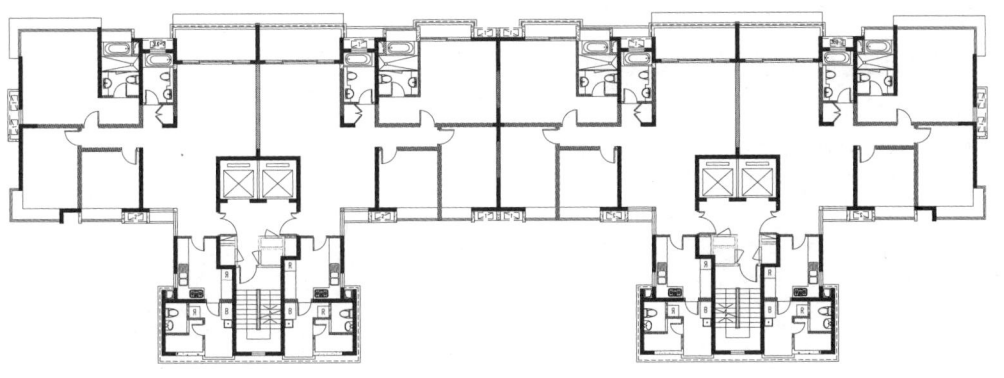

图 3 标准层平面

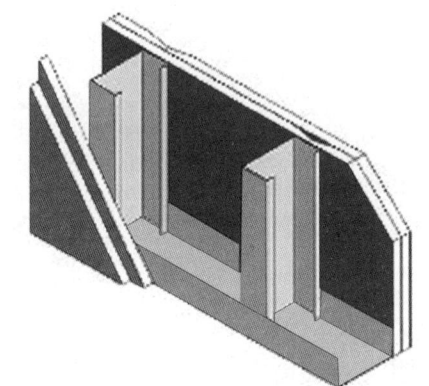

图 4 拉法基 LP50-201 轻钢龙骨石膏板隔墙系统

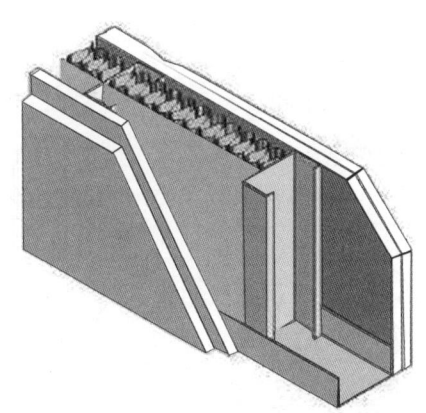

图 5 拉法基 LP75-201 轻钢龙骨石膏板隔墙系统

235.2m²，以每平方米使用面积价值 1 万元计，可以增加 235 万元的价值。二者总计减少自重将近 1000 吨，由此可减少建筑结构等土建造价的 3%～5%，节约大约 32 万元。而隔墙替换的成本仅增加了 26 万元。可以带来的成本节约和价值提升是非常可观的。除此以外，全部干墙的施工可以较砌块墙的施工节省 3129 个工日，大大缩短了工期，带来巨大的资金运营效益。

既然干墙有这么多优点，那么我们何乐而不用呢？

本文发表于《住区》杂志 2008 年 2 期总 30 期

何乐而不用干墙（续）
——汶川地震后看建筑隔墙的抗震问题

楚先锋　万科集团建筑研究中心
苏　加　上海拉法基石膏建材有限公司

一、概述

建筑隔墙通常作为建筑的非结构构件，主要作用是对建筑进行外部围护和内部房间分隔，目前我国广泛使用的填充墙有两种：砌块类（实心砖、多孔砖、空心砖、混凝土砌块等）和墙板类（轻钢龙骨石膏板、ALC板、纤维水泥板等）。其中，轻钢龙骨石膏板隔墙就是我们在《何乐而不用干墙》一文中提到的质轻、有弹性的干墙。

汶川"5.12"地震之后，拉法基公司的部分国内、国外专家到汶川进行了实地调研。调研结果表明，建筑隔墙的抗震不可轻视，其设置不当也会造成房屋倒塌。

地震后，甘肃文县碧口镇几乎百分之百的房屋倒塌或被损毁而无法居住，然而在碧口镇窦家坝村，有一栋两层民房却屹立不动，除了轻微的墙壁裂纹，这栋砖木结构的民房与往常无异（图1）。甘肃省地震局应急处有关人员对它进行了详细考察。据了解，该房屋在1998年建造时没有过多考虑抗震功能，也不是什么框架结构，就是普通的砖木结构房屋。与其他房屋不同的是，房顶仅以木椽青瓦覆盖，质轻。一楼完全用优质实心砖，二楼用的空心砖；而各间房间之间的间隔并非砌以砖墙，而是用木质材料隔开。据分析，是木质材料的弹性起到缓冲作用救了这栋民房："可能木质材料比较有弹性吧，不像砖墙那样缺乏缓冲"。

所以，对于常常处于建筑和结构专业"灰色地带"的建筑隔墙抗震，不可轻视。本文将结合震害进行分析，提供解决办法，供设计人员参考。

图 1 被媒体宣称的"甘肃最牛民房",震后独存(图片来源于搜狐新闻网 http://news.sohu.com/)

二、汶川地震灾害分析

根据调查分析,汶川地震灾害的破坏形式分为如下几种:

1. 建筑整体扭转破坏

震害发生原因是建筑平面质量中心和刚度中心不重合,没在同一竖线上,建筑在水平地震作用下,整体发生扭转破坏,甚至倒塌(图2)。抗震要求建筑隔墙平面布置均匀对称(成为规则建筑),质量中心和刚度中心重合,且处于同一竖线上。但建筑功能需求和抗震要求经常会发生矛盾,建筑隔墙平面布置不均匀、不对称(形成不规则建筑)。而干墙的使用为这个问题提供了可行的解决办法,即:主体结构和刚性隔墙(每层都在相同部位的砌块类永久性隔墙)严格按照抗震要求进行布置,避免扭转破坏,满足抗震要求;其余隔墙采用干墙,满足建筑功能需求(图3)。

2. 薄弱层破坏

震害发生原因是建筑刚性隔墙上下布置不连续(图4~图6),出现薄弱层导致刚度突变。在地震作用下建筑薄弱层柱子承受了较大的竖向荷载,出现塑性变形后产生较大位移,从而加速柱子的破坏,造成整幢房屋倒塌(图7)。抗震要求建筑刚性隔墙布置应上下均匀,避免出现薄弱层。出现这种问题的原因同样是建筑功能需求和抗震要求之间有矛盾,尤其临街商住楼多采用底部框架结构,底部容易出现薄弱层。解决办法是上部主体采用干墙减轻建筑的总荷载,或对薄弱层进行加固处理(抗震墙,支撑等)。

图2 建筑扭转破坏模型

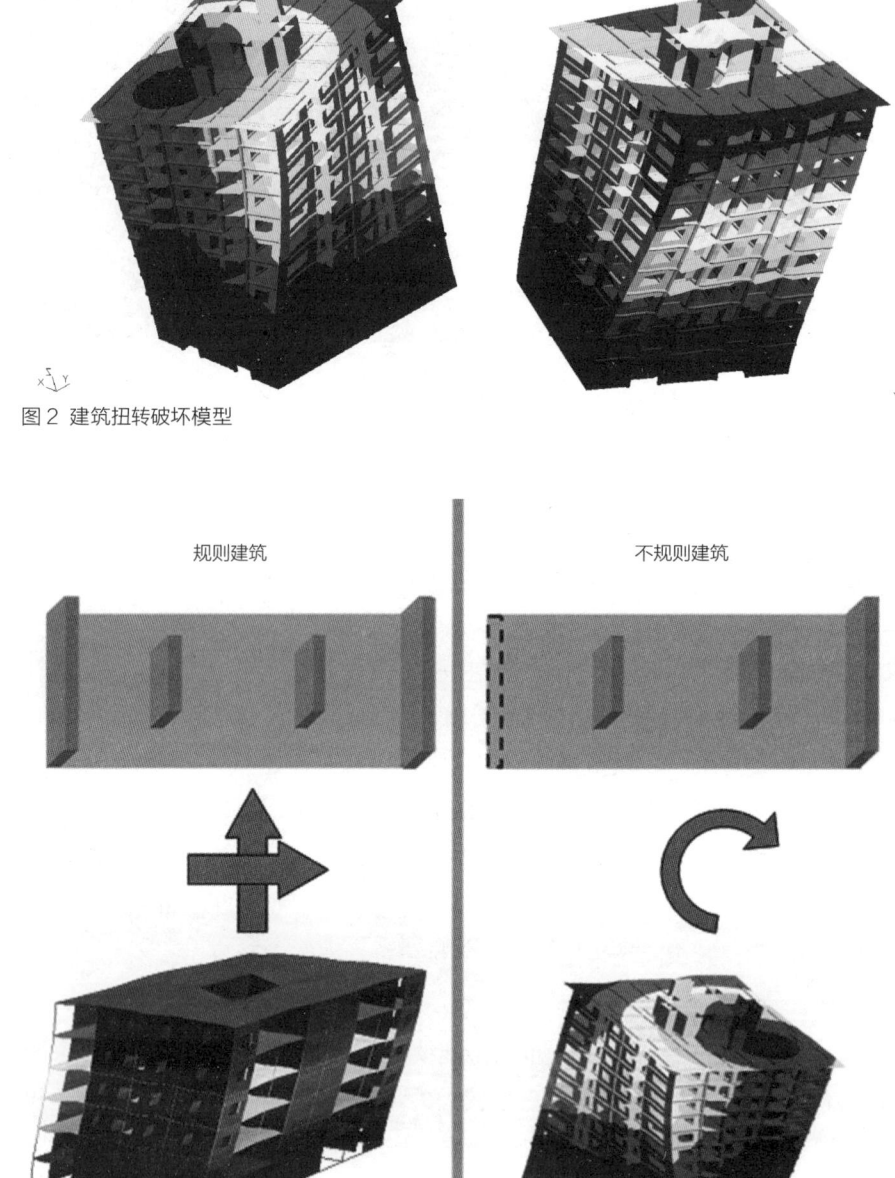

图3 规则建筑与不规则建筑在地震力作用下的不同变形模型

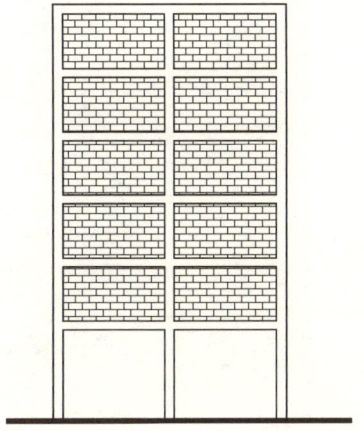
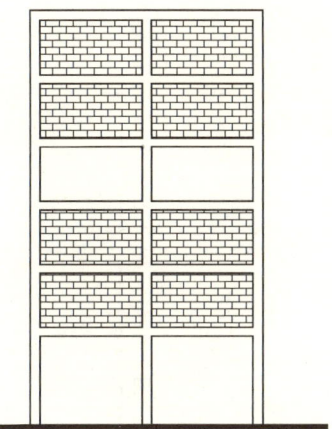

图 4 底层为结构薄弱层　　　　　　　　　图 5 多个结构薄弱层

图 6 薄弱底层柱子塑性铰（图片来源于都江堰地震现场）　图 7 薄弱层导致倒塌（图片来源于都江堰地震现场）

3. 短柱破坏

震害发生原因是墙体与柱子刚性连接，对柱子形成约束，改变了结构模型和破坏形态（图 8～图 10）。地震时，支撑楼层的柱子发生脆性短柱破坏，会造成楼层突然倒塌（图 11、图 12）。抗震要求采用轻质板墙或与柱柔性连接的预制墙板，不应采用砌体类刚性墙体。

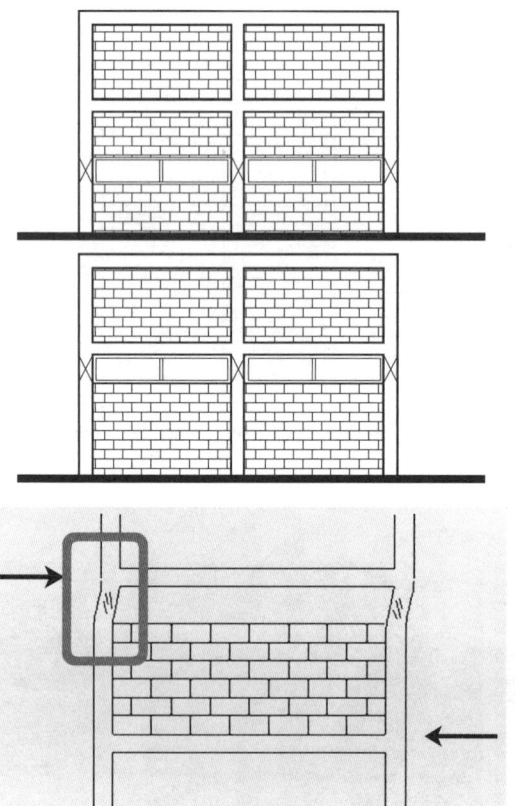

图 8～图 10 引起短柱破坏的原因是局部的刚性墙体对柱子产生了约束，短柱破坏部位通常在门窗洞口处

图 11、图 12 短柱破坏，引起倒塌

图 13、图 14 砌块填充墙破坏（图片来源于都江堰地震现场）

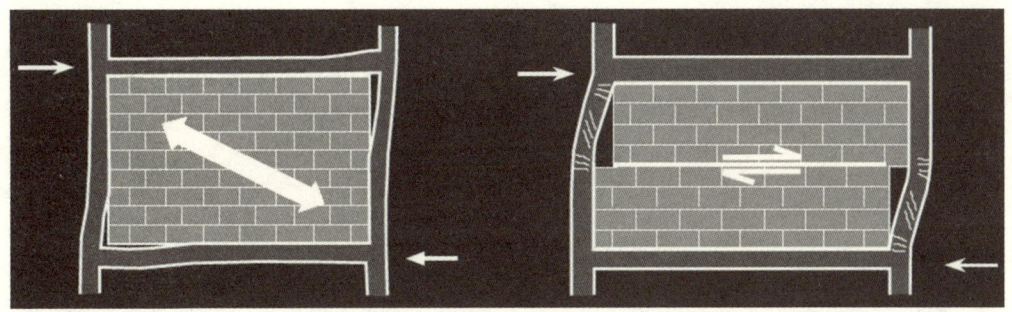

图 15 填充墙对结构的破坏示意图

4. 隔墙破坏

震害发生的原因是砌块类隔墙刚度大，变形能力差，无法与主体结构层间变形协调。地震时自身发生破坏，甚至坍塌（图13、图14）。地震中不少人员的死伤就是因砌块类隔墙倒塌造成，尽管主体结构没有倒塌。抗震要求墙体与主体结构应有可靠的拉结，应能适应主体结构不同方向的层间位移。解决办法是采用延性好的干墙（石膏板墙、木板墙等，"甘肃最牛民房"就是一个实例），或者，采用砌块类墙体时，应与柱脱开或柔性连接，并应采取措施使墙体稳定。

5. 隔墙破坏结构

除了上述地震灾害原因，砖墙、砌块填充墙还会对结构本身造成损害。因为砖墙、砌块填充墙的刚度大，在地震时会对梁柱结构产生挤压作用，承重结构的混凝土破裂，就可能导致房屋倒塌（图15、图16）。

三、隔墙抗震性分析

从上面的分析中我们可以看到，干墙在建筑抗震设计中：

1. 质轻，能减少建筑总荷载，减小薄弱层破坏。因为建筑物抗震的两大要素是重量和结构，地震时庞大的自重和惯性一旦和地面运动形成相对运动，就会瞬间变成废墟。因此，干墙减少了建筑的重量，就是减少了破坏建筑物的重要因素（图17）。

图 16 填充墙对结构的破坏（图片来源于都江堰地震现场）

第二章 产业化

2. 柔性好，非结构性石膏板和其余结构并不产生相互作用，能减小对结构主体的破坏，减少短柱破坏和隔墙破坏。柔性墙体采用铰接、滑动支座连接，震动和扭曲不会使墙体倾倒（图18），地震中可以挽救更多的生命，震后可以迅速实现修复和加固（图19）。

3. 布置灵活，能和砌块类填充墙配合使用达到平衡建筑刚度分布，减少建筑扭转破坏的效果。

在拉法基的专业实验室内，通过对砌块墙和石膏板墙在小震（多遇地震）和大震

图17 建筑隔墙重量对比：150mm 厚加气混凝土砌块墙系统重量 140kg/m^2，石膏板隔墙系统重量 43kg/m^2

图18 柔性墙体采用铰接、滑动支座连接，震动和扭曲不会使墙体倾倒

图19 非结构性石膏板和其余结构并不产生相互作用

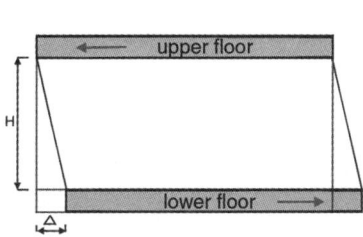

图 20 拉法基的实验室内对砌块墙和石膏板墙在地震状态下进行模拟测试的示意图

图 21 小震时砌块墙局部破坏,石膏板墙无破坏

图 22 大震时砌块墙突然倒塌破坏,石膏板墙局部破坏,没有倒塌

（罕遇地震）时进行模拟测试（图20）发现：

小震时，砌块墙局部开裂，变形小，没有倒塌；而石膏板墙无开裂，变形稍大，没有倒塌（图21）。

大震时，砌块墙发生突然倒塌破坏；石膏板墙局部掉板，龙骨变形，没有倒塌（图22）。

通过以上对比测试不难发现，干墙的抗震性能优于砌块类隔墙。研究人员分析其原因发现这主要是因为：砌块类隔墙由于刚度大、变形差、与主体结构变形不协调，在地震作用下易发生结构因扭转、薄弱层、短柱等原因的破坏，形成震害，不利于"大震不倒"的抗震要求。石膏板隔墙由于重量轻、延性好、与主体结构变形协调，有效减轻结构地震作用力以及扭转、薄弱层、短柱震害，大大有利于达到"大震不倒"的抗震要求。

综上所述，建筑隔墙抗震不可轻视，否则会造成人身财产的巨大损失。不论从墙体本身，还是从与主体结构的关系来看，干墙抗震性能优于砌块类隔墙。采用干墙不但能够满足抗震的要求，而且能够通过灵活的布置满足建筑功能的要求。

故此，何乐而不用干墙？

本文发表于《住区》杂志2008年4期总第32期

二子开店——造汽车与造房子

　　像造汽车一样造房子既是二战后一些建筑师出于社会责任而提出的理想住宅建筑模式，也是像丰田房屋之类的厂家（建造商）所身体力行的筑屋理念。万科出于提高住宅质量、提高建设速度的目的，也于2004年提出了工厂化住宅的概念，并确定了工厂化住宅的发展方向同样是——"像造汽车一样造房子"。

　　造工厂化的房子和造汽车有何相同又有何不同呢？对于一个房地产企业而言，又应该向汽车制造企业学习什么呢？像丰田公司既有丰田汽车又有丰田房屋，其内部生产与管理模式的互通应该不成问题，但是对万科这样一个从未涉足汽车制造的企业，又该如何从汽车制造业来汲取经验呢？

　　和丰田公司合作，学习丰田公司的经验自不必说，但是丰田公司和国内其他汽车制造商的情况相同吗？我们不妨来看一下中华汽车制造商的情况。本人在1998~1999年中华汽车厂设计与建造期间曾作为驻现场的设计师全程参与了整个汽车厂的设计与建造。期间，为了本项目的设计曾考察了一汽大众、上海通用、丹东曙光、沈阳金杯等汽车制造厂，对汽车制造的生产流程有了初步的了解。同时，通过和中华汽车的产品设计团队和生产线设计团队的合作，对汽车制造的整个过程有了全面的认识。

　　总的来说，所有国内的汽车制造厂不外乎是一个汽车组装厂，它仅仅是将各种零部件组装起来而已，除了两样东西：一是车身外壳，二是车架。车身外壳是由成卷的钢板（卷钢）在冲压车间内经过模具冲压成型的，而车架是由各种型钢在焊接车间内通过焊接成型的，然后车身外壳和车架会被组装在一起送进涂装车间进行喷漆。喷漆

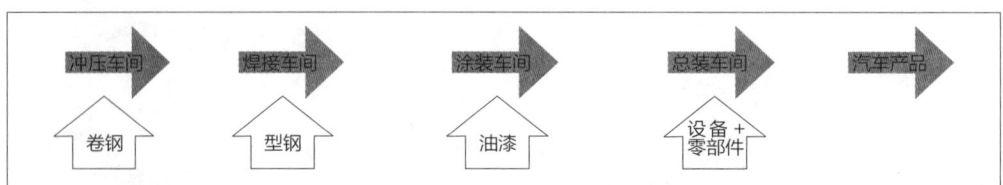

图1 汽车制造的生产流程

工艺的优劣直接决定了汽车车身的外观观感，是很重要的一环。最后喷漆后的整个车身被送进总装车间，在这里进行最复杂的装配工序，各种设备、零部件包括发动机和安装控制系统等被一一安装就位，并进行不同的内装饰。最后，对各设备系统进行测试后下线。

现在我们总结一下，汽车制造的生产流程不外四个大的步骤，并分别在四大车间内完成（图1）。

在这个过程中，只有车身外壳和车架是在本厂内由原材料制造成部件的，其他的设备和零件均是从其他上游制造供应商处采购而来的，可以说没有什么核心技术。比如比较核心的发动机可以是丰田的，也可以是三菱的，但并不影响最后的汽车是中华牌的。将中华牌的汽车和其他牌子的汽车区别开来的是它的整体性能以及外观、空间尺度等，而不是其组成的任何一个零部件，当然最终用户也关心它的关键零部件，如发动机、ABS系统、空调系统、音响系统等。这和丰田汽车就有了一个区别，丰田汽车的发动机是自己的专利技术，其性能是丰田汽车的重要性标志之一。

我们再来说一下中华汽车厂的设计与建造过程。当时，设计团队是由位于时尚设计之都意大利都灵的汽车产品设计小组、位于德国的涂装工艺设计小组为主，冲压、焊接和装配工艺设计、建筑设计为辅来完成的（图2）。汽车产品设计负责的是外观设计和技术集成设计，它决定了客户层面关注的问题外观造型、空间尺度、汽车的各

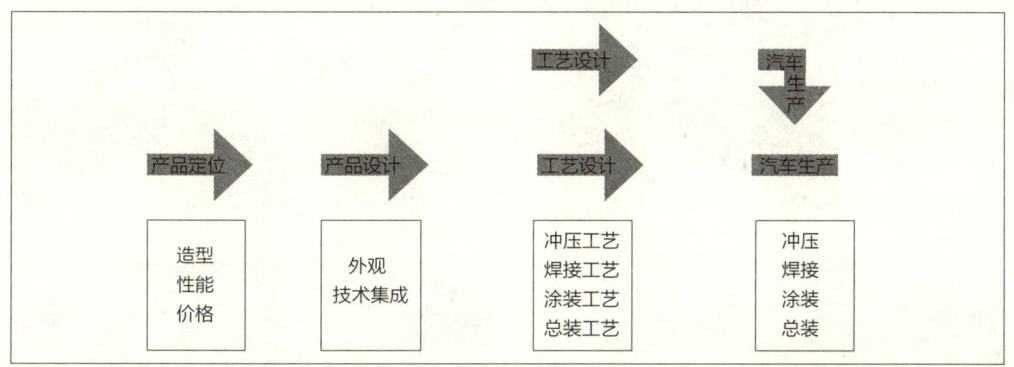

图 2a 汽车产品设计与生产环节

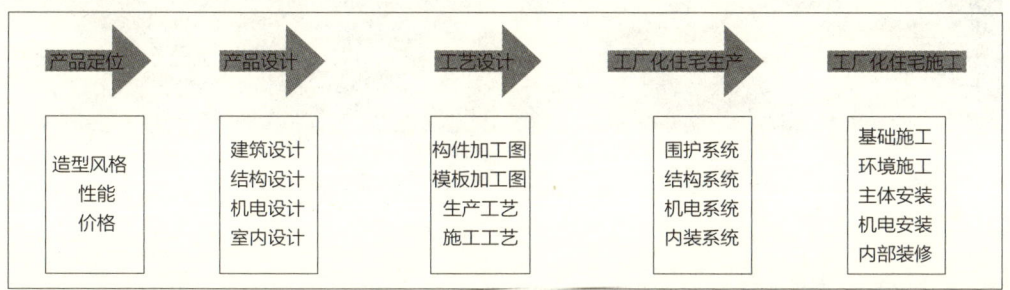

图 2b 工厂化住宅产品设计与生产环节

种性能指标。而四大工艺的设计（图 3）决定了生产线如何高效地将汽车生产出来，其中涂装工艺对汽车的最终外观质感起决定性的作用。

我们发现，将汽车拆开来看，每一个零部件和设备都不是汽车厂应该掌握的核心技术，从其他供应商处均可以购买到。而这种将各种零部件和设备组合起来的能力才是至关重要的。将什么样的设备和零部件组合起来以及如何组合这些设备和零部件决定了最终的汽车是 A 品牌而不是 B 品牌。

第二章 产业化

冲压车间

焊接车间

涂装车间

总装车间

图 3 汽车生产车间

　　终于说完了汽车，我们再来说一下住宅。传统的住宅是由各种原材料、部品、构件、设备在现场施工安装而成的，其中的工厂化部品是很少的，技术设计与建造均是开放的体系，它们均不构成住宅开发企业的核心能力。万科的住宅本身之所以不同于其他开发商的住宅，在于它们的户型设计、外观造型和住宅性能，可以将其统称为产品设计（不包含规划、环境、区位及物业等软件）。

　　在传统的建造方式下，住宅的产品设计可以被其他的开发商模仿，但是在用户的心目中，很难认同两个开发商造出来的、产品设计相同的住宅是完全相同的。因为用户对开发商的操作水平以及其质量保障机制是默认为不同的。这可以说是住宅开发企业的核心竞争力吧！

那么在工厂化住宅建造的时代呢？我们可以将其和汽车制造来进行对比。第一步，仍然是产品设计阶段。产品设计是基于客户和市场需求，为了满足使用者对产品、功能（性能）和美观（造型）的需求而进行的设计。虽然设计考虑产品的性能和造型，但其所依据的原则需要包含制造技术对产品设计的约束条件，可以说产品设计过程中隐含的既有市场原则也有技术原则。对住宅产品的设计来讲，除了上述内容，产品设计还包含规划与景观设计，这和汽车产品设计是不同的，因为住宅是不动产，而汽车是可移动的工具。第一步最终的成果是产品方案设计图纸，而其图纸的内容和汽车产品设计是不同的。汽车的产品设计已经包含了技术集成在里面，原因是汽车零部件生产的产业化程度较高，产品设计的过程已经完成了技术集成的设计。进入第二步的工艺设计之后，汽车产品的工艺设计实际是生产线的工艺设计，工艺要解决的是如何将各种零部件拼装组合在一起。正如我们前面所述的四大生产车间内的工艺流程。而住宅产品进入设计之前，以目前的住宅产业化水平是不可能完成技术的集成设计的。其进入工艺设计阶段之后需要完成的第一个工作就是将产品方案图转化为可工厂加工的构件加工图。在这个过程中，会将施工流程结合进来形成施工安装的工艺流程图。在汽车生产的工艺设计中也有一部分的构件加工图，如车身和车架的工艺加工图。若汽车厂将车身与车架也委托专业厂家生产，那么它连这部分工艺图也不需要了。

第三步是安装阶段。房子的组装与汽车的组装，差别之处仅在于一个是在现场，一个是在流水线上。

现在回过头来看看，住宅生产的整个过程中，哪些是住宅开发商（而不是住宅制造商）应掌握的核心技术、应具有的核心能力？和传统住宅开发一样，基于市场和客户需求的产品功能（性能）和外观（造型）设计，很容易被其他开发商模仿、抄袭，它不是我们的核心能力。产品设计到工艺设计的转换是生产商（住宅制造商）应掌握的纯技术问题，它不应成为开发商应具备的核心能力，至少现在我们不具有这种能力，也没有打算涉足制造业。那么最后的组装呢？在部品构件生产完成后，根据安装工艺流程进行现场安装是一种容易掌握的技术能力，它也不应成为我们的核心能力。

那么，房地产开发商在工厂化住宅的产业链中应该处于一个什么样的位置，具备什么样的核心能力呢？尤其在工厂化住宅制造商提供交钥匙工程后，在万科的小区里面和其他开发商的小区里面长着的都是"美建"牌的轻钢结构住宅或"中威"牌的预制混凝土结构住宅，难道开发商只能蜕变为地产商或房地产配套及环境开发商？做做小区规划、做做小区环境、做做配套设施开发、最后做做销售？那么若地段相似，产品完全相同的情况下，业主为何非要买你的房子呢？

回过头来，产品设计是我们完成的，它基于客户和市场需要，是原创的，但是你交给一个提供交钥匙工程的制造商去生产，如果我们不完全掌握工艺技术，又如何保证它不将最终的产品卖给其他开发商呢？而我们如果向汽车厂学习一下，我们掌握部分工艺部品构件的拆分与连接技术，从而可以将产品方案拆分成各类不同的部品构件，委托不同的专业厂家进行生产，然后再由自己培养的安装（施工）企业进行安装（施工）。这样，别的开发商能够模仿的只有产品的外观设计，对建造设计及最终的产品性能则无法把握。房地产开发商和汽车制造商是何其的相似呀！大家的核心能力都是工业化的产品设计及组装能力，而不涉及部品构件的生产能力。

我了解到美国帕尔迪公司正是这样做的。它的工业化住宅的结构体系是开放的，部品构件的生产绝大部分是社会化的，但部品构件是专利性质的，它委托专业厂家生产制造，但专业厂家受约束不能将这种专利产品出售给其他开发商。也就是说，其他的开发商可以采用帕尔迪的住宅结构体系，可以在市场上购买到 PLUTE HOMES 住宅使用的部品构件，但就是掌握不了如何将这些东西组合在一起的核心技术连接节点构造设计，也购买不到将这些东西连接在一起的专利部品构件，而这正是它住宅的性能优于其他开发商的住宅产品的关键所在。

从以上论述可以看出，房地产开发商进行工厂化住宅的开发必须具备的核心技术能力有三个：一是对客户和市场需求的把握能力，据此来完成住宅的产品设计；二是将产品方案拆分成工厂化住宅部品与构件的工艺设计能力，掌握其拆分与组合的连接节点构造，据此来形成自己的专利技术和专利产品；三是培养自己或专用安装企业的施工安装能力，来保证最终产品的组装效果，这可以说是半涉足了安装业。对于我们来说，在工厂化的时代背景下，房地产开发商如何在不涉足住宅制造业和住宅施工与安装业的情况下还能保持自己的竞争优势，确实是一个非常重要的课题。

本文发表于《万科》员工版 2005 年 11 月总第 19 期

预制混凝土结构的效益评价及其在我国的发展

张季超　王慧英　楚先锋　刘晓东　林奉军　于文成

预制混凝土结构的初步运用阶段是从预制构件开始的，1891年巴黎公司Ed. coignet 在 Biarritz 的俱乐部建筑中率先使用了预制混凝土梁。20世纪初，美国、德国等西方国家，开始建造由预制混凝土构件组成的结构。第二次世界大战结束之后，由于战争的破坏，急需建造大量建筑物，促使预制混凝土结构以其施工速度快、建设工期短、产品质量高，并能节约大量劳动力等优点长期处于发展和应用阶段，在工程领域中发挥着较大的作用。

一、预制混凝土结构的建造和效益评价

预制混凝土结构的建造方法，简单说来，就是用起重机及其他运载施工机械将工厂化生产的预制混凝土构件（如梁、板、柱）进行组合安装的一种快速施工技术。其施工分为两个阶段：第一阶段在工厂制作预制构件，第二阶段在现场安装。预制混凝土结构的建造工序为：设计、制作、运输、安装、装饰等。

1. 预制混凝土技术的经济优势

1.1 混凝土预制产品在工厂控制条件下生产，质量保证率高

与传统的建筑工地现场浇筑混凝土工艺相比，工厂化生产劳动效率高，生产环境稳定。由于构件的定型化和标准化，预制构件比用其他施工方法生产的等效构件可节省较多的材料和人工，且产品按既定标准严格检验出厂，故质量保证率高。

位于美国夏威夷檀香山的阿拉莫那旅馆，是一座38层的全预制的混凝土建筑，

其楼板的整体厚度为 152mm，包括 63mm 厚的预制预应力混凝土底板和 89mm 厚的现浇叠合面层。若使用现场浇筑混凝土结构，按照楼面荷载和跨度计算，楼板厚度要达到 229mm。由于该建筑总体采用预制混凝土结构，楼板采用预应力混凝土叠合结构，仅楼盖结构就节省 2900mm[注:(229-152)×38 层 =2926mm] 厚的混凝土，不仅减轻了结构自重，还节约柱、梁、抗震墙和基础支撑体系的费用。

1.2 建造速度快，对周围的工作和生活影响小

预制构件制作完成后，先临时存放，然后直接运到施工现场安装，可以缓解现场施工场地紧张的压力，方便快捷。对于闹市区的百货公司、停车场、过街天桥这类工期紧、施工文明要求高的工程，尤其适用。预制构件可在非交通高峰时刻运输，如午夜车少的时候，可有效减少对周围工作和生活的影响。如在洪都拉斯 San Pedro Sula 市 Bufalo 工业园区建造的预制预应力混凝土悬索人行桥，桥中央的桥塔由两根柱支撑，主跨的预制桥面板和梁采用预制结构，整座桥的组合安装仅用时一个星期，而且施工过程中始终保证有两个逆向的车道通行。

1.3 使用材料、人工少，投资回收快

国外大量工程实例表明，采用预制混凝土结构代替现浇混凝土结构可以节约 50% 的混凝土和 40% 的钢筋。据欧洲国家统计，按传统建筑方法，每平方米建筑面积可节约人工 25%~30%，降低造价 10%~15%，缩短工期约 50% 左右。另外，预制混凝土结构由于减少了现浇混凝土结构的支模、拆模和混凝土养护等时间，施工速度大大加快。从而缩短了贷款建设的还贷时间，缩短了投资回收周期，减少了整体成本投入，具有明显的经济效益。澳大利亚悉尼有一栋 13 层的楼房，上部结构均采用预制构件，梁柱接头采用的是预埋件焊接方法，柱与柱接头采用预应力钢筋连接（即通过施加预应力使柱与柱连接紧密），采用预制的楼板和墙板，基础采用预制桩基础，仅承台和基础用现浇混凝土施工，其全部施工工期仅用了三个月。

2. 预制混凝土技术的环境效益

2.1 建筑材料的节约可减少环境污染

建筑材料（如水泥、石子、砂子、钢材、木材等）的节约不仅降低了采矿、加工和处理过程中的能耗，而且也由于能耗的降低而减轻了空气的污染。实验表明，生产一吨水泥大约有一吨的 CO_2 会释放到大气中。另外，节省建筑材料不仅节约了自然

资源，也节约了能源，这种节约一直贯穿在建筑材料的开发、生产、运输和安装的全过程中。例如在现浇混凝土结构施工中，临时支撑、脚手架、模板等会耗费掉大量的木材、钢材。

2.2 施工技术的革新有利于工厂化生产

采用预制及半预制混凝土结构，将减少现浇混凝土作业，结构构件和建筑构件实行工厂化生产，还可以将装修和设计、施工一体化，有利于环境保护和减少施工扰民。

2.3 建筑自重的减轻，有利于结构防震

通过预制混凝土技术可建造轻质高强的抗震结构，使结构自重减轻，可以减少灾后救援和灾后重建的能源消耗，有利于生态系统和环境的保护。目前预制混凝土结构经过国内外大量的工程研究和实验，已经达到了对任何常用的框架，都可以采用拼装预制构件的做法来建造具有抗震能力的整体结构，从而解决了预制混凝土结构在抗震区建造的难题，有助于预制混凝土结构的推广应用。

二、预制混凝土结构在我国的发展

1. 我国预制混凝土结构的应用现状

我国预制混凝土结构的应用起于20世纪50年代，借鉴苏联的经验，在全国建筑生产企业推行标准化、工厂化和机械化，发展预制构件和预制装配建筑。从20世纪60年代初到80年代中期，预制混凝土构件生产经历了研究、快速发展、使用、发展停滞等阶段，到20世纪80年代末，全国已有数万家预制混凝土构件厂，全国预制混凝土年产量达2500万 m^3。20世纪80年代初期，建筑业曾经开发了一系列新工艺，如大板、升板体系、南斯拉夫体系、预制装配式框架体系等，但在进行了这些有益的实践之后，均未有大规模的推广。究其原因，主要有以下方面：(1) 在建筑高度、建筑形式、建筑功能要求等方面有较大的局限；(2) 受到当时的经济条件制约，建筑机具设备和运输工具落后，运输道路狭窄，无法满足相应的工艺要求，(3) 受技术水平的限制，体系及构件接头处理不善，极易造成漏水，影响正常使用；(4) 节点构造复杂，受力可靠性差，尤其在地震设防区对结构产生较大的影响，如唐山大地震时，大量砖混结构遭到破坏使人们对预制混凝土楼板的应用更加保守；(5) 劳动力价格低廉，自20世纪80年代初期我国改革开放后，农村大量劳动者涌向城市，由于这些劳动者未经过专门技术训练,大部分投入了建筑工地,从事劳动强度大、收入低的现场浇筑混凝土结构施工,从而使得需要有一定技术难度的预制混凝土结构发展停滞。总之,这些客观的技术经济条件严重阻碍了预制混凝土结构在我国的发展。

目前,我国大部分地区,尤其有抗震设防要求的地区,混凝土结构基本为全现浇结构。工厂化的发展主要使得预拌混凝土有了较大发展,大、中城市(尤其是我国东部地区)基本上都已拥有预拌混凝土生产企业,年生产能力已达到3000万m^3以上,部分大城市的预拌混凝土产量已超过现浇混凝土总量的80%。预制混凝土产品主要是一些初级产品,如预制混凝土楼板等。

2. 我国新型预制混凝土结构的研究与应用

进入21世纪后,伴随着我国城镇化和城市现代化进程的快速发展,能源、矿产、水、土地等资源不足的矛盾越来越突出,生态建设和环境保护的形势日益严峻,原来建立在我国劳动力价格相对低廉的基础之上的建筑行业,正在面临劳动力成本的不断上升,逐渐成为制约我国建筑业进一步发展的瓶颈。参照国际上建筑业的发展过程,当国内生产总值达到人均1000~3000美元后,开发新型的预制混凝土结构体系,实现工厂化生产就成为解决传统建筑人工化生产方式缺陷、促进建筑业快速发展的主要途径。

基于上述观点,作者2005~2006年参加了国内首栋全预制方案的框架结构建筑试验研究。该项目全部结构及非结构构件都采用预制形式,并按创新设计方法设计,该试验楼结构的特点是梁柱采用三维构件的形式预制,现场通过后浇混凝土将各构件连接形成框架承重体系,楼板采用叠合楼板,并通过延性节点设计,使其在平面内能够在地震作用下自由变形;外墙采用了工厂化生产的已进行了内外装饰的多种形式的混凝土墙板、复合幕墙等,厨房和浴室采用了整体预制、现场拼装形式。

在设计过程中已考虑了机电管道的预留,既满足运输和安装要求,同时减少了现场的湿作业。由于采用先进预制混凝土技术与轻质保温隔声墙板相结合,提高了结构整体质量和改善了使用功能。

通过对国内首栋全预制方案的框架结构建筑的全面试验研究,在设计、施工上对新型预制混凝土结构体系均做了有益的探索。

试验数据表明:新型预制混凝土结构体系使建造过程和住宅产品更环保,资源利用更合理;工厂化的方式给客户带来品质更高,性能更优,更个性化的住宅产品。比如未来实现工厂化可以有效减少现场垃圾，材料损耗减少 60％，建筑用材可回收率达到 66％以上；建造人员减少 89％；建造周期缩短 70％，有效地降低了能源的消耗。因此新型预制混凝土结构体系具有较大的推广意义。

三、结语

21 世纪前 20 年，是我国建筑业发展的鼎盛时期，每年建成的房屋面积将高达 16 ～ 20 亿 m²。可以预见，随着国家建筑政策的进一步完善，建筑材料性能的逐步改进和施工工艺水平的不断提高，预制混凝土结构的发展应用前景广阔。

本文发表于《建筑技术》2007 年第 38 卷总 09 期

产品设计

度假，不一样的感受
——浅析度假产品的设计

楚先锋　康　康

　　快节奏的现代生活让人少了一份"偷得浮生半日闲"的心境，但是随着家庭经济能力的提升，都市白领逐渐追求"工作与生活的平衡"。据对全球旅游和休闲度假市场和人群的研究表明，国民人均 GDP 达到 1000 美元时，就会产生旅游观光需求；国民人均 GDP 达到 2000 美元时，旅游观光需求向休闲度假需求转变；国民人均 GDP 达到 3000 美元时，休闲度假旅游进入高速增长阶段；国民人均 GDP 达到 5000 美元时，旅游形态开始进入成熟的度假经济阶段。2011 年中国的人均 GDP 已经超过了 4000 美元，沿海发达地区已经超过了 5000 美元，中国的休闲度假进入了高速增长阶段，部分地区已经进入成熟的度假经济阶段。从全国各地旅游度假项目层出不穷即可看出端倪。

　　早期的旅游度假项目，把产品按照第二居所定义，设计的时候参考第一居所的设计，休闲度假效果非常不好。本来休闲度假就是要暂时脱离日常的生活模式，体验一种休闲、放松的度假感受，每天对着另外一个家的翻版，心情怎么能够放松得下来呢？怎么能够通过一种新的产品设计，引导住在里面的人按照另外的一种生活轨迹作息呢？近期市场上出现了一些不错的度假酒店，确实抓住了休闲度假产品的本质，让人眼前一亮。

　　休闲度假，顾名思义，要抛开日常的工作和生活状态，享受悠闲的山光水色和周到而有特色的服务。需要的不是那种走马观花的旅游，不是浮光掠影地看风景，要的是一份不一样的心情、一个宁静而舒适的环境、一种周到而含蓄的服务、低调而奢华的享受，用以放松身心，释放压力，逃离喧嚣。

那么，度假产品就不需要客厅，而是温馨的家庭厅；不需要设施齐全的厨房，而是宽敞、舒适、明亮的卫生间；不需要书房，而是阳光明媚的户外庭院；不需要太大的衣帽间，而是游泳池或专用 SPA。这样的需求孕育出了一种新的产品，用以享受休闲时光，度过假期。

现状资源的好坏不是关键，是一种可以营造一份心境的资源，哪怕是远离核心景区的一个小小的山谷或是无名的小村寨，一条小小的溪流，甚至是一个小的水塘，就足够了。甚至也可以放弃对大环境的追求，营造一个宁静的小氛围。但是当地的地理、气候、旅游资源要有一定的特色，比较适合度假。

目前已有不少这类度假产品，比如丽江的悦榕庄、铂尔曼，海南的艾美、半岛洲际、那香山，杭州的富春山居等依托具有天然优势的自然资源的度假产品；还有一些利用人造资源的度假产品，像昆明的春城湖畔和丽江的古城湖畔，就是依托高尔夫球场的度假产品。

这些度假产品，虽然有着各自不同的资源和建筑形式，但它们的共通点，都给你一种不同寻常的度假感受。抛开项目定位和营销、管理等等其他方面的讨论，我们可以从纯粹的设计方面来研究一下这些成功的案例并对其进行分析，以期发现度假产品的本质，以及怎么通过产品去营造那份不一样的感受。

一、规划设计

规划设计需对项目的资源进行充分的分析，并对其进行最大限度的开发和利用，以此作为前置条件展开整个设计，根据主要资源确定项目的主题，比如：雪山、温泉、高尔夫等，使整个设计围绕主题展开。

丽江悦榕庄和铂尔曼酒店最大的资源是玉龙雪山，其在项目用地的北侧，设计的重点就围绕着观赏雪山展开。项目所有的房间都面向雪山，每一间房甚至是躺在床上都能看到雪山。清晨睁开眼，你就能强烈地感受到这正是雪山下的悠闲度假生活。

丽江悦榕庄还在中心区布置了一个中心景观湖，所有的公共配套设施，如大堂、餐厅、酒吧等全围绕着中心湖展开，并保留了一座古塔，作为对景，增添了不少文化底蕴。通过中心湖引出若干条浅水系，连接各个组团，无论去哪一套度假房，都会从溪边走过。

第三章 产品设计

图1 丽江悦榕庄的总体布局

为了保证客人的度假品质，营造宁静的度假感受，每栋房子单独设置了属于自己的小院落，尽可能地排除外界的影响和干扰。区内交通全部采用电瓶车，在交通组织上也进行了主次干道的分级（图1）。

昆明春城湖畔的最大资源有阳宗海和两个符合国际标准的18洞高尔夫球场，分别是山景球场和湖景球场，被评为"亚洲最佳球场"。整个项目的规划设计充分利用地形，将会所和度假产品布局在山腰上，山脚与海之间的广阔区域布置的是锦标赛级别的高尔夫球场，既保证了高尔夫球场的完整性，又使得所有的度假产品均可以看到高尔夫球场和阳宗海（图2）。

由上述案例不难看出，度假产品的规划设计首先就是要抓住资源，将资源利用到极致，并且充分考虑到客人的使用感受，将外界的干扰控制到最小，保证客人的度假品质。

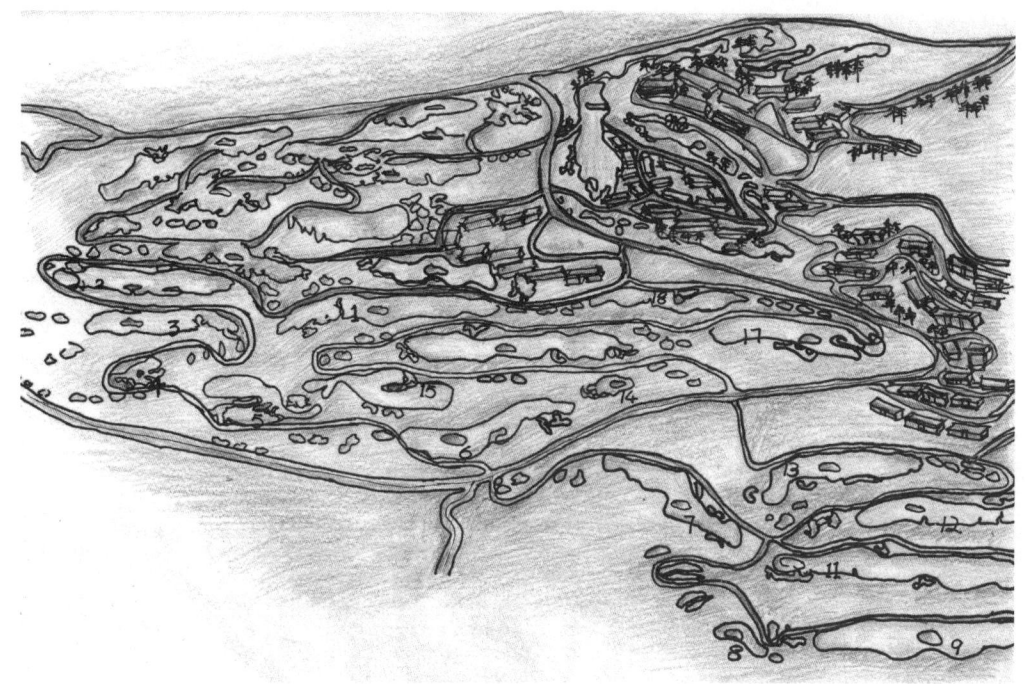

图 2 昆明春城湖畔总体布局

二、动线设计

度假的动线与我们普通生活的动线是截然不同的，度假产品的设计中常常非常强调动线设计。不同消费人群的动线需要提前考虑清楚，使得各类消费人群有着各自的流畅动线，有交集但不会互相干扰。

以某温泉度假产品为例来分析各类消费人群的不同动线，以及停留的时间。

第一步：各类消费人群分析。区别对待各类消费客群，如：纯粹来体验温泉的客群、体验特色温泉 SPA 护理的客群、体验温泉养生度假的客群、体验特色温泉膳食的客群等。

第二步：各类消费人群的主要动线分析（图 3～图 6）。

通过以上的分析我们不难看出，从入口到干湿蒸区的空间都是各类人群共享的，而后面的功能区则是需要独立为各类人群设置，当然还有部分功能也会有交叉。当理

第三章 产品设计

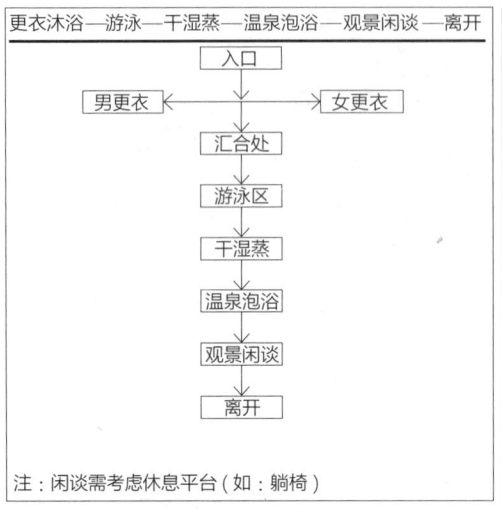

图 3 一类，纯粹来体验温泉的客群动线

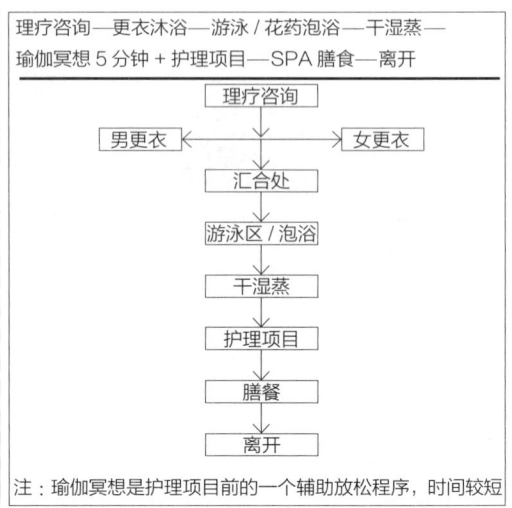

图 4 二类，体验特色温泉 SPA 护理的客群动线

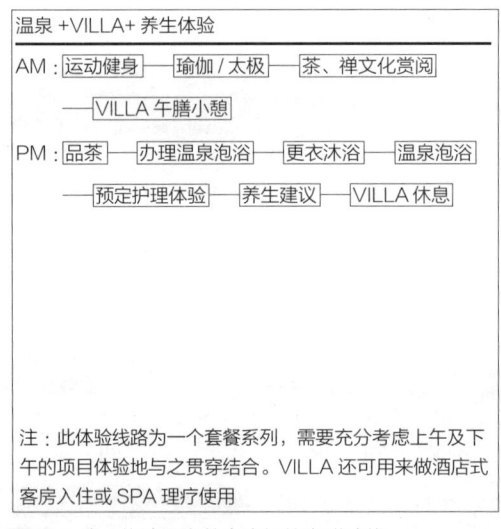

图 5 三类，体验温泉养生度假的客群动线

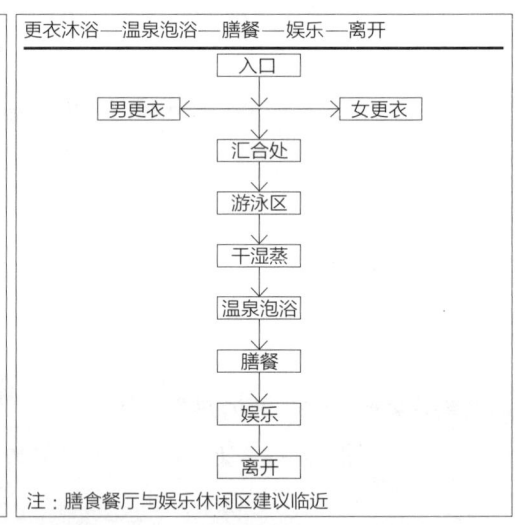

图 6 四类，体验特色温泉膳食的客群动线

顺了各个不同人群的动线后，就能清晰地规划好各个动线，预计他们在项目内停留的时间，从而保证度假的品质。

三、户型设计

户型设计是能让人体会到不同于平常生活感受至关重要的因素。度假类产品中的户型设计往往是最"不同寻常"的,甚至可以说是"另类"的。有在卧室中放个浴缸的,有进门就看见浴缸的,有露天浴室的,有卫生间和卧室一样大的。第一感觉就是和你熟悉的那个家迥然不同,让你肯定"不是在家里",让你一走进房间就会情不自禁的"哇~~~、哦~~~"喊出来(图7~图11)。

作为度假产品,可以使你跳出樊笼,在一个没有人认识的地方,打破常规、放纵一下。比如,你可以尝试在露天的地方洗淋浴(图12)。一墙之隔,外面是走道,里面在洗澡,不禁让人想起苏轼的一句词:"墙里秋千墙外道。墙外行人,墙里佳人笑。"住在客房露台连着泳池的酒店里,你会不会随时都有可能跳到泳池里面,从而变成一个游泳爱好者呢(图13、图14)?

海南的那香山项目坐落于大三亚旅游经济圈的呀诺达热带雨林文化景区中,项目拥有168km²的雨林生态氧吧,背靠呀诺达那香山,环抱4.6万㎡的原生态雨林湖——

图7 进门就看见浴缸,躺在浴缸里能够看海的户型

第三章 产品设计

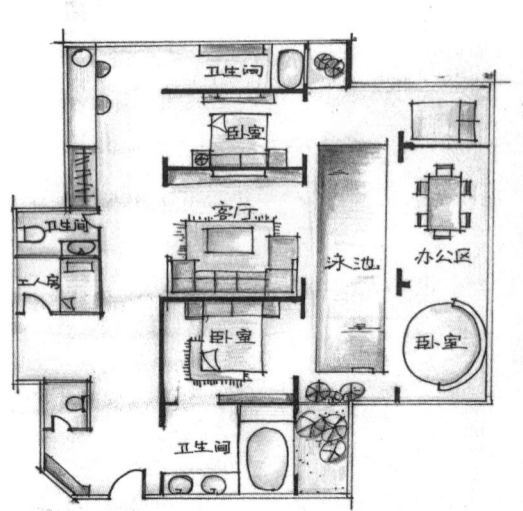

图 8a 围着泳池布置的客房平面图　　　　　　　图 8b、8c 围着泳池布置的客房

图 9 三亚艾美酒店别墅客房庭院和泳池

图10 三亚洲际酒店客房位于室外的独立家庭厅

图11 三亚艾美酒店别墅客房的室外 SPA

图 12 三亚洲际酒店和艾美酒店都有这种带有室外淋浴的客房

图 13 三亚希尔顿酒店临泳池的客房露台

图 14 三亚希尔顿酒店的泳池和底层的客房连在一起

那香湖，湖水由呀诺达热带雨林雨汇聚而成。项目占地面积 340 亩，总建筑面积约 10 万 m^2，容积率 0.35，绿地率 43%。

项目采用东南亚建筑风格，将每一栋雨林别墅充分融入到热带雨林中，大到空间打造，小到细节装饰，都体现对自然的尊重。每一栋别墅都赠送无边际私家泳池、SPA 亭，花园以及超大露台。详细来看，有如下几个类型：

类型一：以泳池为中心，泳池成为布局中心，同时也是景观和视觉中心（图 15）。

类型二：居室→露台→泳池的序列空间布局，客厅与卧室拥有最佳景观视线（图 16）。

类型三：卧室、客厅空间与泳池穿插布局，使得卧室三面被泳池环绕，强化了度假者的空间感受（图 17）。

类型四：别墅平面从地下至地上错落变化，充分利用地势的高低变化，创造出丰富的

第三章 产品设计

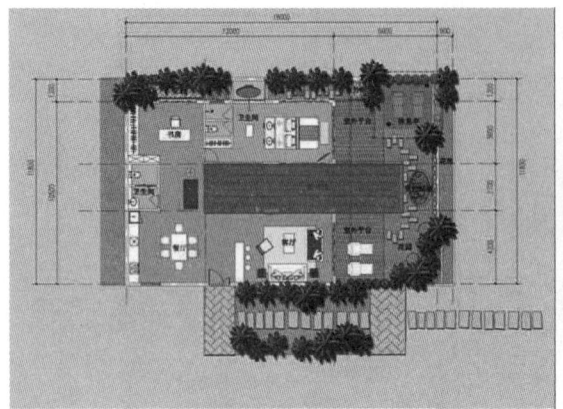

平面图

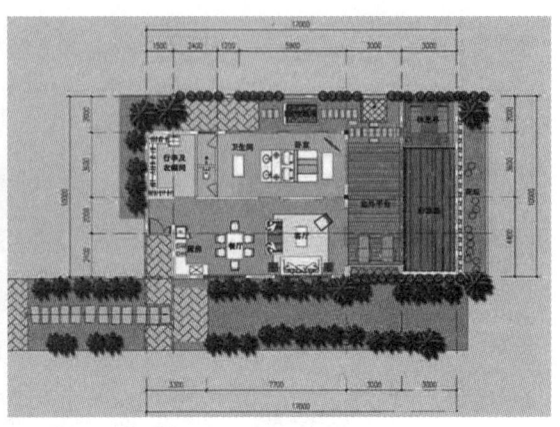

平面图

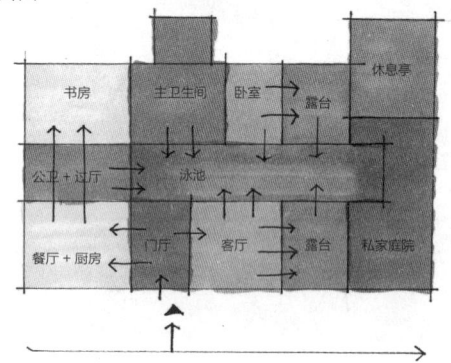

功能关系简图

主要用房占总面积的 73.9%，其中主卧套房面积占主要房间面积的 36.9%

房间性质	房间	面积（m²）	比例
主要用房	客厅	19.70	21.38%
	主卧室	10.22	11.09%
	主卫生间	14.91	16.18%
	餐厅	9.63	10.45%
	书房	13.64	14.80%
	厨房	6.51	7.07%
辅助用房	公共卫生间	4.18	4.54%
	含桑拿房	13.35	14.49%
	走道	92.13	100.00%

图15，类型一，以游泳池为中心，游泳池成为布局中心

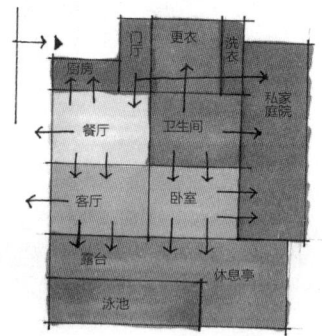

功能关系简图

主要用房占总面积的 93.19%，其中主卧套房面积占主要房间面积的 52.8%

房间性质	房间	面积（m²）	比例
主要用房	客厅	22.89	24.84%
	主卧室	20.40	22.14%
	主卫生间	24.91	27.04%
	餐厅	17.66	19.17%
	厨房	2.18	2.37%
辅助用房	公共卫生间	0.00	0.00%
	走道	4.09	4.44%
		92.13	100.00%

图16 类型二，居室→露台→泳池的序列空间布局，客厅与卧室拥有最佳景观视线

第二章 产品设计

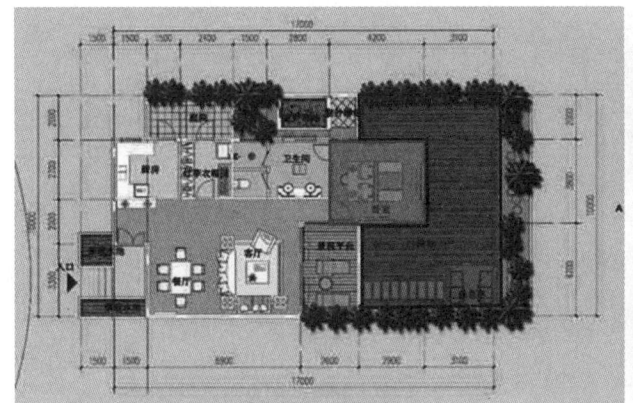

平面图

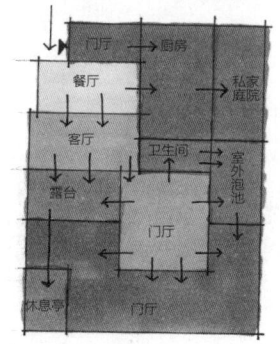

功能关系简图

实景图

主要用房占总面积的 73.16%，其中主卧套房面积占主要房间面积的 51.57%

房间性质	房间	面积（㎡）	比例
主要用房	客厅	22.48	24.49%
	主卧室	25.91	28.22%
	主卫生间	8.73	9.51%
	餐厅	10.04	10.94%
	厨房	11.66	12.70%
辅助用房	公共卫生间	0.00	0.00%
	走道	12.98	14.14%
		91.81	100.00%

图17 类型三，卧室、客厅空间与泳池穿插布局，使得卧室三面被泳池环绕，强化了度假者的空间感受

图18 类型四，别墅平面从地下至地上错落变化，充分利用地势的高低变化，创造出丰富的室内外空间

图19 类型五，功能空间分置两端，中间是开放空间，强调室内外的充分交流，相互穿插

室内外空间（图18）。

类型五：功能空间分置两端，中间是开放空间，强调室内外的充分交流，相互穿插（图19）。

丽江古城湖畔项目远离核心景区，但可以远眺玉龙雪山。它的户型同样也是非常有特色的（图20）。

可以远眺雪山的露台几乎和房间一样大，卫生间几乎同卧室一样大。餐厅加厨房的面积只有卫生间一半大（图21）。

从上述平面中我们不难看出度假类型的别墅平面设计特点：

1. 主卧室空间的设计。主卧室空间在度假类别墅中的地位高于客厅，主卧室空间中，床与浴缸的地位可认为是同等重要的。

2. 围绕产品所处环境，充分挖掘环境中的资源，创造度假类别墅所要强调的特色，并围绕这一特色进行极致发挥。例如以泳池为中心的度假别墅，主要房间均能看到泳池；具有山地特征的用地，充分利用高差创造各个层次的观景空间。

3. 餐厅、厨房面积依据所定位的度假特质强度进行配置。度假特质越强，所需要配置的面积越小。

我们将度假类别墅产品与普通别墅功能面积进行了数据对比（表1）：

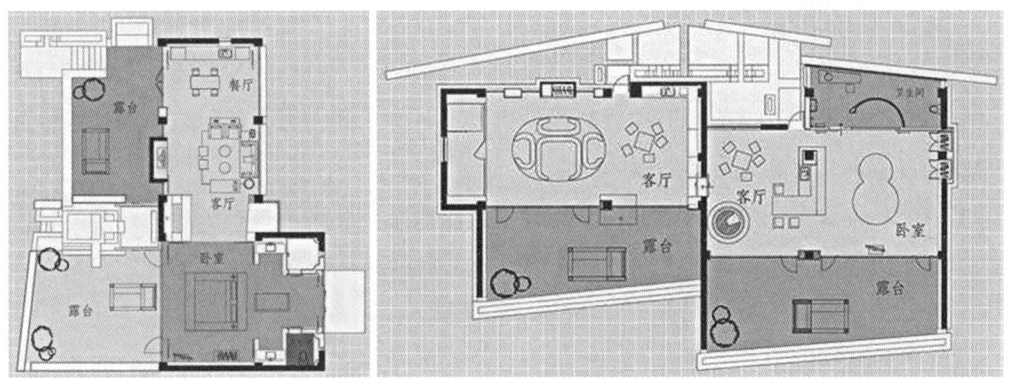

图20、图21 丽江古城湖畔项目户型平面

度假类别墅产品与普通别墅功能面积对比　　　　　　　　　　　　　　　　　　表1

A型　度假类别墅产品

房间性质	房间	面积（m²）	比例
主要用房	客厅	22.89	24.84%
	主卧室	20.40	22.14%
	主卫生间	24.91	27.04%
	餐厅	17.66	19.17%
	厨房	2.18	2.37%
辅助用房	公共卫生间	0.00	0.00%
	走道	4.09	4.44%
		92.13	100.00%

A型　普通类别墅产品

房间性质	房间	面积（m²）	比例
主要用房	客厅	22.48	24.49%
	主卧室	25.91	28.22%
	主卫生间	8.73	9.51%
	餐厅	10.04	10.94%
	厨房	11.66	12.70%
辅助用房	公共卫生间	0.00	0.00%
	走道	12.98	14.14%
		91.81	100.00%

B型　度假类别墅产品

房间性质	房间	面积（m²）	比例
主要用房	客厅	27.21	23.04%
	主卧室	23.39	19.81%
	主卫生间	13.36	11.31%
	餐厅	22.28	18.87%
	厨房	3.77	3.19%
辅助用房	公共卫生间含桑拿房	16.04	13.58%
	走道	12.05	10.20%
		118.09	100.00%

B型　普通类别墅产品

房间性质	房间	面积（m²）	比例
主要用房	客厅	21.45	24.60%
	主卧室	13.34	15.30%
	其他主卧室	21.01	24.10%
	餐厅	7.32	8.40%
	厨房	8.63	9.90%
辅助用房	公共卫生间	4.88	5.60%
	门厅、走道	10.55	12.10%
		87.19	100.00%

四、立面设计

除了户型设计，度假产品的立面设计给人的绝对是第一感受和冲击，也是项目成功与否的关键所在。这些度假项目在设计上有着截然不同的风格，但是不管项目立面的差异有多大，它们都有着同样的特点。

感受、感受，还是感受，一种不同寻常的度假感受，无论是异国风情还是异域风情。建筑师使用各种不同的建筑手法配合平面设计营造出了各个不同的度假空间和氛围 (图 22 ~ 图 28)。

经过对这些度假产品的研究，我们发现一个成功的度假类产品的设计，只有想方设法地从设计的各个方面营造一种不同寻常的度假感受，才会带给人们不一样的心境，这样才算是一个合格的度假产品的设计吧。

本文发表于《住区》杂志 2012 年 4 期总第 50 期

图 22 丽江悦榕庄

第二章 产品设计

图23～图25 丽江铂尔曼采用当地传统建筑风格，更趋于现代、简洁

图26～图28 丽江和府皇冠假日酒店

完美有多美

根据大家既往的经验，从理想中的完美到现实中的不完美，总是有太大的差距。实际上，许许多多的研究专家所做的事情就是在缩小这二者之间的差距。

完美和不完美，可能存在两种情况。一种是，通过理论上的分析，可以认识到什么是最完美的，但是由于实际操作的原因，不得不退而求其次，选择一个"看起来不是那么完美的、但实际上却是最可行的方案"；另外一种是，凭我们现有的认知能力还不能确认什么是最完美的，并且在近期达到完美的希望也非常渺茫，在必须应用的情况下，不得不选择现阶段的不完美方案，虽然这种方案可能是打了好多补丁。这两种情况在许许多多的领域都存在，从社会学科到建筑工程学科领域都不乏这样的实例。

我们先看看社会科学。人人都诚实、正直、无私、节俭，没有私欲、虚荣、邪恶、犯罪，这样的社会无疑是最完美的，但它现实吗？17世纪出生于荷兰旅居于英国的医生伯纳德·曼德维尔曾经发表过一首寓言诗《抱怨的蜂巢，或骗子变得老实人》（后来在此基础上发展为《蜜蜂的寓言》一书，作者也由医生变成了经济学家），诗中为我们描绘了类似人类现实社会的一个蜜蜂王国。"无数的人们都在努力，到处都充满邪恶，但整个社会却变成了天堂"。这是从恶行出发得到善的结果。反过来呢？我们建立一个完美的社会如何呢？

蜜蜂们也这样想，于是上帝成全了他们："就在邪恶离开他们的同时，诚实充满了蜜蜂们的心田。"但结果呢？完全出乎人们的预料，因为大家不再追逐私利，不再奢侈，于是就不再需要技术与艺术，不再有人向手工业者订货，不再有人去酒吧消费，

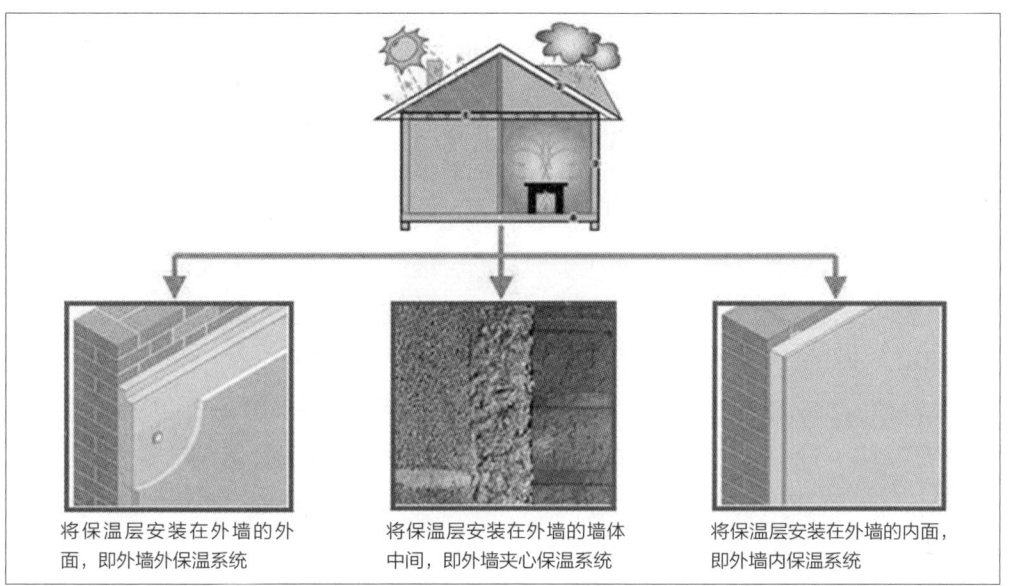

图1 外墙保温的三种主要方式

不再有人聘请律师,不再需要政府警察和法庭,商业迅速消失,房地产价格急剧下降。同时他们嘲笑异国蜜蜂的妄自尊重,嘲笑由战争获取的空洞光荣,所以他们也不再需要军队和武器,虽然在异国入侵的时候,所有的蜜蜂都奋勇作战,但多数都捐躯疆场,就这样,这个异常繁荣的蜜蜂王国就衰亡了。其实人本身是有一种惰性的,当社会对他施以较大的刺激并能使他得到较大的满足时,这个人的潜能才能被激发出来,施展出创造性的才能。因此,要建立一个繁荣的社会,政府的最重要职能之一是帮助人们建立一种能释放出公民的所有生产力、创造力的社会制度,为公民提供某些基本的个人权利——私人财产神圣不可侵犯、人人平等自由、不允许任何人违反纪律,但允许每个人自由思考等,这样出于利己考虑的人的行为就会成为社会进步的工具。只有顺应人的利己本性,并建立一套社会保障制度,才能得到社会的繁荣,而不是去建造一个乌托邦式的空想的完美社会。

社会科学领域如此,建筑技术领域也是如此,从以下两个实例即可见一斑。

我想说的第一个实例是什么样的外墙保温形式是最理想的。从保温层所处的位置来分析,外墙的保温形式有三种,即:外墙外保温、外墙内保温和外墙夹心保温(图1)。

从局部节能的效果来看，内保温在采暖和制冷时消耗的能量最少，因为和外保温和夹心保温相比，它的保温材料距离室内墙面是最近的，采暖和制冷的时候没有墙体吸收能量，可以使室内的空气迅速升温或者降温。但这种室内温度的急速升降对人体的健康是不利的。人体受到忽冷忽热的刺激的时候，内部机能调节跟不上环境的温度变化时就会生病，这是人的生病机理。所以接近人的活动范围的材料最好是蓄热系数比较大的材料（如混凝土类的材料），这样它会缓慢地吸收或者散发出热量，缓慢地调节室内环境，这也是我们在地板低温辐射采暖的房间里面比在使用蒸汽采暖的房间里面感觉舒服的原因。

　　从总体的保温和节能效果来看，外保温和夹心保温最好（图2），因为外保温和夹心保温就像一个人穿了一件大棉袄将自己包裹得严严实实的，而内保温一般只做外墙部分，不做楼板和顶棚部分，楼板和顶棚就会成为热桥造成能量损失，所以内保温

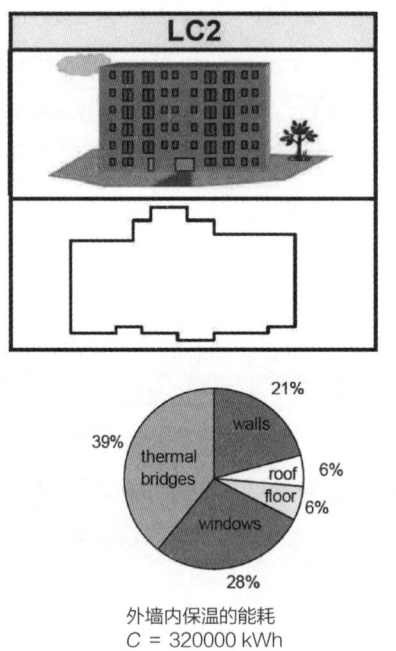

外墙内保温的能耗
C = 320000 kWh

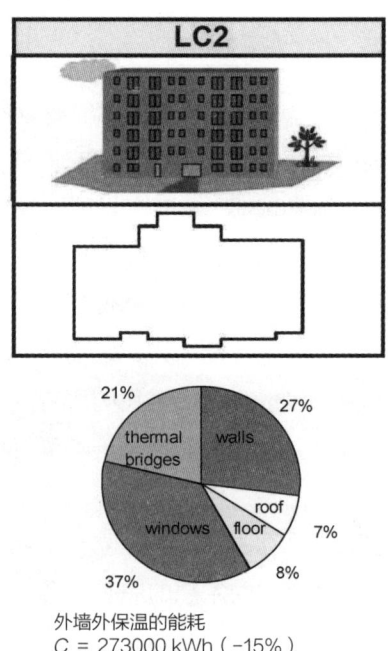

外墙外保温的能耗
C = 273000 kWh（-15%）

图2 为对各种不同保温方式的节能效果进行对比，研究人员对采用外墙内保温以及外墙外保温的6层的住宅楼进行了能耗的跟踪，住宅楼的建筑面积为1500m²，28个房间，研究人员对1年的电热及热水的能耗进行了跟踪

某多层居民住宅外保温外墙饰面开裂及维修情况　　新疆某高层居民住宅外保温外墙饰面层脱落情况

图 3a、3b 外墙外保温面临的实际问题

的保温效果肯定没有另外两种保温形式好。而在外保温和夹心保温这两种保温形式中，外保温则更好一些，因为夹心保温外墙中会有连接件将内外两侧的墙体拉结在一起，这也会造成一部分热桥，从而造成能量损失。同时，外保温的这件棉袄不仅保护了室内生活空间的能量（采暖和制冷）不受损失，也不受外部恶劣气候条件的影响，而且还对建筑物主体具有保护作用，使建筑的主体结构如外墙和框架的温度常年保持在一个均衡的水平，不会出现因温度应力较大而引起的破坏。这种破坏主要体现在外墙开裂和渗漏方面，可能严重影响室内的生活。

综上所述，外墙外保温是最优的方案，它几乎没有任何理论上的缺点，然而它也碰上了实际操作中的难题——一个是饰面开裂及渗漏问题，一个是外墙贴面砖的脱落问题（图3），尤其是后者更为突出。在亚洲东部地区，包括中国和日本这两个都需要做外墙保温的国家（纬度原因），大家都比较喜欢用外墙面砖，一是为了美观——质感和灰尘污染问题，中国北方空气污染严重，采用涂料会带来严重的墙面污染；二是为了保护墙体不受暴雨的冲刷，因为中国沿海地区和日本都是多暴雨的地区。在外墙保温板（一般是 EPS 和 XPS 两种）上面贴面砖一直是国内没有解决的问题，国家既没有任何这方面的标准，实验室所作的外墙外保温面砖饰面体系的面砖耐候性抗拉拔试验也几乎没有一例是成功的。其实，这种失败是由其材料的分层构造原理决定的——在软质材料上贴面砖所造成的刚度突变焉能不失败？况且这种靠人工现场湿作业完成的外墙体系，施工质量很难保证，质量隐患多多。

法国的复合内保温板（聚苯板+石膏板）施工现场

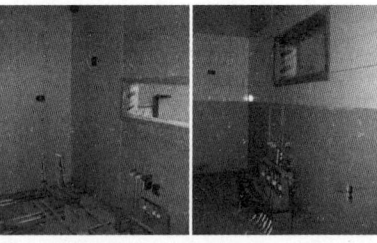

日本多采用聚氨酯发泡保温材料作外墙内保温，然后再贴石膏板或者复合内保温板（聚苯板+石膏板），最后在石膏板上面作面层

韩国某卫生间做外墙内保温的情况

图4 国外做外墙内保温的经验

在推行工厂化住宅的今天，外墙外保温也很难满足取消外脚手架的要求。外保温外墙的饰面层若在工厂内完成，会遇到运输和吊装过程中的保护的问题，所以，日本的住宅产业界经过权衡——到现在为止，基本上全部采用了内保温。其实，不仅仅是日本、韩国等等亚洲国家普遍采用内保温形式，英国和法国等欧洲国家的内保温也很普及（图4、图5）。

我曾经专门和日本的小林峰先生交流过这个问题（表1），后来也有机会了解到了大成建设和东京建屋的技术，终于从一个坚定支持外墙外保温的人转变成了一个要在工厂化预制混凝土住宅内采用外墙内保温做法的人，虽然心中仍有不甘。

第二章 产品设计

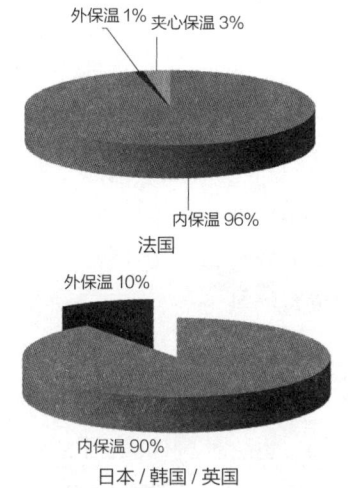

图5 出于施工方便等技术原因，英法日韩等发达国家大多采用内保温形式

我想说的第二个实例是预制混凝土结构体系。从理论上讲预制混凝土结构技术的难点不在如何预制构件，而在于如何将预制构件连接起来。

顺着这个思路想下去，我们可以发现在钢筋混凝土框架结构中柱的受力在中部最小，连续梁的受力在距柱 1/3~1/4 处最小，从结构安全上考虑，将预制梁、柱的连接部位放在这些受力最小的部位是十分合理的（图6），如果你去征求专家们的意见，他们会异口同声地告诉你这是最好的方案，完全没有问题。但如果真的按照

小林峰先生提供的日本关于内保温与外保温的　　　　　　　　　　　　　　　　　　　　　　　　表1

项目	内保温（现场喷涂聚氨酯硬泡材料）	外保温（聚苯乙烯泡沫塑料板材）
保温材料的厚度控制	厚度控制有难度	厚度控制容易
热量损失	地板有保温，热量不会向房间外、地板下面流失	各房隔间、地板下面没有保温，热量会向房间外、地板下面流失
透气效果	构造体透气状况良好	构造体透气状况不好，需换气
外界影响	构造体受外界影响较大，更易受外界的侵蚀	构造体受外界影响较小，不易受外界的侵蚀
人员活动影响	同一建筑物内，有的室内有人活动有的没有人活动的情况下，应选择内保温 ——个别房间、断续空调	全部室内均有人活动的住宅、医院、老人院等应选择外保温 ——全体房间、连续空调
热桥影响	梁、柱等部位会发生热桥，需加强保温措施	阳台、空调搁板、女儿墙等部位会发生热桥，需加补强保温措施
结露影响	控制保温材料厚度可以控制结露	梅雨季节会产生结露
实体热容量	实体热容量小，空调启动效果快	实体热容量大，空调启动效果慢
对面积的影响	结构尺寸固定的情况下，影响室内使用面积（减小）	结构尺寸固定的情况下，影响建筑使用面积（增加）
防白蚁的对策	因为是在室内，可以阻止木构造防白蚁药品对室内环境的影响	因为是在室外，不能阻止木构造防白蚁药品对室内环境的影响

这种方式将钢筋混凝土拆开预制，那你就惨了。因为你的预制构件除了梁的中间一段是一维构件以外，其他的全部是三维构件（图7）。

首先三维构件在生产上代价很高。因为三维构件的预制钢模具也是三维的，制作成本非常高，模具的固定比较麻烦。同时三维构件的钢筋网绑扎和混凝土浇捣均十分复杂。其次，三维构件在存放和运输上代价也会很高。一是因为它在运输工具内占用的空间很大，造成运输效率非常低，运输成本大幅上升。最后，三维构件在吊装施工环节问题更多。问题一是三维构件的重心一般处于空间位置的某一点，而不是构件上的某一点，因此需要多个吊点来维持构件的吊装平衡；问题二是由于处于悬吊状态的构件是不稳定状态，使构件的空中对接难度极高；问题三同样是因为构件处于空中悬吊状态，固定时需要比较多的临时支撑，会带来成本增加，也会使构件表面因预埋件比较多带来不平整和不美观问题；问题四是最大的问题，因为产品的生产过程中总会产生误差，构件的安装过程中也会产生误差，尤其是三维构件最多可能会出现在三个方向上的六个接头和其他构件相连接，误差调整异常困难。如果你又不幸选择了钢筋连接套筒而不是焊接方式来连接钢筋，你所花费的时间成本将远远背离你做工厂化住宅开发的初衷——节省时间成本，提高效率。

日本和中国香港、欧洲的预制混凝土结构住宅的发展过程中都曾经走过坎坷的道路，后来他们抛弃了那些理论上非常完美的预制体系，发展出主要由一维和二维构件组成的预制住宅体系。总的来说，欧洲和香港的预制结构比较简单，因为他们不考虑抗震（图8、图9），而日本的预制结构比较复杂，因为抗震设防等级非常高（图10）。他们的经验对我们非常有借鉴意义，学习别人可能使我们缩短10年时间走上预制混凝土体系的工厂化住宅之路。

毋庸置疑，我们需要向别人学习。无论是国外还是国内的先进技术，在学习时最重要的事情是弄明白他们为什么这样做。对于我们没有亲自实践过的事情，即使我们"想"得再明白，都不要先去下结论，更不要对别人妄加评论，多想一想下面这两句话："存在即是合理，存在不需要完美"，也许对我们有好处。

（注：文中图片部分由拉法基公司和日本大成建设提供，特此致谢！）

本文发表于《住区》杂志2006年2期总第18期

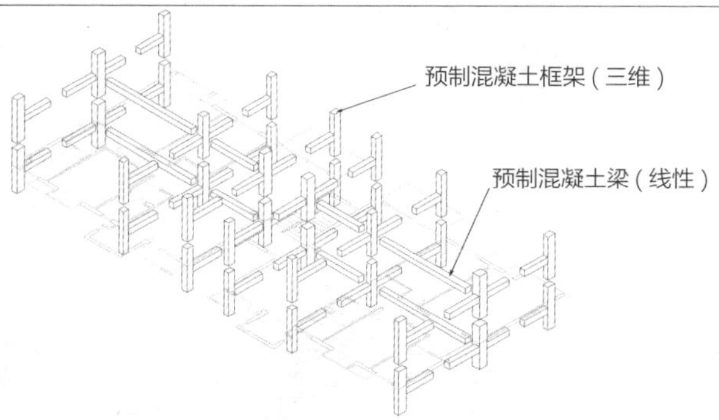

第二章 产品设计

整体的三维构件拆分方式

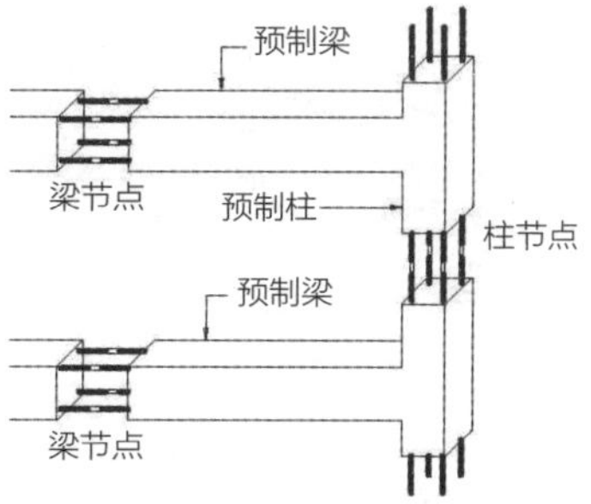

考虑到结构的安全性,将柱的连接节点位置设置在柱的反弯点处,即两个楼层的中间的位置。

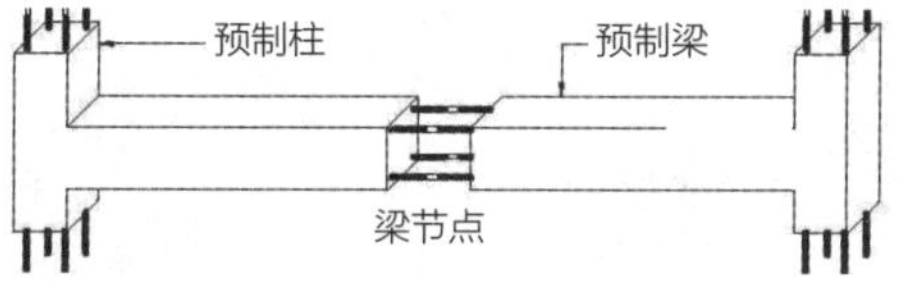

短梁,中间或 1/4 跨处断开

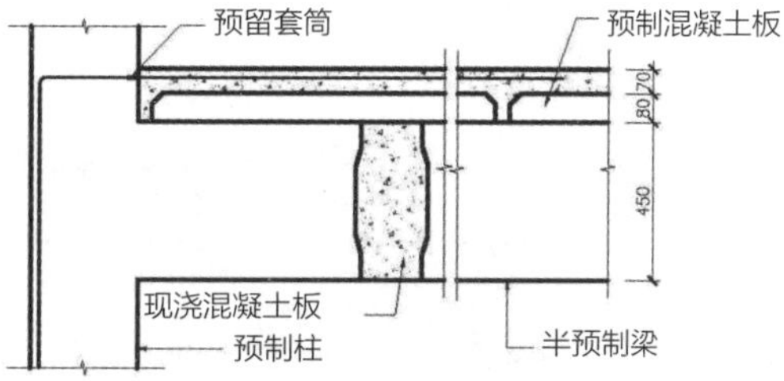

大跨度梁,距柱边 1/4 处断开

考虑梁的受力特点,并满足国家抗震规范的要求,预制梁的节点位置应设在距柱边 1/4 梁跨度处,同时为了便于预制梁的制作、运输和安装,也可以视情况将预制梁的节点位置设置在跨中或柱边,但此种情况需试验验证节点的可靠性。

图 6 理论完美的 PC 结构设计

图 7 理论完美的设计遭到现实的残酷打击,空中的多方向定位十分困难

图 8 香港的预制结构同样不考虑抗震,但采用的是另外的连接方式,外墙通过预留钢筋与柱、梁现浇,形成刚性连接,对框架整体抗震不利

图 9 欧洲的预制结构不考虑抗震,比较简单,梁直接放在柱上,楼板直接放在梁上,节点强度不能满足抗震要求

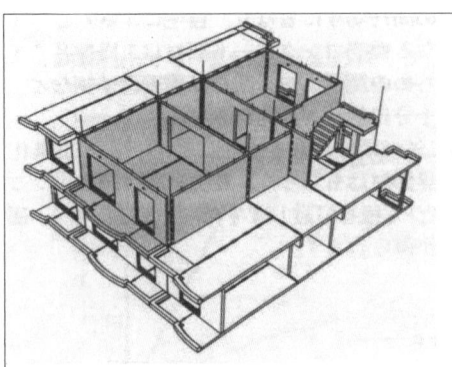

日本的W-PC工法（板式），和香港的预制剪力墙结构相似

日本的PC阳台吊装情况，比较简单的三维构件，从某种程度上也可以认为它是二维构件

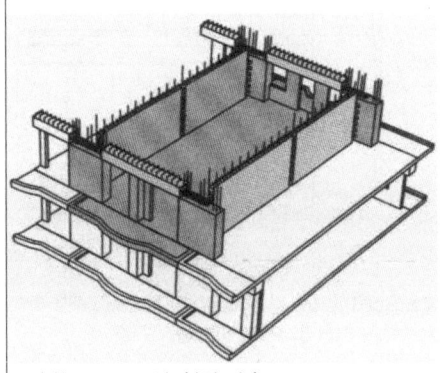

日本的R-PC工法（框架式）

日本的PC连续梁吊装情况，与柱连接部位仅有钢筋相连，先不浇筑混凝土（见下图）

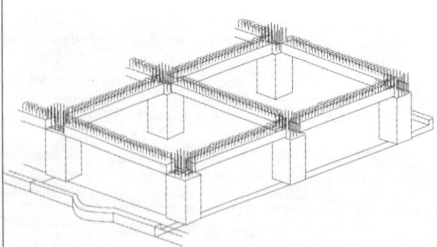

日本的WR-PC工法（框架-板组合式），板式住宅的前后立面为框架，分户墙为大板

PC连续梁落在PC柱上的情况

图10 日本的PC应用情况

功能性之美

无论是做建筑设计还是做产品设计，总会考虑两个方面：功能性和美观性，二者缺一不可。一般情况下，你可以说这个设计是更强调功能性还是更强调美观性，因为我们总是习惯于将它们二者对立起来谈。本来，从广义上来讲，美观也是一种功能性要求，它的功能是给人带来视觉上的享受。在本文中，我们暂且不讨论这种广义上的功能性和美观性的区分，我们仅从狭义上来讨论它，即我们提到的功能性抛开了美观性，仅从客观的、物质的使用功能来看。即使这样，我们既不应该也不能将它们对立起来，它们并不是冤家，它们完全可以以一种更好的方式融合在一起，以功能性来体现美、创造美。

我们先举一个时装设计的例子。在人类服装里面，鞋子是一个微不足道的部分，然而，高跟鞋的出现是一个革命性的突破。之所以称其为革命性的突破，是因为这是时装界最具创新性的设计成果之一（图1）。高高的、细细的鞋跟，窄窄的鞋头，弧线完美的鞋身，其造型本身就已经是美轮美奂了。而其功能性并不仅仅是好看而已，她的作用是创造女性的美。她不仅能够增加女性的高度、修正女性的脚部形态，还从更多的方面激发出女性的美来。穿上高跟鞋后，为了保持平衡，女性必须收紧小腹、挺直腰身，从而使胸部突出、骨盆隆起，让人看起来胸部更加丰满、臀部更加浑圆、胯股线条更加挺拔、小腿曲线更加修长，使女性整体看起来更加曲线生动而富有弹性，走起路来也更加轻盈活泼。从中我们可以看到，高跟鞋本身的功能性是第一位的，它使穿它的女人更加迷人，而它本身也造型优雅，它和它的主人之间互相映衬，相得益彰（图2）。难怪在《Sex and City》里面，凯丽说："爱情会失去，但鞋子永远在"，她为了买鞋而无力支付房租。她对 Manolo 高跟鞋的如痴如醉，究其原因就是这种纯手工女鞋不仅造型优雅，而且穿上它双脚能够获得一份懒洋洋的舒适感，它诠释了女性曲线的完美，让女性觉得爱与生命都融化在了脚下。

纵观世界建筑史，能够永垂史册的伟大建筑物都是因其功能性才体现了美、创造了美。无论是中国的万里长城，还是古罗马的万神庙，是功能决定了它们的形式，是功能造就了它们的形式美。无论是大师说的"功能决定形式"还是"形式追随功能"，说的都是这个道理。外在的形式美应该是内部的忠实反映，外在的形式美应该是由内部的功能性决定的，或者是由实现功能的技术决定的。

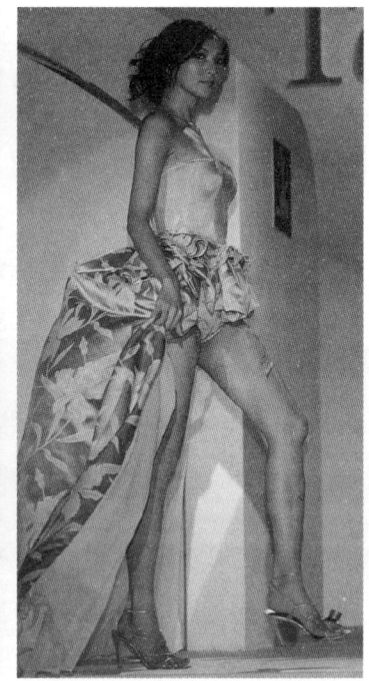

图1 Manolo 高跟鞋的设计效果图及实物（图片来源于互联网）　　图2 穿上高跟鞋的女模特

在世界建筑史上有一个非常有名的例子可以说明这个问题,那就是法国蓬皮杜艺术文化中心(图3),它诠释了功能性是如何创造出完美的形式的。提起蓬皮杜中心,大家都比较熟悉它采用了"翻肠倒肚"式的手法,将所有设备管道及交通系统都暴露在建筑外部。但是你若仔细地观察它的结构形式,你会发现,功能性与美观在此完美地融合在一起了。大楼的结构主体是由28根钢管柱作为竖向支撑,钢管柱分布在建筑的两侧,每侧14根,中间没有任何支撑,跨度达48m。楼板支撑在巨大的钢管桁架梁上面,但钢管桁架梁并没有直接连接在钢管柱上面,而是同钢管柱上面的一个小型悬臂梁的一端连接在一起。悬臂梁也是钢质的,长度有8m多,它向柱内侧悬挑1.85m,向柱外侧(即建筑物外侧)悬挑6.3m。与柱连接的部位有一个孔,通过销钉固定在柱子上,销钉就好像是悬臂梁的轴,悬臂梁可以绕销钉轻微转动,从而形成杠杆式构件,造型轻盈,看起来十分优美。其实这么复杂的结构体系完全是出于功能性的考虑。首先,由于48m的跨距实在太大,采用杠杆式构件可以缩短钢管桁架梁的长度,减少桁架中间部位的弯矩。其次,杠杆向外悬挑的部分正好可以做外部走廊、设备管道和自动扶梯的支架。在这一个优美的支架系统上,红色的是交通和升降设备,蓝色的是空调设备及管道,绿色的是给排水管道,黄色的是电气设备,而一条蜿蜒曲折向上的透明玻璃长廊内则是自动扶梯。建筑的外墙退到柱子后面,所以结构也是完全暴露在外面的,内部只剩下完整的大空间了,在作为展览、会议使用的时候没有任何障碍物。所以,蓬皮杜中心的设计无论内部还是外部,都是从功能出发,没有考虑外观是否美丽,在当时曾经一度被认为非常丑陋,蓬皮杜总统的继任者曾经要求设计师将这些"肠肚"全部改到里面去,结果因为预算问题不了了之。现在看来,它的外观已经被世人所接受,它被世人作为一种机器美来欣赏,真是"无心插柳柳成荫",造就了建筑艺术史上的一个经典作品。

反观国内,在"天下建筑一大抄"的时代大潮中,有多少建筑师和开发商在采取拿来主义的时候,仅仅是"取其皮毛"、"知其然不知其所以然"。有多少建筑师是真的为生活在建筑里面的人负责,考虑他们对建筑的功能需求呢?

内地的开发商和建筑师看到香港住宅的飘窗很漂亮,所以不管三七二十一就抄了来,从此大江南北,飘窗风靡。在枯燥单调的住宅建筑外立面上,飘窗的出现无疑是丰富了其立面造型,但又有几人深究过它的功能性呢。飘窗的起源,是因为香港住宅

第三章 产品设计

图3 蓬皮杜艺术文化中心

图 4 汽车底盘是结构功能与美的结合

的狭窄。对于年轻夫妇来说,卧室很小不能额外放下一张婴儿床,而宽大的飘窗设计,使窗台可以作为婴儿床。又加之飘窗外观漂亮,阳光充足,也是大人读书看报晒太阳的理想场所,所以风靡。另一方面,飘窗突出的窗顶板可以起到一定的遮阳作用,所以,在香港和内地的南方地区,其不仅具有形式上的美,更具有其合理的功能性。但飘窗大量应用我国北方地区时,问题就出现了。首先,飘窗的节能有问题。由于突出在外,加大了建筑的体形系数,而体形系数对我国北方地区甚至我国中部地区都是对节能影响很大的。其次,飘窗的顶板、窗台板等部位很难作保温处理。在薄薄的混凝土顶板、窗台板部位贴保温板,既容易脱落,又容易增加混凝土板的厚度,使之看起来厚重,失去了它应有的"飘"之轻盈。并且,由于飘窗向外部突出,冬季采暖时暖气不能达到飘窗的玻璃部位,导致飘窗内侧出现冷凝水,尤其是再加上一道窗帘的时候,冷凝水更加泛滥成灾。冷凝水顺着窗台板流到窗下墙上,再从窗下墙上流到地板上,既损坏了墙面装修又损坏了地板装修。最后,远远突出的窗顶板和窗侧板,影响了室内的采光,遮挡了冬日的阳光进入室内,这在北方高纬度的地区产生的不利影响尤其明显。所以,功能性的美才是真正的美,不考虑功能性的美只会带来后患无穷(图4)。

类似的拿来主义的事例还有很多。比如,贝聿铭在设计香港中银大厦的时候,使用了斜向的支撑构件作为结构构件,它们在整个的结构体系内扮演着重要的角色,在外立面上被巧妙地装饰成宝石的形状,同时寓示着"节节高升"的美好愿望。之后,这种斜向支撑构件在许多建筑师手里面变成了纯粹的立面装饰构件,在外挂的幕墙内非要嵌入这种"X"形的斜向支撑,既增加了幕墙的施工难度,又对室内的采光和通风造成影响(它影响幕墙开启扇的设置)。又比如,在住宅设计的过程中,为了立面的整洁和美观，我们的一些设计师故意将空调位隐藏在一个凹槽内，在凹槽外面统一设置空调百叶等装饰性构件加以遮挡，从材料、色彩和立面构图上做到了美观，但是因为设置凹槽占用了室内的空间，室内空间的完整性被破坏了，损害了其功能性。还有的设计师在设计阳台栏杆时，经过方案对比认为横向栏杆比竖向栏杆在立面的构图上更美观，于是就不顾设计规范的要求而使用横向栏杆，从而为儿童攀爬栏杆造成安全事故埋下了隐患。我们的设计师竟然为了美，而置安全于不顾了，这是多么可怕的事情呀！

我认识的一位在中国工作多年的外国建筑师，在我和他谈到这个问题时十分感慨地说，他真的为我们的许多建筑师感到悲哀，他觉得这些建筑师非常可怜，因为他们只能也只会做立面了。我觉得这个总结非常精辟，这些建筑师对建筑内部的使用功能以及如何满足这些使用功能的技术手段都不予考虑，或者没有能力来考虑。在他们的心目中，立面设计的重要性是第一位的，因为新颖的立面设计可以帮助他中标，为他带来设计任务，使他走向成功。而和内部使用功能密切相关的平面设计则排在第二位，在二者有冲突时，平面设计让位于立面设计。这带来一个最为直接的后果，那就是平面的不规则、不完整。为了立面设计的需要，平面被"左冲右突、前削后砍"，为室内家具的布置和生活流线的组织带来不便。

这样的事例实在是不胜枚举，因此，在这样一个时代，我们需要重温建筑大师密斯·凡·德·罗的一句话，他说："我们不考虑形式的问题，……形式不是我们的工作目的，它只是结果。"我们知道，只要内容对了，形式也就对了。正如现代建筑理论的起源——包豪斯建筑理论所认为的那样，"我们要求内在逻辑性的鲜明坦然，不要被立面和欺骗手法所掩饰，……要创造从形式上可以认出其功能用途的建筑。"我们不是不追求美，我们追求的是功能性的美。

本文发表于《住区》杂志 2007 年 5 期总第 27 期

关于居住的几个命题

衣食住行是人类文明生活的几个基本需求,我们所从事的建筑行业正是为了满足其中的"住"而存在的。从结庐而居到秦砖汉瓦、雕梁画栋,再到金碧辉煌的大型宫殿,乃至现如今的高层公寓,无不包含建筑行业从业人员的智慧。历史上所有知名的建筑大师们无不关注于居住功能的需求研究和实现手段,如柯布西耶的萨伏依别墅、密斯的范斯沃斯住宅、赖特的流水别墅,都是倾注了一代大师心血的优秀住宅作品。建筑大师之所以大都从做住宅开始,是因为他们对自己生活最了解,用自己的语言描述生活的时候最能表达出自己的东西。布鲁诺·赛维在《建筑空间论》中说"住宅几乎囊括了人类所关注的事物的全部"。在日本,甚至建筑师要出名,必须从住宅设计开始,于是有了数不清的优秀住宅设计作品,如安藤忠雄的住吉的小屋、六甲山集合住宅、Rokko Housing,等等。

犹如学科的发展逐渐边缘化,产生了许多交叉学科一样,住宅设计也开始呈现出多元化、复合性的特色。这和社会的发展、居住主体的异化发展是相关的,居住的设计必须体现居住的需求,笔者在这里不想罗列社会、人文、科技的发展,以及生活方式的改变等因素对住宅设计的影响,只是提出几个需要关注的居住研究课题,这也是今明两年笔者和朋友探讨并准备进行研究的一些课题,现在提出来供广大同行参与研究。

一、"住 + 行"的功能复合

20 世纪 20 年代,很多美国人喜欢开车到乡村野营,于是旅行挂车成为野营必备

图1 最早的一体式房车
（图片来源：21世纪房车网）

图2 美国清风房车公司1933年生产的"鱼雷"房车
（图片来源：21世纪房车网）

图3 美国19世纪40年代的旅行房车（图片来源：21世纪房车网）

图4 可移动式的房屋
（图片来源：bmlink.com）

品。同时，许多房车先驱开始制造车轮上的家。他们在自家的后院里用木头制作简单的房屋，然后再把房屋固定到汽车T型的底盘上，成为最早的一体式房车（图1）。到20世纪30年代末，全美大约有250000辆旅行房车（图2），其中的1/4是由生产商用流水线制造的，但美国地方法规禁止将旅行拖车用作永久住房。

在20世纪40年代战争时期，汽车野营人数减少，于是将旅行拖车用作住宅的想法被提出（图3）。50年代后，人口大幅增长、军人复员、移民涌入，美国出现了严重的住房短缺，同时军队和建筑施工队也急需简易住宅。这种情况导致许多业主又开始购买旅行拖车。这时，住宅制造商从中发现了商机，开始开发可移动式房屋（图4），这种模块化的房屋可以吊装在汽车托架上进行运输，然后在现场被安置在房屋基础上，在屋主搬家时可以再次进行吊运。于是在50年代中期，在美国出现两大市场：以旅行为主要目的的汽车房屋（图5～图8）和以居住为主要目的的可移动房屋。这种可移动的房屋当时颇受欢迎。例如，复员军人们与其他众多不断寻找新工作机会的人及家庭，随着工作机会的变动，带着这些活动房子与他们的梦想，在美国广袤的土地上南征北战。

现在这种汽车房屋的后代还在继续发展。笔者在去北欧考察工业化住宅期间，曾经在北欧广袤的原野上看到房车的宿营地。这种宿营地其实就是一个"旅行房车补给站+汽车旅馆"，在这里，房车可以补充水、食物、燃料以及其他日常用品，许多

图 5 现代五星级的豪华房车（图片来源：http://news3.xinhuanet.com/）

图 6~图 8 现代五星级的豪华房车内部（图片来源：http://news3.xinhuanet.com/）

图 9~图 11 充满太空时代梦幻造型的 Nissan BaseCamp 房车（图片来源：http://vision.mop.com/）

开房车旅行的人可以在这儿一起举行篝火晚会，然后休息一晚继续第二天的旅行。在欧洲这种旅行车可以租用，不用自己购置，很是方便。在 2003 年的深圳汽车博览会上，也有豪华的房车亮相，里面厨房、餐厅、厕所一应俱全（图 9~图 11）。

同时，市场上也开始出现一些概念房车，比如 Andrew Maynards 设计的汽车移动房屋 BOB，它具有很秀气的外形，却是个不简单的设计，专为那些户外人士量身定做，可以迅速展开形成一个休息和工作的场所，包括椅子，工作板等。同时收起后可以带到任何地方，不过需要地形足够平整，可用于旅游人士，同时也适合红十字和军队的野外作业（图12~图14）。

只不过这不是大众能够消费得起的，而且国内也远没有到建立起房车租赁市场的时机。如何制造出经济实惠的旅行房车以惠及中国大众，这是我们国内的商家面临的问题。

房车的革命性进步包括两个方面，一是外部的空气动力学设计，二是内部舒适性的提高。空气动力学设计不在我们的研究之列，而内部舒适性的提高——无论是从空间功能方面还是从技术实现方面——都是我们义不容辞的责任。借鉴前人和现在的相关行业的经验，我们可以启动以下几方面的系统研究：

1. 特定人群的需求研究。通过研究，弄清楚究竟是哪一类人喜欢这种产品，其对产品核心功能需求有哪些？

2. 技术实现手段研究。如何在有限的空间内实现功能需求？平面布局如何？家具如何设计？水、电、空调、通风、燃气、暖气等如何保障？如何获得较好的保温、隔热、隔声功能？

3. 如何降低成本，使普通大众能够消费得起？

4. 对社会供给体系（加油站、超市、汽车旅馆等）会产生什么影响？

 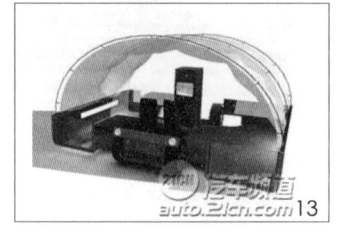 

图12~图14 Andrew Maynards 设计的汽车移动房屋 BOB（图片来源：http://auto.21cn.com/）

二、公共餐厨

"80 后"现已成为大家关注的一个焦点名词,主要原因是他们的思维模式和行为模式与之前的几代人有了明显的区别。"90 后"是不是会走得更远呢?从现在开始,谁最先开始研究其行为模式,谁就能率先把握其消费模式,谁就能率先把握商机。这对于住宅研究和开发来说,也是一样的。

比如我们设想一类人,他们可能是现在的"80 后",也可能是未来的"90 后",他们不喜欢每天在家做饭、吃饭,可能是时间问题(因为他们的工作、娱乐和社交占据了大部分时间),也可能是家庭结构问题(可能只有一两个人,人数少,不可能做出丰富多样的菜来,洗洗涮涮还挺麻烦),也有可能是怕麻烦(不想洗菜、洗碗)。但是,他们偶尔也想下一下厨,可能是一时手痒,也可能是带朋友回来。针对这一类人,我们是否可以考虑,在住宅内不设厨房和餐厅,而在公寓楼的特定楼层设置一个集中的小型厨房、餐厅集中区域(图 15),每一户可以购买一套,也可以短期租用。物业设有统一的洗菜、切菜、准备、配送服务设施,免除了你的这些琐碎事务。当住户需要回到自己家的专用厨房餐厅做饭的时候,随时发个电子邮件预定净菜即可。厨房清洁也可以委托物业统一处理。当然住户也可以自己买菜、洗菜、做饭、洗碗。无论是自己享受烹调的乐趣,还是小两口共度温馨浪漫的晚餐时光,还是带朋友来展示自己的厨艺,都是再方便、风光不过的事。这种行为模式,也符合"80 后"或者"90 后"的生活理念——只做自己高兴的事情。

再延伸一下,有的人根本没有兴趣做饭,根本就没想过做饭,他也可以不买厨房,可以只买一个小餐厅。在这些小餐厅的集中区,公寓物业设置一个公共的操作间(图

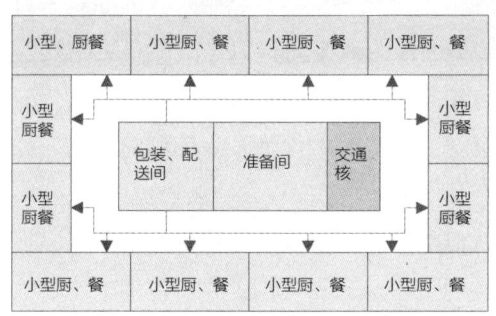

图 15 小型餐厨集中设置楼层平面布局

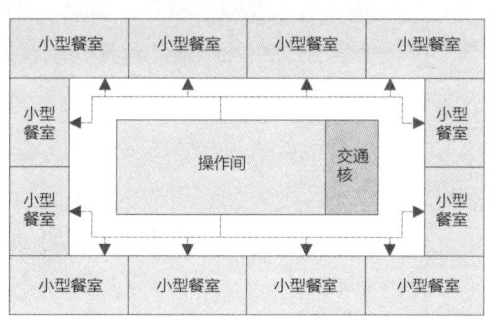

图 16 小型餐室集中设置楼层平面布局

16)，类似在酒店吃饭、点菜，你随时可以预定各种餐食，却是在自己家的餐厅里面吃饭，感觉会很不一样。住户可以按照自己喜欢的风格装饰餐厅，按照自己的需要烘托气氛和情调，也可以随时请朋友来，给他们秀一下。

这样，住宅里面的厨房和餐厅就分离出去了，分离出去之后的住宅平面设计、内部空间设计会有什么变化，倒是我们需要研究的一个课题。

三、炒菜机器人对住宅设计的影响

住宅设计中最复杂的功能空间是厨房，它牵涉到上水、下水、燃气供应、烟气排放、垃圾收集与处理，里面有烹调、洗切、洗碗、消毒等设备设施，可能会出现燃气渗漏、下水道堵塞、地漏返臭、烟道回落及串味、垃圾污染、油烟污染等问题。更重要的是，生活在其中的人不同，生活习惯就会不同，也会带来厨房使用方面的困扰，有的喜欢传统的煎、炒、烹、炸，有的偏好西式的烤、煮。不同的饮食习惯对厨房空间的需求不同，对厨房设备的配置要求不同。同时越来越多的年轻人也不再掌握老一辈的厨艺，名贵的厨房设施也只能成为摆设。有人说，现在年轻人的饮食习惯已经越来越西化，我们只能说有这个趋势，但也应该明白，是大家缺乏传统的厨艺才导致这种趋势在加剧。西餐仍然还只能是偶尔为之，君不见去欧美旅行者，几天之后对中餐的渴望之状。

2007年深圳高交会上，繁星公司展出了中式的炒菜机器人——爱可（图17、图18），引起了强烈的轰动。海外的中餐馆以及国内的行政机关食堂、军队等建制单位食堂的订单蜂拥而至。笔者曾经和朋友专门前去考察并品尝了机器人爱可为我们烹制的五道菜，那味道确实是大师水平。

爱可机器人采用明火炒菜，搅翻、掂锅等手艺一应俱全。其烹制菜肴的经验来自于全国八大菜系22位大师级厨师经典菜肴烹制过程的数字化，但是其配料更精确，火候控制更到位，所以出来的菜肴色、香、味均能保证。

如若炒菜机器人设备在未来进入家庭，会对我们住宅的设计产生深刻的影响，我们可以从以下几个方面进行研究：

1. 炒菜机器人的目标客户人群在哪里？他们的核心功能需求是什么？这部分深圳大学和繁星公司在三年前已经做过一次普及性的调研，现在我们需要将范围锁定在住宅领域进行深入的研究。

第二章 产品设计

图17 繁星公司展出了中式的炒菜机器人——爱可
（图片来源：繁星公司技术资料）

图18 梦幻的机器人餐厅（图片来源：繁星公司技术资料）

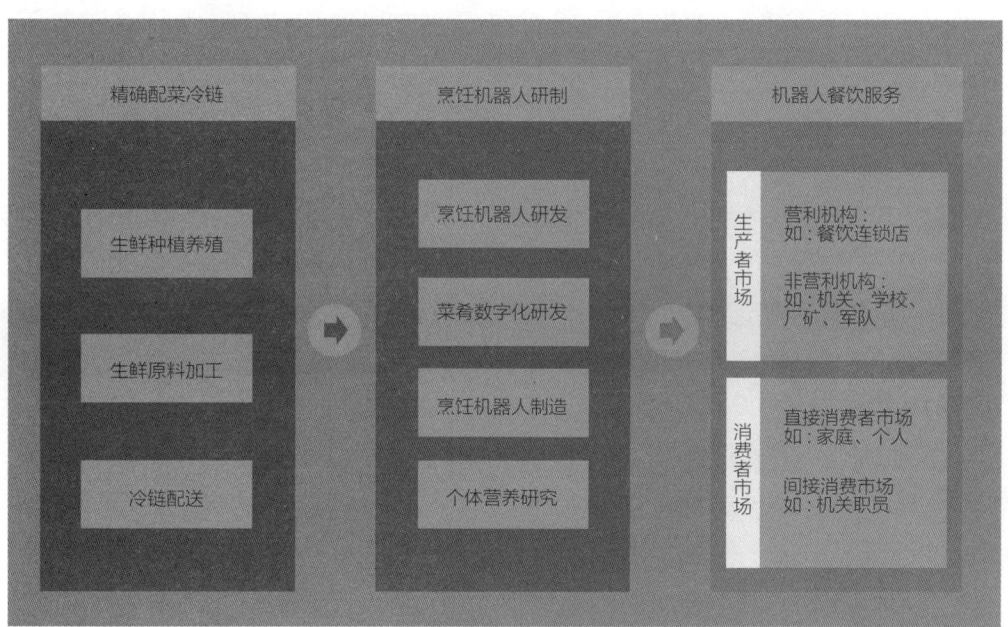

图19 围绕炒菜机器人将形成新的产业链（图片来源：繁星公司技术资料）

225

2. 炒菜机器人进入家庭后对厨房、餐厅乃至客厅的平面设计会产生什么影响？他们又会对整个住宅的平面布局产生什么影响？比如，是否不必考虑明厨的问题了，是否会出现暗厨房？是否会结合居住空间留出更多的外立面资源？

3. 炒菜机器人的燃气系统、上水、下水系统、排烟系统将会产生什么样的变化？其和住宅其他管道体系的接口技术是什么样子？

4. 炒菜机器人采用的"原材料套装盒"（在一个分成 5 个分隔的盒中可以分别装入一种主菜、两种配菜、两种佐料，放入机器后，机器人可以根据电脑程序，在不同的时间按顺序放入主菜、配菜和佐料）将对现行的超市、社区服务中心、净菜配送体系产生什么样的影响（图19）？

5. 受其影响，未来围绕炒菜机器人将形成一个什么样的产业链？

四、"拆迁 + 廉租"住房

2005 年中集集团的两位专业人员曾经和笔者交流过他们的特种集装箱的业务，提到由 10 英尺的集装箱建造而成的小型旅馆在国外已经建成多座，当时并没有引起笔者的关注，因为当时笔者的精力全部放在了预制混凝土结构体系住宅的研究上面，这真是墙里开花墙外香啊！

现在，两年过去了，事过境迁，笔者忽然发现这是一件极有意义的事情。因为近年来，中国城市的建设日新月异，城市更新改造的工程浩大，许多拆迁造成安置困难。集装箱式的房屋不失为解决拆迁安置房短缺的一种有效途径。首先，它建造速度快，模块式叠加、组合，可以短期建造完成，其次，它可以循环利用，这一批使用者回迁之后，可以转移到另一个地方，给下一批人使用，拆、运、安装都可以很方便、很迅速地完成。关键在于它能在任意政府指定的临时安置点建造完成，并能就近方便原来居民的生活和工作。

另一方面，这种房屋也可以成为廉租房的房源。自从住宅保障体系的建设被提上议事日程以来，各地政府都面临着巨大的压力，深圳市政府 2008 年就面临着提供 40 万 m^2 廉租房的压力，其中 20 万 m^2 政府已经委托万科以工业化的方式进行代建。而未来，集装箱式房屋也不失为解决临时性廉租房的一个有效途径。这样集装箱式房屋的所在地要重新进行规划时，拆迁更容易，也可以很方便地转移到新的开发区建设工地等外来劳务工集中的地方，以满足廉租房这种居住主体的过渡性、不确定性的要求。

关于集装箱式房屋，我们需要研究以下几个问题：

1. 如何在最小面积内满足单人、双人、一家三口等不同居住主体的基本居住需求？

2. 如何以最经济的方式实现集装箱房屋的结构安全、保温、隔热、隔声等基本物理性能？

3. 如何实现最有效的内部管网连接以及与城市基础设施（水、电、燃气、通信）的接驳？

4. 如何在保证安全和基本居住性能的情况下，最有效地节约利用土地——容积率问题？

5. 物业管理方式的探讨，如何实现居民自治，实现最经济的物业管理？

结语

以上只是笔者近期在思考的几个和居住有关的命题，同时也在和深圳大学、《住区》杂志等单位的朋友进行探讨。其实关于居住的边缘课题研究方向还有很多，我们也应该有更大胆的想象，比如是否可以用基因控制的方式培育出能够自然生长出来的绿色植物住宅等，希望其他学科的专家加入居住的课题发掘中来。

本文发表于《装饰》2008 年 3 月总第 179 期

生活是一种智慧

和其他动物比起来，人是一种智慧的生物，人类靠自己的智慧生活着。近日读妹尾河童的《杂记本》，又去了一趟福建，有些感想。

在厦门鼓浪屿的洋人俱乐部看到一个铁笼子（图1），类似鼓型，一端可以打开，在里面的8个套环里可以装入8瓶香槟酒或者啤酒，然后将铁笼子沉入水井，靠井水进行冰镇冷藏。深水井的水温正好和我们现在的冰箱冷藏室的温度一样，常年保持在4摄氏度左右，所以，即使在没有冰箱的年代，一样可以喝到冰镇啤酒。

我想起小时候在家乡，看到一些能工巧匠将一些简单的材料、用一些简单的方法

图1 铁笼子

图2 福建土楼门闩鼻儿

加工成方便实用的工具和生活用品，心里面对他们充满敬佩之情。比如：用棉布条的虹吸现象给自己栽的花进行持续地浇水——这应该是现在最先进的"滴灌技术"的原始形式吧。在福建土楼，我看到了更多的这种用土办法解决洋问题的方法，或者说是用适宜技术来解决高科技问题的方法。首先我们来看看土楼的大门门闩鼻儿，它是一个活动的钢板，内外各有一个圆孔可以穿入钢门闩（图2）。主人在家的时候，就将门闩鼻儿向内拉，内侧的圆孔就会露出来，门闩就可以从内侧锁上。主人出外办事或者下田干活的时候，就将门闩鼻儿向外拉，外侧的圆孔就会露出来，门闩就可以从外侧锁上。真是一闩两用呀。我们再来看看他们的木质百叶窗。这种百叶窗由内外两层竖向木板条窗组成，木板条的宽度稍微大于空隙的宽度。外层窗是固定的，内层窗是活动的，可以在滑槽内左右滑动，其滑动后木板条正好可以将外层窗的空隙挡住，将窗户完全封闭。主人自己完全可以在室内控制采光量（图3）。这种百叶窗还有一个特点，那就是你不能在外侧将其关闭，如果你试图在外侧将其关闭，它会夹住你的手。

我小时候，家里有一种自制的工具：一大一小两个圆环，上大下小，上下两个圆环之间用三根撑杆连接起来，下面装上几个球形滑轮，成为一个学步车，把正在学步的小童放在里面，他就可以自己推着小车随心所欲地往前走了，这种小车就像一个游泳圈一样环在小童的腰间，保护着小童不会摔倒。

妹尾河童的《杂记本》上说到，在参观莎士比亚故居的时候，你能看到莎士比亚出生的房间内立着一根能够转动的木桩，桩上横贯着一根木棍，木棍上有一个半圆形的环状物，据说这就是幼儿时期的莎士比亚用来靠扶的学步器。妈妈在一旁做饭的时候，小莎士比亚就在那儿像"推磨"一样蹒跚学步，不用担心他的安全问题了（图4）。

一直到现在，仍然有许多时候，在和一些无学历的师傅一起工作的时候，发现他们会采用一

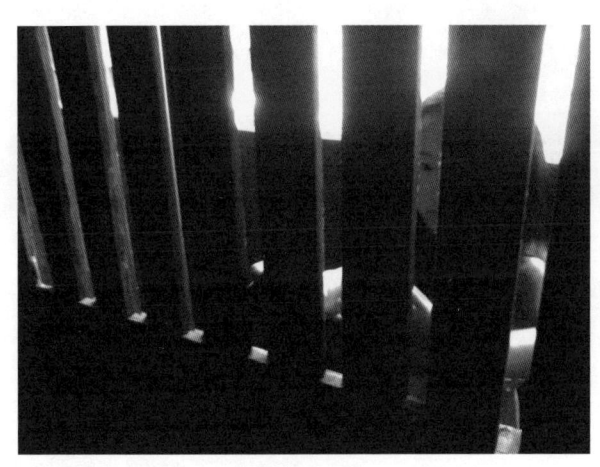

图3 可以在滑槽内左右滑动的百叶窗

图 4 莎士比亚出生的房间

些简单实用的方法，因地取材、因陋就简，取得意外的效果，令我这个"高材生"啧啧称奇。在和朋友交流的时候，他们也有这种感受。我的朋友和我说起一件事，他说在家里装修的时候，墙角有几根水管，他想做一个管井将水管包在里面。想了几种方法都不如意，觉得占用空间太大，后来向装修工人征求意见，工人师傅说，这简单，你直接在几根水管的缝隙里面填砂浆，表面做抹灰就可以了，保证占用的空间最小。确实如此，我们知识分子称呼工人师傅为"师傅"是有一定的道理的，劳动人民的智慧是无穷的，尤其是在物质条件匮乏的时候，更能体现出这种生活智慧的难能可贵来。

早年在湘西实习的时候，以及我后来去南京、苏州旅游的时候，对当地民居的"马头墙"留下了深刻的印象。在木结构的建筑中，马头墙有它实际的作用，并且非常重要，那就是它起到户间防火墙的作用，就如在《建筑设计防火规范》第 5.1.1 条规定"防火分区间应采用防火墙分隔"，第 7.1.1 条规定"防火墙应截断燃烧体或难燃烧体的屋顶结构，且应高出非燃烧体屋面不小于 40cm，高出燃烧体或难燃烧体屋面不小于 50cm"。虽然是为了防火用，但是居住者为了追求美，将它们做成了马头的形状，还在它们上面做了许多装饰，体现出朴素的美来。在日本也有类似马头墙一类的做法，他们称之为"卯建"。

"卯建"就建在自己家和邻居家之间的分界线上面，因作用是防火墙，所以也建得比房顶高很多，而且，"卯建"在日本也被称为"转火"或者"返火"，非常形象地说明了卯建的防火墙功能。

在我们去逛大型家具市场的时候，我们经常看到一些非常豪华的大型家具，比如三人真皮沙发之类的，虽然喜欢，却担心如何搬进家门，因为我们的楼道和入户门以及户内的门都太小了。有不少情况下，也是劳动人民给我们这些"建筑师"擦屁股，想出了从窗户、阳台等地方将家具吊运上去的办法。在国外，大家一样面临着这些问题。在古代荷兰，为了吊运家具方便，从建筑设计之时就已经考虑了家具吊运的问题。

第二章 产品设计

图 5 荷兰村 17 世纪的街道

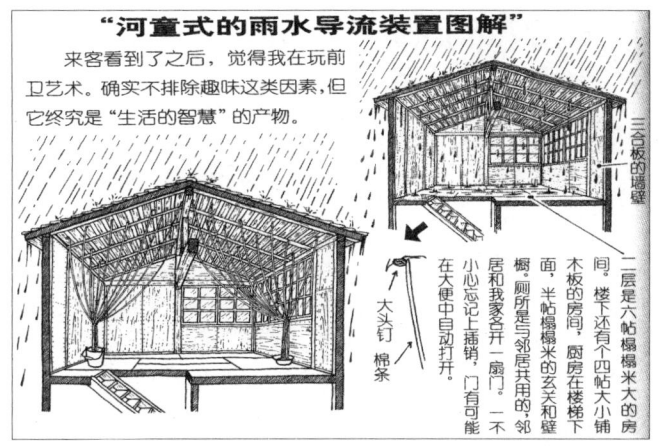

图 6 河童式的雨水导流装置图解

古代荷兰的房子外墙，向着街道倾斜，这样吊运家具时，就不会挂着其他东西（图 5）。其实，生活的智慧就是这样体现在点点滴滴上面。

妹尾河童先生还提到，他最初结婚的时候所租住的房子千疮百孔，他数了一下，在下雨的时候屋顶共有 21 处漏雨的地方，于是他想出了一个办法，用大头钉把长长的棉布条钉在漏雨的地方，再把垂下来的棉布条分成两股扎在一起，放在两边的水桶里面，雨水自然就会顺着这些棉布条被导流至两个水桶里面，这样房子的中间部分就有了一块不漏雨的空间，可以铺被子了。由于没有天花板，整个房间的屋顶一览无余，白色的棉布条从屋顶垂下，密密麻麻像蜘蛛网一样，整个场景看起来就像是一件装置艺术品。他给自己的这个发明起名叫"河童式的雨水导流装置"（图 6）。

所以当你生活窘迫、身居陋室之时，那就更是你充分发挥生活智慧的时候，你大可以不必唉声叹气。发挥你的创造力，利用简单的工具和材料解决问题，智慧地生活。

★ 部分图片来源自：《河童杂记本》，生活·读书·新知三联书店出版，妹尾河童著

本文发表于《万科周刊》杂志 2008 年 7 月总第 41 期

建筑的本源是空间

2005年我曾受邀参加了一个室内设计师沙龙。参会人员多为室内设计师,他们纷纷对室内设计界的一些焦点问题提出了自己的意见和建议。在整个过程中,我作为一名建筑师(可以说非业内人士)一直在静静地旁听,同时也在下面深深思考一些相关问题。大家的发言针对性很强,针对设计师们对空间的需求,对细部节点以及材料做法的需求提出了改进的建议。但遗憾的是,至始至终没有将讨论深入到建筑的本源问题。虽然大家都对"空间是建筑的本质追求"没有异议,也对设计的技术提出了需求,但我们追求技术、追求空间为的是什么?这才是问题的本质——为的是满足使用者(人)的需求。大家是在没有弄清楚目标(为谁做、做什么)的情况下就开始讨论手段和过程(怎么做),这当然是空中楼阁,没有根基。

要弄清楚这个问题,我们还是必须先从"空间"说起,因为空间是建筑的本质追求。在老子《道德经》第十一章中有一句话"三十辐,共一毂,当其无,有车之用。埏埴以为器,当其无,有器之用。凿户牖以为室,当其无,有室之用。故有之以为利,无之以为用。"这句话就揭示了这个道理。它的意思是说:三十根辐条共用一个轴,车轮要留出空处来装车轴,车才能使用。用陶土做器具,要使中空,才能盛装东西。建房子要空出地方来造窗户,房子才能使用。这些空出来的地方什么都没有,却能为我们所用。我们可以这样理解:我们建造有形的"建筑实体"是为了形成"围合起来的空间",其实人们的真正需要不是建筑物本身,而是其"空"的部分。人们就是在"空"的部分进行各种活动。

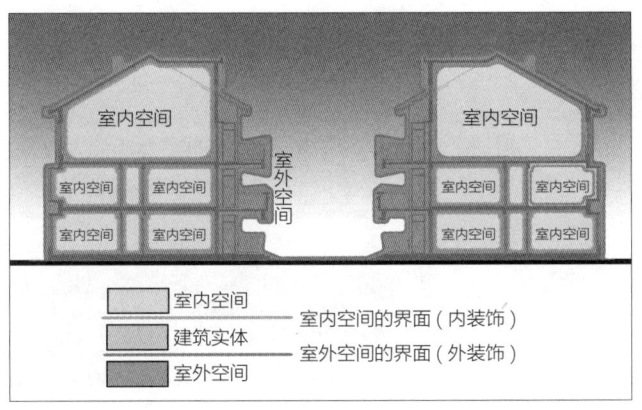

图1 建筑的空间和实体

从2004年下半年开始我就一直在深入思考空间和实体的关系问题。我将老子《道德经》的观念推而广之，从而将空间分为"室内空间"和"室外空间"，其中间的分隔物就是建筑实体部分，建筑实体塑造了内外空间的形状。我再将建筑实体细分为"中间实体"部分和"内外装饰"部分。内装饰部分是实体和室内空间的"交界面"，外装饰部分是实体和室外空间的"交界面"。内装修参与塑造室内空间的形状，而外装修则参与塑造室外空间的形状（图1）。

在没有装饰的时候，我们也能得到空间，并且此空间也能满足人的基本使用需求，就如远古时期的山洞、树洞一样具有庇护的功能。根据马斯洛的需求理论，在人们的基本功能需求（生理的和安全的）被满足后，就会有更高层次的审美需求（社交的和尊严的），于是建筑装修就出现了。所以空间的形状、形式、装饰都是人在不同层次的需求罢了。建筑师的任务是塑造基本的空间，同时更多地考虑了室外的装饰效果，而对同样重要的室内装饰却抛开了，这就有了室内设计师的用武之地了。术业有专攻，这本来是对的，但同时也带来了一些问题，我们的建筑师在看到了由室内设计师完成的室内装饰后，往往会发出遗憾的感叹，认为室内设计师没有体会出他的原意。所以，建筑界许多有名的建筑大师是不会将室内设计这一块内容抛弃的，甚至连室内的家具设计都是亲力亲为的，至少也会在室内设计过程中占据主导地位（图2）。

但是在近年来的国内建筑设计中，我们常见到这样的情况：建筑师不考虑室内设计，室内设计师又无视建筑设计中结构、设备等的合理性，设计分工在带来设计深化的同时，也造成了设计的脱节，这不仅影响了建筑内外空间的一致，同时也造成了不必要的浪费和设计上的遗憾。在这里，我们不得不思考建筑设计与室内设计的界定与联系，但相对于界定而言，我们更需要的是相互配合，尤其是在空间、技术等方面更

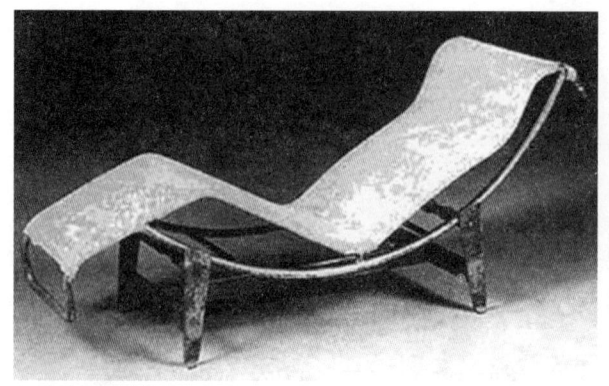 

A：柯布西耶躺椅　　　　　　　　　　　　B：Grand Comfort 沙发

图2 建筑大师柯布西耶设计的家具

是如此。从这一点上来说，我倒更希望将来有一天室内设计这一行业消失了，我们的建筑从实体、空间到室内、室外的装饰均是由一人设计，贯穿同一设计主题。这也许会是室内设计师的悲哀，但今天却是建筑师的悲哀了。有室内设计师存在的今天，我们只有通过建筑师和室内设计师的多多交流，协同工作，完成创造美好生活空间的伟大任务。

　　上面的讨论，我们仍然没有接触到本质的问题——人的需求是什么，我们要做什么？大的方面来说是人的需求是"功能需求（生理的和安全的）"和"审美需求（社交的和尊严的）"，以及更高层次的"自我实现需求"。我一直认为优秀的艺术（包括室内设计）都应该能够满足人类不仅一个层次的需求，我的意思是说，如果一件艺术作品仅仅能满足使用功能而不能满足审美功能，它就不是一个优秀的艺术作品。仅仅满足审美功能而不能满足基本功能的艺术也就没有生命力。晚餐时我和某室内设计杂志主编谈到香槟酒的瓶塞问题。香槟酒一直使用软木塞（橡木），并不是因为其他的材料不能满足功能需求，而是人们就是喜欢听开瓶时"呼"的一声的声音，这会给人带来愉悦感，这是审美层次的功能。但软木塞也有它自己独特的功能性。软木塞是用橡木树皮做成，质地松软，见水后膨胀能将酒瓶塞紧，同时其纤维素中的某些无害成份可以渗入酒中，使酒更香醇，这和葡萄酒贮藏时均采用木桶是一个道理。可以想象，如果软木瓶塞仅仅只能给人们带来"呼"的一声的愉悦感，而不能将酒瓶塞紧，还需要另外一种材料做成的瓶盖来满足其基本功能要求,那该是一种什么样的感觉呀——"呼"的一声的愉悦感早就被操作的不胜其烦抵消了。

所以在我们的生活中,艺术是无处不在的,各种艺术也是相通的。我们做的艺术就需要使人能观、能触、能用,阳春白雪可以共存。但这还没有到达顶点。人的最高层级的需求是自我实现的需求,这又如何实现呢?就如中国画里的留白,给人们留下无限的想象空间,创造出"此处无物胜有物"的意境,同样的,我们也不能将所有的东西都做"尽"了,要留给人参与的空间,留给人自行创造的余地。通过参与完善,从而使人们产生自我实现的愉悦感。

那么,在室内设计领域,人的各个层次的具体需求究竟是什么呢?这就需要我们设计师去关注、调查用户的活动行为特征了。我们可以从市场营销学中学到类似的调研方法,那就是:首先穷尽人对室内空间各个部分的需求。再对其进行归纳分析,寻找出其认为"重要但未被满足的需求"(图3)。如果我们潜心设计去满足人们这部

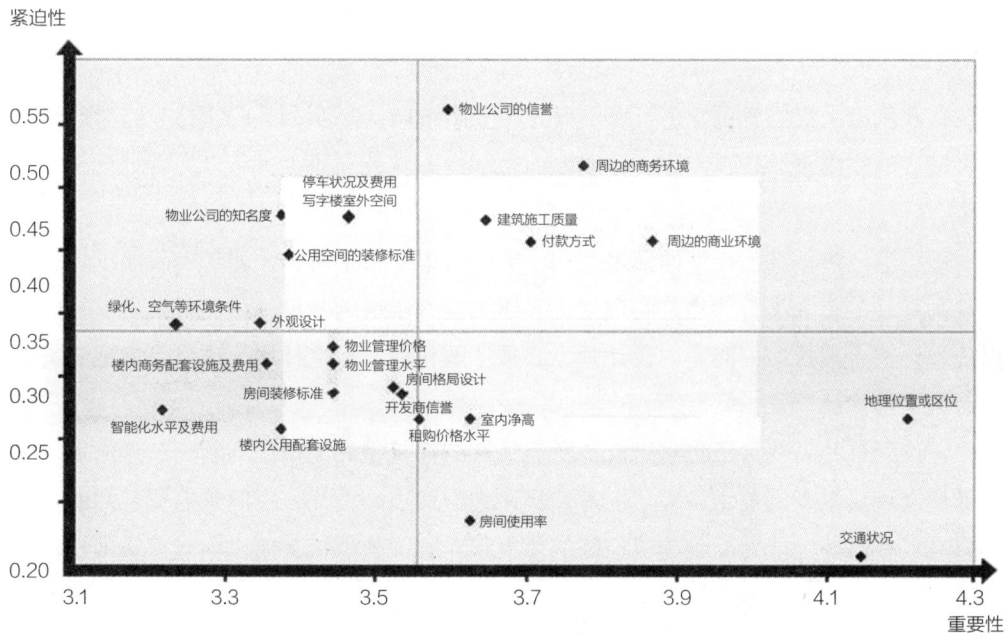

图3 需求坐标系:右上区域内的内容是既重要又紧迫的需求要素,需要立刻解决。左上区域内的内容是很紧迫但不太重要的需求。(示例)

分的需求，我们岂会不成功？

举一个例子，我们曾经对门厅的功能需求进行穷尽描述，如下：

需要有一个能够摆放手提包、手袋等物品的台面；

需要有一个储存钥匙、钱包等小物品的抽屉；

需要有储存鞋子、鞋油、鞋刷等物品的柜子；

需要有储存大衣等外套的临时衣柜（寒冷地区）；

需要有存放婴儿推车、体育用品的地方；

需要有挂帽子的架子；

需要有一个小镜子方便出门前照一下（注意朝向）；

需要考虑合适的光线——自然光、灯光；

人可以站在完全打开的门后，以便让客人进来；

需要为老人坐着换鞋提供坐的地方；

需要有对讲机和照明开关等设备的位置；

需要有装饰性；

……

在此基础上我们就可以进行家具设计和平面布局、装饰设计了（图4）。这样一来，通过精心的室内设计，在一个十分局限的空间内，功能与审美就可以完美地结合在一起了。

到了这一步，我们自然而然地就到了需要考虑"技术解决手段"的阶段了。室内设计师必须涉猎人类行为学、心理学、人体工学等学科的知识，从而从技术、技能上保证设计的合理性。同时室内设计师也必须了解材料、构造技术，这也是实现完美的节点设计的保证。

讨论到这儿，我终于将室内设计所需关注的建筑空间的本源问题——人的需求及其如何发现满足人的需求说完了。最后我还想说两点：首先，空间是需要感知的，我们只有"在场"才能感受到建筑空间的伟大和对心灵的震撼。所以西方建筑师特别重视"游历"，当然"游历"对室内设计师也是一样重要。仅凭杂志上的几张照片无论如何是不能使人体验真实的建筑空间的。然后，技术也是室内设计师应该关注的重点。从新材料和新技术的应用、精彩细部的节点构造设计、现场施工技术的研究等，都是

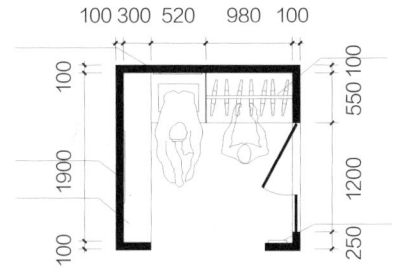

A：能够容纳两人同时活动——换鞋和更衣

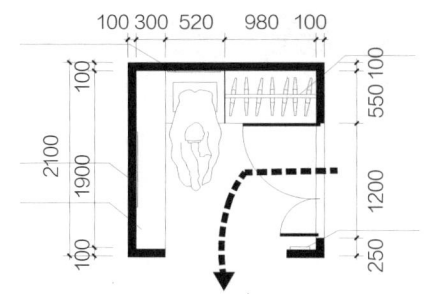

B：一人换鞋时门能完全打开方便其他人出入

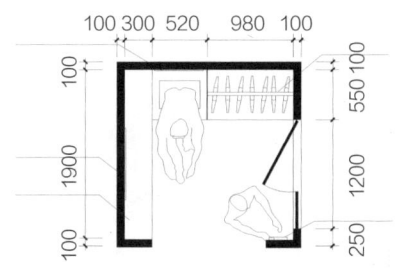

C：一人换鞋时，另一人能够接听对讲，为来访人员开启单元门锁

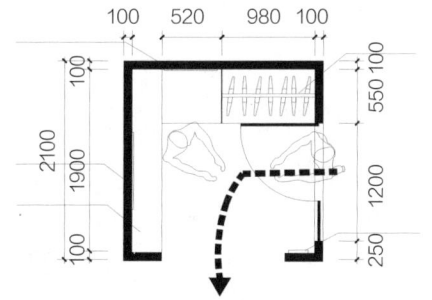

D：迎接客人打开门时，门后要有足够的空间供主人站立

图 4 门厅的解决方案——尺度和流线问题

国内室内设计师整体水平提高的基本要求。建筑艺术与其他纯艺术的区别之一，在于它无法建立在空想的基础之上，它需借助于技术的支撑，而同时技术的发展也常常给建筑艺术注入新的内容。没有技术的支撑，单纯的空间构成只能是浮躁而空洞的。建筑大师安藤忠雄的成功，不仅源于空间设计上的造诣，也源于他对材料和施工等技术的把握。年轻时在建筑工地上学习的经历，使得他对材料尺寸、节点构造、施工细节等有着亲身的感受，这帮助他在设计的同时能准确地把握建成后的效果。在不了解材料、构造、施工技术的情况下，再精心设计的图纸，也无法完全控制施工的结果。

本文发表于《万科周刊》杂志 2006 年 4 月总第 491 期

过剩就是浪费

一般来说，"做不到"、"达不到"都是贬义词，意味着"不合格、不及格"，但是事情做得过了头，一样不好，故有"过犹不及"之说。在日常生活中，这样的事例多得不胜枚举。

计算机的普及给科研、办公以及生产管理带来了极大的便利，将更多的人从一些繁琐和机械的劳动中解脱出来。但是计算机和现代信息系统的运行速度过快，提供的信息量过大，远远超出人的思维速度和人对信息的接受与理解能力。浩如烟海的信息库一方面为我们的工作和生活带来丰富的咨询，另一方面如果信息管理系统跟不上，索引系统不完善就会出现信息混乱的情况，相信大家都有被分类不清、标识混乱的信息索引指引着像瞎猫一样乱撞、浪费许多时间而一无所获的经验吧？这是信息过剩带来的浪费。

在制造业颇具盛名的 TPS（丰田生产方式，Toyota Production System）在形成过程中就充分注意到了这种生产过程中的信息过剩和生产过剩问题。它认为过剩的信息是导致生产过剩、程序错乱的原因，所以必须抑制信息过剩。TPS 摈弃了以计算机系统传递信息的管理方式，启用"看板"——即让产品本身起到传递信息的作用，借以控制过剩信息和过剩生产的浪费。上下道工序之间通过看板（就是放在塑料袋里的纸卡片）传递生产信息。而看板总是要同实物结合在一起，实物有时候是部件（如发动机）本身，有时候是装部件的运输工具（如台车）。看板上的信息从生产线的最后一道工序向前传递。后一道工序去前一道工序取下一批部件时，顺便将下下一批的"部件需求看板"送到前一道工序上，这样大家得到的生产需求是可视的，是确定的。整条生产线按需生产，每一道工序上都不会发生生产过剩的现象。反过来想一下，如果将每月的生产计划一下子通过计算机系统发送到各工序，各工序就会迅速将部件生产出来，如果计划有调整（根据市场变化调整计划是经常之事），就会出现生产性浪费，造成部件积压。而 TPS 认为部件积压是生产型企业最大的浪费根源，因为有积压就会出现库存，有库存就必然要建造仓库，有仓库就必然出现仓库和生产现场之间的搬运，还要有仓库的管理，仓库的管理不仅需要人员，还有不断更新仓储管理等计算机系统，这些都会增加成本，而这些不是生产制造所必需的成本，它就是浪费。这是信息过剩导致生产过剩，从而产生浪费。

日本不仅将避免过剩的概念应用在制造业内，而且将其推广到其他领域，包括建筑行业。我们一提到建筑业，经常会联想到工程质量问题、豆腐渣工程等，一般都是质量不合格，难道还会出现质量过剩不成。其实，在建筑业内也普遍存在着两种质量过剩问题。

关于第一类，我们先看一个实例。我们的住宅建筑设计规范里面要求，建筑物的结构设计年限是 50 年，而实际上屋面防水系统的寿命在 10 年左右，管线系统一般也不会超过 10 年～15 年，内装修更不会是全寿命的。假设我们的建筑用到 10 年就拆除，管线系统和内装修系统已经到了它使用寿命的尽头，但结构系统却远远没有有效发挥出它应有的价值，我们说相对防水、管线和内装修而言，结构体系的质量是过剩了。于是结构系统质量的剩余部分就造成了浪费，这是系统各组成部分之间的质量不匹配造成了质量过剩，从而造成了浪费。

第二类是设计师担心现场的施工质量不好，所以设计时取很大的保险系数。比如，设计师担心施工现场的钢筋混凝土强度达不到等级，所以在结构计算取的保险系数过大，这就会导致用钢量过大，造成质量的过剩。再比如，设计师担心砌筑外墙或者预埋水管出现渗漏会影响结构体系的质量，使结构体系受到破坏，所以也会考虑增加结构体系保险系数，从而造成质量过剩。实际上这两种情况都是设计的质量过剩造成的浪费。

那么如何避免建筑领域的这种质量过剩造成的浪费呢？

首先应该使各系统本身的质量尽量均衡，使各部分的使用年限尽量趋向一致，但

第三章 产品设计

图1 万科在标准化项目上应用的外装工业化部品，包括铝合金门窗、阳台栏杆、楼梯栏杆、成品花池、空调位等

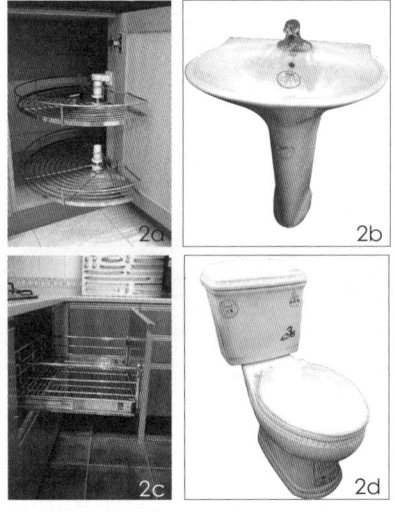

图2 百安居提供的部品材料应有尽有，如：钩康德式四边抽篮、转角盘、洁具、坐便器

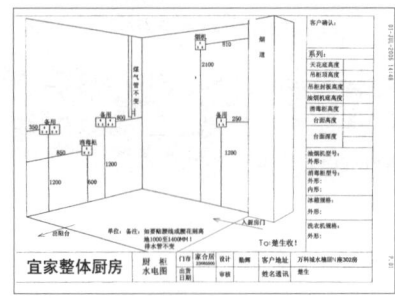

图3 宜家整体厨房的现场测量图

由于受材料和系统的本身特性所限制，各系统之间是不可能达到年限相等的状态的。其次应该使围护体系和设备体系、结构体系分开，以便于使用年限较低的系统能够方便地进行维护、维修与更换，以两倍、三倍甚至更多倍的使用年限去和结构体系的使用年限取得平衡，充分利用结构体系的价值。最后，确保围护系统和管线系统的施工质量是可控的，能够达到设计要求，就不用再通过提高结构体系的保险系数来保证结构体系的安全性了。

实际上，实现上述要求的途径就是住宅的工业化。具体来说，工业化可以带来如下好处：

一是使住宅各系统的质量尽量取得均衡。

现代住宅的功能日趋复杂，其建造过程中使用的工业制品（构件及设备）越来越多，诸如铝合金成品门窗、成品木门、金属栏杆以及各种管线系统、家用电器、电气设备和卫浴设施（图1），已经在不知不觉中工厂化了，我们到百安居、乐安居之类的建材和装修市场去看看就会大吃一惊（图2）。除了上述比较成熟的工业产品以外，正在工厂化进程中的是整体橱柜、衣柜和卫浴柜等，这些固定家具现在都是生产厂家到户内测量尺寸（图3），按照客户的要求设计出图纸，然后在工厂内加工成可现场拼装的构件，最后运到现场进行安装。它们真正实现工厂化的前提条件只差一个了，那就是标准化的户型设计。这些工业化的产品在和其他现场施工的结构主体、围护体系、隔断体系进行组合与连接时，存在预留条件有误差，尺寸有偏差，施工工序有交叉，成品保护措施不力等问题，对这些工业化的产品质量与性能造成损害。未来建筑主体若都采用工业化的方式生产建造，可以在生产阶段即预留好准确的安装条件，遵循先大型构件后小型构件的施工安装工序，进行精确的施工与安装，充分发挥各部品、构件与设备的性能水平，达到尽可能的质量均衡。

二是工业化带来住宅各系统之间的分离。

传统的住宅建造方式是结构梁板柱与外墙屋顶均在现场同时浇筑、砌筑施工，而设备管线会预埋在现浇混凝土里面或砌体结构里面。这种建造方式有以下几个问题：后凿开孔、开洞、开槽进行埋设管线的施工方式对结构主体及围护、隔断系统产生不良影响（图4）；天气因素会影响水泥砂浆和混凝土的浇筑质量以及防水、保温材料的施工质量；设备系统的老化、渗漏会对其他体系产生不良影响；对设备体系的维修和更换会对其他体系造成二次破坏等等，这些因素都会使各体系的质量和性能不能得到充分的发挥，从而造成浪费。

图 4a 现场开关、插座及管线开凿情况，造成人力和材料的极大浪费

图 4b 入户配电箱处，由于管线密集，120mm 厚的墙被凿透了

图 5 工业化的管线在吊顶内（日本实例照片）

而住宅的工业化可以很好地解决上述问题:所有预制构件均可以在工厂预制时预留孔、洞、槽,因为各构件均是工厂预制,可以保证尺寸的精确度,不会出现预留条件对应不上的情况,从而避免现场的开孔、开洞及开槽对住宅整体质量带来的不良影响;由于是在工厂内构件预制,混凝土的养护可采用蒸汽养护,其质量不会再受低温天气的影响,而防水材料和保温材料在工厂内敷设到构件内,也不会再受雨雪天气的影响;设备管线穿过预制构件时会有可拆卸的管套等措施保证其方便地维修与更换,而水平方向则在架空地板及吊顶内实现同层布线(图5),使检修更加方便。不需要再破坏主体结构和围护系统了;同时因为可以方便地维护与检修,可以及时地发现问题、解决问题,也就减少了其老化、渗漏对其他系统带来的不良影响(图6~图8)。这样,无论是寿命长还是寿命短,各种体系都能充分发挥自己的性能,在住宅的全寿命周期内,寿命短的体系通过维护与更换来匹配寿命长的系统,从而避免部分系统出现质量的过剩与浪费。

三是工厂里面的质量保证体系能够使围护系统和管线系统的质量得到保证。

传统建造方式的维护系统,尤其是外墙,应用最普遍的是砖混结构的承重外墙和框架结构的填充式外墙,这两种外墙都属于砌块砌筑式的,是由施工现场的建筑工人一块一块地砌筑起来的。砌筑式的外墙有很多问题:首先,中国建筑工地上的工人一般都是农民工,都是"放下锄头,拿起瓦刀"的情况,没有受到基本的专业技术训练,所以其砌筑的工程质量得不到保证。砂浆配比是否正确、砂浆是否饱满,灰缝是否平直、均匀,防水层、保温层是否连续,均需现场管理人员加强监督,而一旦现场监督松懈或管理人员不到位,就会出现质量问题。另外,建筑工人会由于拖欠工资等问题引发其心理问题,故意或非故意地造成工程质量问题。其次,砌体结构本身就有很大的局限性。一是砌块之间的粘结是否牢固,受砌块的吸水性能、砌筑砂浆的保水性能、砂浆的配比以及施工工艺,如是否将砌块先浸湿、浸湿程度等多种因素的影响。二是房屋整体因地基不均匀下沉、温度变形、框架变形、地震荷载等因素影响时,砌块之间的粘结力不足以抵抗上述因素所带来的应力时就会产生裂缝,砌体裂缝使饰面层、防水层、保温层开裂,造成饰面层脱落、外墙渗水、保温性能下降,甚至出现坍塌(图9、图10)。

住宅的工业化实际上是将现场的大部分工作转移到了工厂里面去完成。工厂的技术工人拥有比现场工人更好的技术背景,也比现场工人拥有更好的生活与工作条件。

第二章 产品设计

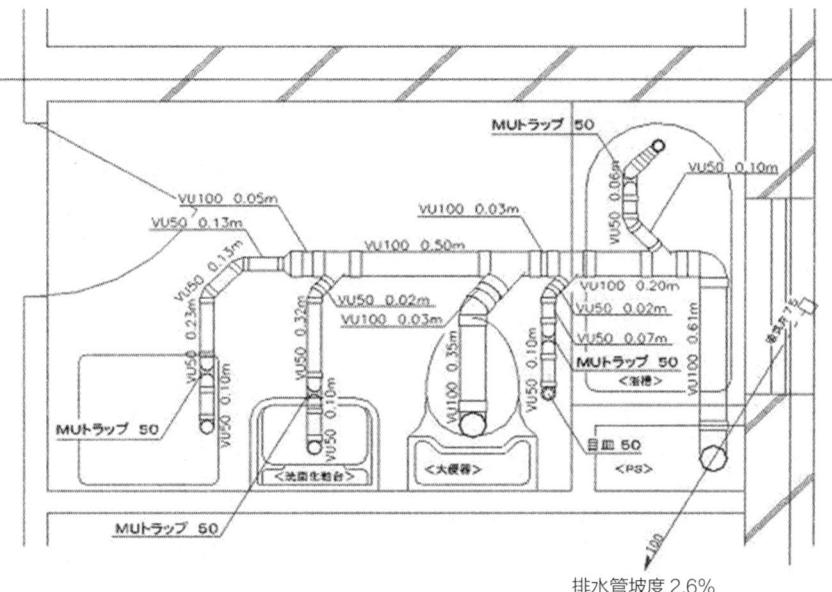

图 6 中国现状的给排水设计图－卫生间详图

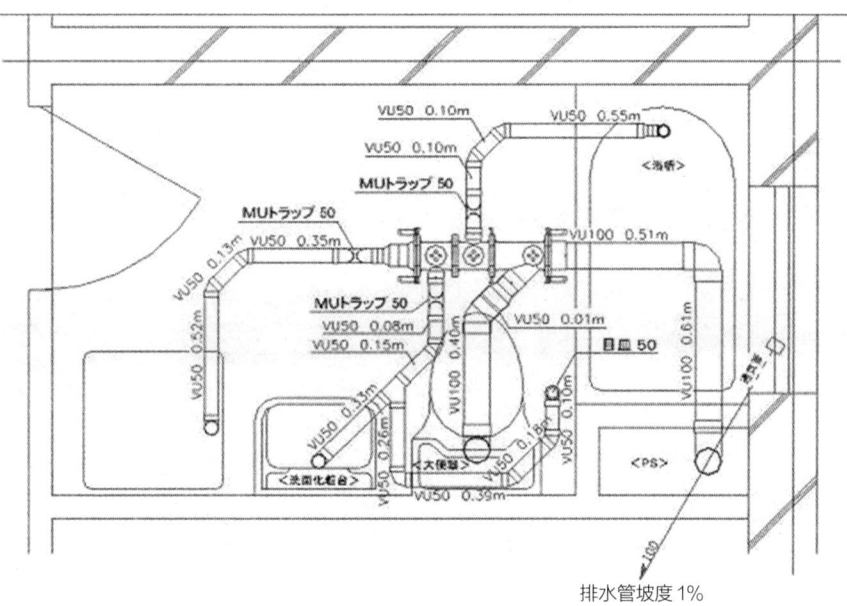

图 7 日本的同层给排水设计图－卫生间详图（采用了排水集水器）

243

施工前,做完防水先铺排水主管　　连接屋内排水主管和屋外排水主管　　连接用穿墙套管

彩色粘胶剂　　五金件固定用MS胶粘剂　　透明管道

支撑柱和固定用胶粘剂　　配管情况　　支撑柱设置情况

架空板设置情况　　五金件固定情况　　清扫情况

图8 日本采用排水集水器系统的同层给排水试验

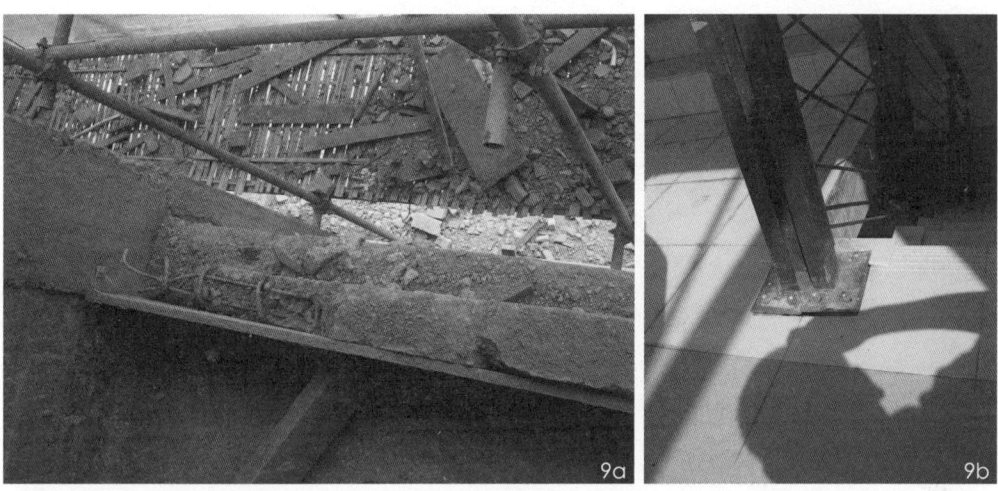

图 9 现场施工质量问题：(左图)楼梯间的混凝土反坎强度不够，还没有安装防护栏杆就已经被碰碎了，钢筋都露出来了；(右图)楼梯栏杆的安装不合格

图 10 现场保护问题：左图安装了窗框护套，右图的护套不知道哪里去了，竹筏直接搭在铝合金窗框上，窗框的滑槽内满是水泥类的建筑垃圾，到工程交工时窗框几乎完全破坏

在较好的工作条件下，具有较高技术能力和良好工作心态的技术工人做出的预制外墙又在工厂的质量管理体系的监督之下，其质量可以得到更高程度上的保证。

另外，整体式外墙没有砌块之间的粘结问题，也从其构造设计方面就解决了墙板与墙板之间的连接与防水问题。饰面层、防水层、保温层在工厂内施工，施工质量有了保证，并且各种不利因素造成的主体应力主要作用于各预制墙板的连接处，预制墙板中间部位不会再出现饰面层脱落、开裂、渗水等问题。外墙的性能和质量提高之后，又对主体结构具有更好的庇护作用，减少温度应力及外部气候因素的不利影响，提高房屋整体的使用寿命，因为房屋的寿命取决于主体结构的使用寿命。这样，我们在设计时就可以考虑合理的设计使用年限，不需要过多地考虑不利因素带来的影响，而过多地提高设计的保险系数，造成质量过剩。

  其实，不仅是这些大的方面，只要留心，随处都能发现这些问题，我们要从小处着手。比如，拿一套铝合金门窗来说吧，如果铝合金窗框的使用寿命是 30 年，而使用了一套进口的五金件使用寿命达到 50 年，那么这套门窗的五金件的质量就过剩了，因为将来窗框要更换的时候，会将窗整体进行更换的。

  总的来说，从建筑技术方面来看，要避免质量过剩问题，需要我们从系统的观点出发，综合考虑各体系之间的质量标准，使之协调匹配。工业化是解决这个问题的有效方法。

本文发表于《住区》杂志 2006 年 3 期总 21 期

体现人文关怀的住区景观实现

毛玉清　楚先锋

在一份针对万科社区业主进行的调查问卷中,有一个问题是"你为什么购买万科的房子?"调查结果表明,针对这个问题的回答,"小区配套设施齐全、景观环境优美"的得分竟然高于大家普遍关注的"户型设计合理"和"建筑造型美观"。居住者对景观环境的关注,也促使开发商越来越重视景观环境的营造了。

房子及其所处的景观环境相结合才能形成居住小区,而随着人们物质生活和精神生活的提高,对小区景观的设计和施工的要求也越来越高,尤其在实施过程中更应该关注的人文细节问题。小区景观设计是从规划开始的。首先经过景观设计师结合市场、发展商的要求及小区建筑风格来给小区景观进行档次风格定位。无论最初的概念规划设计、方案设计,还是最后的施工图设计,其设计工作时间大部分是在办公室里完成,到现场的时间较少,故常会出现图纸与现场不符合、不协调的情况。

总体来说,设计师能较好地控制景观的整体效果,但会出现部分细节之处未考虑周全的情况。如在施工过程中发展商从美感和成本上提出了新的要求和变更,以及有些境外的景观设计公司进入了中国市场,由于地域的不同,在材料名称上不统一,或者设计师在图纸中只标明材料大的类别和颜色,施工图中没有具体结构详图。在遇到以上的情况时,就需要在施工过程中将其进一步完善。博雅景观作为东莞万科项目的景观施工战略合作单位,多年来经过不同风格、不同档次、不同区域的小区景观工程施工之后,得到了很多关于小区景观设计、施工方面的感想和经验,在小区景观设计、施工中不断地走向完美。本文便从园建、水电、绿化几个方面,对我们在施工中碰到

图 1 分成两段的台阶踏步及踏步板材　　　图 2 通长的台阶踏步及踏步板材

的一些情况，以及如何对景观设计方案从细节上进行完善加以阐述。

一、园建

园建即园林景观建筑小品，它与住户的生活密切相连，是住户每天在小区中进出、休憩、游玩都触摸得到的。在实施园建设计的过程中，我们会从效果、人性化、成本、维护、功能等方面进行综合考虑进一步完善，使园建满足业主的日常生活使用要求。

1. 材料的选择

比如某一项目的两处住户楼梯，采用了面质、厚度、宽度均相同的石板，但由于所选板材的长度规格不同，铺出来的效果却是截然不同的。其中一个为楼梯的踏面、踢面在长度方面都分别用两块板铺成，另一个为楼梯的踏面、踢面在长度方面都分别用一块整板铺成。两者的成本一样，而后者的效果却比前者好很多，同时可以避免结合层水泥砂浆的污垢物溢出来（图1、图2）。

再如某项目中心广场的花形图案，本来设计用黑色花岗石铺装，成本较高。在博雅和万科的工程师讨论之后，综合考虑工期、效果、成本，根据施工经验，决定改用黑色雨花石来代替。原因一是两种材料在色彩上几乎相近，但通过雨花石的平铺和竖铺两种方法相结合来增加其纹理效果，在效果上要比花岗石的单一性要好很多；其二是雨花石铺贴成本约为花岗石铺贴的二分之一；其三是该工程为住宅小区，花形图案广场旁边设计的是儿童游乐场，当小孩子在旁边玩时，陪同的大人可以在雨花石上漫

图 3 具有脚底按摩作用的雨花石铺筑广场

图 4 花池高 40cm，具有安全隔离作用

图 5 起到踏步端头封堵作用的矮墙

步，具有脚部按摩的作用（图 3）。如此不但使其有了更好的效果，而且也增加了它的功能性。

2. 人性化

比如某项目水池边上设计有花池，花池顶面的设计标高与人行道面层的标高位于同一高度。为了防止小孩子们在互相追逐时不慎掉入水中，我们在施工中将花池的顶面设计标高提高了 400mm，高出了人行道（图 4），有了这样的防护，小孩子们可以尽情地玩乐了。

再如某项目住户楼梯出入口设置有 2 级踏步，但由于现场的标高与设计图纸上有些出入，在施工时需增加到 5 级踏步，我们就按现场的标高进行调整并完成了踏步工程。万科的现场工程师到工地检查时，发现存在着安全问题，因其有 750mm 高，老人、小孩夜间出入时会存在安全隐患，于是经探讨决定在踏步两边增加两堵装饰墙，为了使墙体与周边环境相协调，就采用了与其邻墙相同的装饰面，即灰色砂浆喷涂（图 5）。

3. 后期使用与物业维护

比如某项目的步行道，原设计是花岗石铺装的收边直接和绿化带

图 6 用水泥砖立砌代替路缘石，效果很好

相连接，而绿化带为灌木丛，下雨时其下的泥水就会流到步行道上来。我们在施工过程中考虑到这一点，就想在步行道边上装上路缘石，但若采用传统的混凝土路缘石，就会出现和车行道边的路缘石同样的视觉感，加上这两者本身用途就不一样，所以不能用混。但若采用花岗石路缘石，则其造价较贵。而且以上两者在园路较小半径的弧线中应用时，由于长度原因弧线不能做得很流畅。最后，我们决定采用水泥砖代替路缘石，这样既能与周边的铺装相协调，又能做出优美的曲线，既降低了成本，也方便以后物业的卫生维护（图6）。

二、水电

水电安装及完善作为景观建设相辅相成的一部分，具有基本的功能性。水电安装为隐蔽工程，如果出现了故障维修较麻烦，会给业主的生活带来许多的不便，因此对水电的施工工艺及流程不断创新有着深远的意义。

我们先来看一个雨水排放系统的实例。园建排水中的雨水井常规安装就是将排水管水平放坡与就近市政雨水井连接（图7）。其优点是排水速度快且不易堵塞，多个雨水井连接时易放坡，对水平标高影响不大；其缺点是易将杂物直接排入市政管道，不易清理。在丰桂园项目，我们将管道进行了改进，设计成底排式（图8），管口与管底高差50mm，套上透气帽，在其周边钻两排直径8mm圆孔排积水及滤沙。在实际应用中，其优点为避免了常规做法造成的池底积水，并有拦截树叶、泥沙等杂物，易于集中清理的特点；但缺点是，由于底排式受弯头厚度的影响，当超过两个雨水井连接时，首个雨水井的底部在原有标高的基础上必须降至累计弯头的深度方能满足要求，这就超过了用手清理垃圾的合理深度(350~500mm)。为此，当超过两个雨水井时，采用改进与常规做法相结合的安装方式，便可有效地解决标高问题。

我们再来看一下雨水箅子的安装问题。具有下水道过滤作用的雨水箅，在安装时将其降至路面或种植土下20~30mm，虽然满足功能的要求，却又产生了新的问题——周边种植灌木的土壤会随水流冲至雨水井。我们在参考万科高尔夫花园前三期的做法以后，将雨水口用水泥砂浆做成托盘状，并在边上加一排60mm宽的砖挡土坎加水泥砂浆抹面，同时为了使雨水口与周边绿化在视觉上相协调，在抹面水泥砂浆上涂了一层绿色的油漆（图9），整体效果不错。

园林的排水系统包括自然排水及强制排水，通常图纸将两者独立设计。然而在景观建设中，为了尽可能减少井盖占用绿化的空间，使平面感观更为自然，应该结合在一起进行处理。高尔夫项目五期的水池，将这两者作了新的组合（图10）。此施工工艺要注意的是，雨水箅子宜采用400×600mm以上规格，开关阀门的空间应大于ϕ800mm以上，否则不方便上下操作。

绿化养护取水口为绿化的养护提供最基本的保障，但在实际安装过程中往往发现，如果按图纸的定位进行安装，竣工后会造成很多质量问题。比如，取水口应安装在距路边400mm的地方，触手可及，若距路边太远，则会造成取水人员踩踏破坏绿化。另外，两个取水口之间的距离应控制在50m左右，以减少水压损失，方便洒水（图11）。

景观照明在环境设计中具有重要的地位。景观照明灯具的安装，特别是草坪灯的基础安装，通用的流程是：草坪平整→挖坑→捣混凝土→待达到强度钻孔安装。由于绿化前后期土面标高的变动不易掌握，埋深了对灯具维修不便，埋浅了基础表观暴露

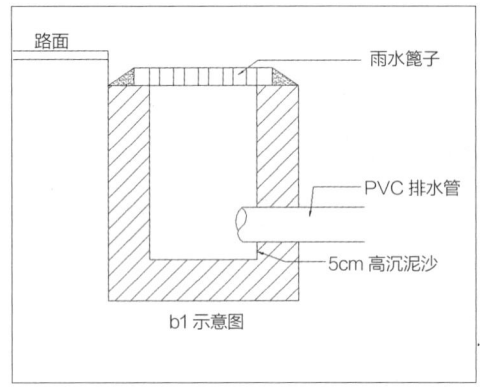

图7 雨水井通常的平排式排水管安装示意图

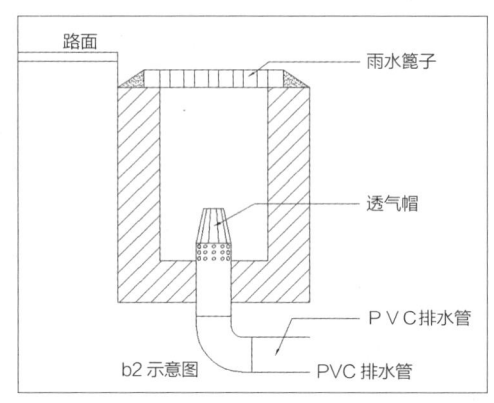

图8 改进后的雨水井底排式排水管安装示意图

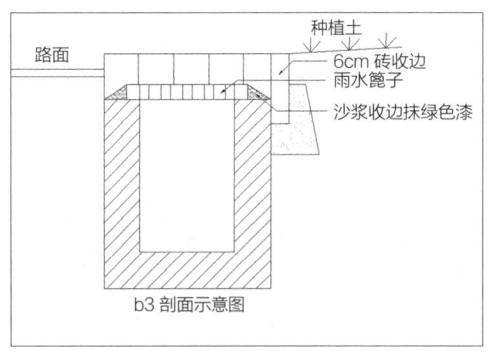

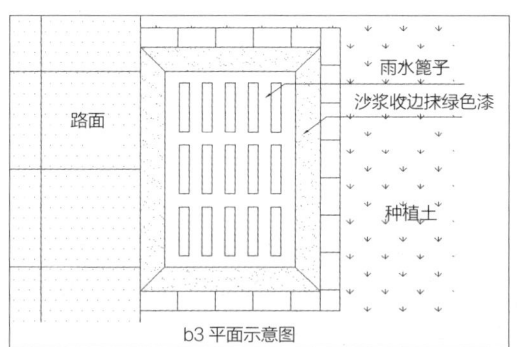

图9 雨水井口四周用砖砌成挡土坎,防止泥土随雨水流入雨水井

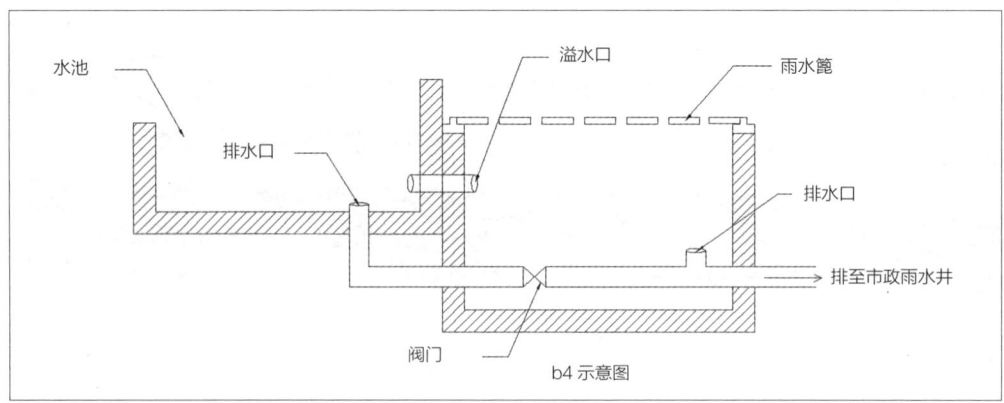

图10 将园林自然排水及强制排水结合在一起,以减少雨水井数量

图 11 绿化取水口应安装在距路边 400mm 的地方,方便使用　　图 12 预制的混凝土草坪灯安装基础

在种植土面上影响感观,为此我们在高尔夫花园项目改进了这种施工工艺,将基础预制成混凝土块,中间用 φ75PVC 管预留孔,并预埋拉爆螺丝(图12),这样可以批量集中生产,节约了成本,保证了质量,在施工安装时更方便,且在灯具位置改动时移走重新安装也很方便。

三、绿化

居住小区的绿化是最能营造出社区氛围的元素。它利用植物的独有特色形成一个既有统一又有变化,有节奏感、韵律感,有生命力的生活空间。

对绿化的地形把握是设计师的弱项。在施工设计图中,设计师由于不能很准确地掌握现场的地形地貌,很多时候都没有考虑地形的变化。在现场施工时,我们首先会考虑与现场实际地形结合,考虑地形变化,对设计方案进行局部修正,可以使地形既高低起伏,具有美感,又可以减少土方的调配,降低成本,而且也容易排水(图13)。

绿化的植物配置是一个非常地域化的工作。如果按照绿化施工图进行施工,有很多时候就发现空间层次不够丰富,没有很好体现群落组合,高低层次混乱。很多地方没有用植物打破建筑几何体生硬的感觉,令人视觉不舒服。很多地方缺少主景树或出现堆砌感,地被布置得比较凌乱。

为了丰富绿化的空间层次,可以增加一些大树(如小叶榕、垂叶榕、桃花心、盆架子等)作为高层;中层可采用一些小叶榄仁、盆架子、秋枫、尖叶杜英等;次中层

图 13 绿化的设计与施工因地制宜，利用现场高差　　图 14 植物可以软化建筑硬质线条，丰富小区景观构图

可采用一些鸡蛋花、自然形的垂叶榕、桂花等；低层即灌木层如大红花球、红檵木、黄金榕、黄金叶球等；最低层即地被层，也要考虑高低层次、色彩搭配与季节变化，进行多层次、多品种搭配，分别组合成特色各异的群落。整体上有疏有密，有高有低，力求在色彩变化和空间组织上都取得良好的效果。每一个位置，每一个角度，所见均不相同，而且又相互呼应，绝对没有千面如一的平淡。在转折的地方，增加一些冠幅比较婆娑的树种，这样就可遮障人的视线，可以令人遐想，而后在前方豁然开朗。步移景易，收放自如，规整而不呆板，开放中兼有含蓄。在建筑转角的地方，线条往往比较"单调、平直、呆板"，而植物的枝干则婀娜多姿，用"柔软、曲折"的线条打破建筑的"平直、机械"的线条。比如采用琴丝竹、炮仗花等，用植物配置软化建筑的硬质线条，便可以打破建筑的生硬感觉，丰富建筑物构图。由此可见植物可协调建筑物，使其和环境相宜，因此建筑周围植物配置往往要把相互之间的关系进行综合考虑（图14）。

苗木规格的选择可能是困扰设计师的另一大难题。比如某项目的绿化图纸选择的黄金叶的规格是 H40cm、W25cm，而市场上一般都是规格为 H20~30cm、W15~25cm。在现有的市场状况下，为了达到绿化图纸的设计效果，苗木种植后就须通过一段时间的养护培育。但如采用绿化图纸设计的大规格苗木进行种植时，依然达不到理想效果，是因为虽然种植苗木的规格达到了，但种植苗木的植物间仍然存

图 15 苗木的大小、疏密需要考虑时间因素

图 16 绿化植物的选择要考虑气候因素

在较大的空隙，不能达到疏密一致的整体效果，同样需要通过一段时间的养护培育后才能够达到一定的群体美的理想效果。所以我们认为苗木的规格要求不一定非要那么大，通过调整苗木的种植密度并经过一段时间的养护培育，就可以达到理想的效果（图 15）。

当发现绿化图纸设计中的部分植物，因没考虑其气候条件或植物的习性，设计种植的地理位置出现不合理，博雅景观就会与万科的专业工程师进行沟通后进行更改。例如：银后粗肋草是室内植物，如种植在室外，冬天怕冷、夏天怕晒，都会造成叶片焦枯、长势不好。再如小叶龙船花冬天怕冻，天冻时叶子会全部干枯，严重影响绿化效果。所以在室外就应该改种鸢尾花、大叶龙船花或其他植物（图 16）。

住区景观首先强调的是人与环境的相互参与、互动，人与景观和谐相处，形成生态景观家园。社区的景观设计需要在施工过程中不断进行完善，将人与景观高度融合，建造人文景观，体现人文关怀。

以上是在东莞万科项目的景观设计在实施过程中碰到的一些问题，以及博雅景观和万科的工程师是如何从细节上进行考虑，以体现住区景观设计的人文关怀，现总结出来，与大家共享。

本文发表于《住区》杂志 2008 年 3 期总第 31 期

历史庆典的舞台
——天津万科水晶城项目规划设计理念

　　建筑师的工作就是创造物质的社区，从而使心灵的社区在那里重新生长

——赛弗迪

　　历史的文脉是城市的灵魂，而当一幢幢现代建筑拔地而起的时候，人们关于城市、关于历史的记忆就随着推土机隆隆的轰鸣声被掩埋于地下了。但是，回忆与寻求归属感是人们情感中无法割舍的情结，所以当天津万科水晶城以传承历史文脉的开发思想亮相时，引起了人们的广泛关注。

　　规划上对历史和城市文脉的尊重、突出塑造成熟的街区感和人文氛围，建筑上在空间感和视觉愉悦方面的突破等都使得水晶城不仅仅是一个房地产项目，更是天津城市建设中的成功典范。

图1 老厂区——足球和男孩

图2 老厂区鸟瞰图

一、延续城市历史文脉的开发理念

天津是一座历史气息浓厚的老城市。五大道的建筑已经成为人们心中天津建筑的代表。它不仅创造了优质的生活环境,而且建筑设计品质也很高。万科在经营水晶城项目时就是希望抓住客户对五大道建筑的高度认同感,深化设计思路,同时体现出对于城市历史文脉的充分尊重。

对于"延续城市历史文脉"的理念,水晶城在具体操作上并不是依靠涂脂抹粉式的欧陆符号的堆积。在规划中回避关于五大道的具体描述和简单模仿,而体现的是它的一种精神,希望从天津大的人文环境引申出新的思路,然后落实到这块土地上。天津在城市文脉上有很强烈的街道街区感,由不同国家不同风格组合积累生成,水晶城的特色便是追求富于历史感的多层次的住宅街区,充分利用老厂区的遗留资源,寓旧于新,使整个楼盘成为"历史的庆典"。

具体到项目基地特点上,水晶城领受时间的馈赠,根据所在地具有的强烈时代特征,通过保留、改造旧的建筑和构筑物来使其呈现出清晰的历史文脉。水晶城位于解放南路原天津玻璃厂厂址上,有着丰富的植被资源,几百棵大树,古老的厂房,巨大的吊装车间以及原有的调运铁轨、烟囱等遗留物。以开发商一贯的开发思路,这些都是开发商施展"手脚"的障碍,都将被无情地铲去。而万科对于该地块的开发则是立足于延续历史的角度,原有的老厂房、铁塔、钢架、铁轨等都被视做宝贵的资源(图1~图4)。它们是天津前期工业化的标志性产物,是整个城市历史文脉的延续。这些在水晶城的规划中都被巧妙地保留和利用起来,保持原有建筑的风貌,并使其巧妙地

图 3 老厂区的厂房

图 4 老厂区内的铁轨

融入新的建筑中。比如600棵大树形成的厂区林荫路和花园，在新的规划中被保留下来，吊装车间被赋予现代材料和形式，激活成为晶莹剔透的社区会所，老的铁路和水塔则渗透在景观的规划中，成为标志性的要素。通过对比、保留、叠加的手法，历史通过建筑穿越时空，呈现在现代人的面前。建筑成为了真正城市历史的延续。

这个地段要保留历史，更要激活历史，而不是一个简单的博物馆。能把老的，历史的东西延续下来，在空间上强化这个因素并与人们产生交流和参与感。

二、"街区化住宅"社区的总体规划模式

水晶城所采用的街区式住宅模式是发达国家城市化的产物，尤其在商业发达的城市中最具活力。具有城市土地利用率高，与街道的结合性强，交通便利，城市景观丰富，与商业和各种城市活动结合紧密等优点。社区有完整的功能性建筑，提供多样化的居住场所。同时社区内的交通干道与社区外的交通网络有机地联系起来，让内与外共同呼吸着城市的"气脉"，使无论生活在社区内的人们还是穿行于社区的路人都不会感受到社区只是一个自生自灭的独立体，而是与城市肌理融汇、与地域文化相传承的有机生命体。

1. 利用区位及多级配套的优势

先天的区位和环境优势为水晶城轻松营造优雅从容的生活氛围提供了条件。水晶城所在梅江南居住区位于天津市区南端，规划总用地240hm²。从城市发展来看，水晶城所在的梅江南生态居住区处于大学城教育圈、经济开发区工业圈、会展中心交流圈、行政文化圈、奥林匹克中心体育圈辐射交叉的核心地带，是未来5到10年内天津城市发展最快，市政配套设施最齐全，商业、服务业持续繁荣，个人投资最活跃的区域。

在水晶城社区内，会所、商业街，幼儿园、社区广场都在五分钟舒适步行可达的范围内，而步行空间的体贴设计也能让每个人尽情享受徒步的乐趣。会所位于水晶城的中心位置，是一所较大规模的综合运动型娱乐休闲中心。规划有一所小学和一所综合幼儿园。

万科水晶城既有自身在规划、环境和住宅产品上的领先性，同时又能共享梅江南生态居住区乃至西南部区域在市政配套、公用设施上的巨大优势，必将为水晶城居民的生活所需提供完美的解决方案。

2. 联动城市的交通网络和街道规划

传统的小区规划属于封闭型的，内部和外部是完全对立的；社区内的交通网络只是为了小区内人流、车流的分布而设立的，没有考虑与城市主干道的对接，无法感受到社区与城市主路网的联动，城市的外部景观被社区内围栏阻隔在社区之外。小区的配套只是按照居住指标划定，只为小区内住户服务，是一种典型的计划经济时代的产物，已经完全不能适应现代社会的需要。万科水晶城规划的"街区化住宅"社区模式，实际上是开放型小区，小区内有城市交通的干道和次干道以及居住的道路，建筑与道路具有很高的城市亲和力，人在社区中没有封闭、隔绝的感受，人在社区外也自然地体味着社区带来的延续的城市景象，社区在一定程度上已经成为城市文化传承的载体。

万科水晶城利用原有厂区的路网系统，改变了旧有社区道路的规划手法，适宜的尺度感，合理的空间感让步行于此的人们更多地感受到了城市街区所带来的亲和感与视觉上的层次丰富环境，适合行走的街道，便于住户购物的商街，邻里的交往、人们的沟通，创造出充满活力的社区生活氛围（图5）。

图5 天津万科水晶城总平面图

3. 水晶城景园的主要设计特色

首先是原老厂区卫生院的一大片枝叶繁茂的树木被完整地保留下来，原有建筑物拆除后的残墙意象和地面肌理也被融入景园设计中，一条晶莹的"玻璃小溪"蜿蜒于草坪和林木之间，这一切共同组成了一个别具一格的"寓旧于新"的社区公园；由于老厂区的几条主要道路形成了新规划中的交通骨架，有效地保留了路两旁的行道树，使社区内的街道有了类似"五大道"林荫路的气氛；从社区入口一直延伸至中心运动会所的林荫步行道上，一条被完整保留下来的带有旧枕木的铁轨穿插其中，把你带入往昔的岁月；在Townhouse区中的一个街角，出现了一个高大的老式水塔，上面被装饰以有趣的图案，对于大面积相貌相差不多的住宅来说具有不容置疑的可识别性；还有一些旧的卷扬机、室外消火栓、钢架等重新刷漆后被置于郁郁葱葱的景园之中，会产生犹如现代雕塑般效果；而很多保留下来的耐火砖也被用作小区内的铺装。

三、"气质街区"的塑造

1. 尺度宜人的街道空间

对于万科水晶城来讲，街道的规划遵守着欧洲小城的规划原理，最为直观的就是类似五大道街区的街道尺度（图6）。街道是以人们步行的尺度为基础进行考虑的。街道的宽度可以使汽车顺利通过，但其宽度又限制了车速，不会让汽车风驰电掣般地前进。这样的尺度，让身在其中的行人有安全感，不必担心过往的车辆会给自己带来危险，也不用为了日常生活的需要而长途跋涉，所有的生活需要在步行的范围内就可以解决。街道宜人还体现在适于人的停留。街道不仅是行人车辆通过的道路，更是可以让人们在此驻足、休憩和交流的空间。同时万科水晶城

图6 天津万科水晶城在梅江南居住区的区位图

所保留的 600 多棵郁郁葱葱的多年成树，也使社区内主要车行干道具有良好的环境。

2. 广场空间的设计

欧洲的城市中都有年代久远的广场，这些广场的尺度非常适合人停留，以致许多外来游客也非常愿意在此停留歇息，使得年代久远的广场并不是死气沉沉的，而是不断被外界新生的事物刺激着，生机勃勃地生长着。

万科水晶城倡导人在社区的"互动"生活状态，积极参与各项活动，广场起到了平衡社区规划与汇聚人气的双重作用，就像一个城市的客厅一样容纳了人们各种休闲、交流的活动。

3. 标识建筑物增加可识别性和居住者的归属感

在万科水晶城，你会很容易地找到具有标识性的建筑。例如小区东入口处的钟塔，默默地记载着光阴的故事（图7）。当人们回家时，一进入社区就可以看到那巍峨的钟塔，就知道已经安然到家了，成为他们心理归属的标志。此外，对原厂区保留下来的建筑进行改造后的会所（图8、图9），以其宏大的尺度，多种多样的功能也将成为社区内醒目的标识。

图 7 天津万科水晶城塔楼设计

图 8 天津万科水晶城老厂房改建的小区会所

图 9 天津万科水晶城老厂房改建的小区会所室内空间

四、庭院深深的邻里空间

万科水晶城有一种逐级递进的空间感：公共空间、半公共空间、半私密空间、私密空间。院落精神其实代表一种交流、安全感、彼此的欣赏和信任。水晶城院落规划是一个别具一格的特色。

1. 外在——开放的庭院公园

整个社区内有很多开放空间，其中也包括为社区服务的小公园空间，这些空间相互连接，形成了线状的公园体系，线状步行道将整个社区的各个地方连接了起来，包括各种休闲、休息和玩耍的区域（图 10~图 12）。景观设计的主导思想使这些公园有类似的结构组成。墙体、篱笆形成边界和入口；主步行道贯穿公园（通向小区中心）；次步行道是放松的步行线路。住宅庭院尽端种植树木，人们可以在树荫下休憩安坐；环形节点设在相邻住宅庭院结合点的入口处；树丛间和相邻建筑端头间可设自行车库、儿童游戏、休息座和水景等。

住宅花园庭院：总平面上有很多线状空间，沿东西向延伸。在这里可以为建筑安排花园和公园，景园设计的目的在于将这长长的空间隔成较小的庭院或花园空间，它们各有特点但又相互关联形成系列，在整个开发中赋予了变化和特点。空间的分割是通过建筑间种植高大的树木，它们可以与篱笆、墙体和大门一同围合一个庭院空间。一条拱道或者入口通向各庭院。

住宅水景庭院：水晶城的河畔区是一个非常重要的财富，它使人们可以近距离感觉到小河的魅力，并可以欣赏到河边 10m 宽绿带的风景。那些优美的风景将被设计师引入内庭院，使建筑、水景及绿化互为衬托，形成一个整体。水边住宅庭院的设计处理，把水作为一个主要的因素，带来很特别的品质。带有私家庭院的建筑间可以布置池塘，私家庭院延伸扩展就形成了池塘的轮廓。水体将成为庭院的主要成分，池塘内设计有小岛并种植有植物，形成私密空间。按照现有的考虑，池塘水体为天然水质，种植有水生植物，同时适于鱼类和其他水生生物生活。

2. 内敛——邻里空间

万科水晶城独有的组团规划创造出可以让人们开放交流的邻里空间，给居住在其中的人更多的关怀和便利，切实地为居住者着想。保持小尺度的街区和街道上的商家，这样的传统街坊有一种自我防卫的机制，邻居之间可以通过相互的经常照面来区分熟人和陌生人从而获得安全感，而潜在的"要做坏事的人"则会感到来自邻居的目光监督。在万科水晶城的院落里，邻里以彼此最为熟悉的方式生活、交往。

图10、图11 天津万科水晶城

图12 天津万科水晶城利用原厂区铁轨改建的小区景观

五、创新——多层次的住宅产品及其组团空间

水晶城户型多样,涵盖 60 多种房型,从公寓房的朴素大方,到景观多变的情景花园户型,再到 300m² 的联排别墅,品种跨度极大,形成非凡的市场覆盖力,同时折射出万科公司娴熟的产品研发能力。建筑的底层部分特别注意通过小院、围墙及楼梯等元素的组合形成景园与建筑之间的有层次的过渡,而不是那种平铺直叙一戳到底的做法。

专利产品"情景花园洋房"打了一个巧妙的"空间差"。它其实是一种中间性的产品,介于 4 层半和 TOWNHOUSE 之间,像一个中和了双方优势的混血儿。外观立面富于变化,错落别致。部分"情景花园"增加了转角单元的设计,减弱了"行列式"的单调感。"情景空间"提倡邻里概念,以两幢住宅为一个邻里单位。两幢住宅入口相对形成邻里空间,通过建筑的层层退台,强调了室内外空间流通的同时也从空间设计上增加了人与人之间交流、沟通的机会。在空间尺度的把握上,根据行为学的原则,考虑

图 13 天津万科水晶城双拼联排别墅

图 14 天津万科水晶城双拼联排别墅邻里空间表现图　　图 15 天津万科水晶城公寓楼邻里空间表现图

人体尺度，使人感到围合所产生的安全感、舒适感。在地面标高和景观配置上都有别于外部楼道空间。车行系统在邻里空间外解决，减少车行干扰。在整体组团空间处理上，通过少量建筑的错动打破单一的行列式布局，形成空间的转折，避免视线的不良穿越。

"联院别墅"的产品则力图打破以往 Townhouse 成行成排的做法，改为几户一组，形式上高低错落、变化丰富（图 13）。在产品的分布上也力争做到成组成团，临河布置，每组团都有公共空间与河岸相连。组团内都配置自己的花园和儿童活动场地。每组团均有临水的界面。组团空间采取不同 Townhouse 单体的组合创造出对外相对独立对内富有变化的空间（图 14）。

公寓建筑采用围合布置，强调了从小区的公共空间、组团的半公共围合空间到各户的私有空间这一完整的空间序列的过渡，使组团空间具有明显的领域感和归宿感，更加强调邻里概念（图 15）。

上述建筑单体与组团空间的设计，多种手法的运用与"五大道"的很多设计理念和风格是一脉相承的，同时又在此基础上加以改善和提高，使之更符合现代住居的要求。

万科水晶城是天津万科 2003 年推出的力作，以其独特的规划、创新的专利产品、优越的区位，一登场就引起了市场和业界的极大关注。万科水晶城已经成为天津房地产市场上一颗最为耀眼的明星。

本文发表于《住区》杂志 2004 年 1 期总第 11 期

砖的艺术
——评清华大学校园建筑中砖的应用

砖是文化的象征,世界各地的民居和其他传统建筑尤其善于用本地材料(如黏土砖和木材)来建造,在这些建筑里凝聚着当地人民的传统精神和文化。中国在很早的年代开始烧制黏土砖,所谓的"秦砖汉瓦",砖和瓦几乎是对那个时代的建筑的一种代表性描述。

砖在建筑中的应用很广泛,砖砌体的类型有台基、须弥座、墙垣、柱、券洞、穹窿、铺地、墩台等。因为砖的可塑性很好,它可以制成各种形状;因为砖的可雕刻性,它又可雕刻成各种吉祥图案或纪念文字等,在此基础上逐渐发展为艺术性很强的砖雕。砖雕在明清时期江南的住宅门楼上应用十分广泛。在普通的建筑上,即使没有砖雕,也会在砖的砌筑过程中按不同的形式堆砌成不同的花纹和图案,透出朴素的民风,而将砖用在现代文化建筑中则更具返朴归真的感觉。

清华大学的前身清华学堂,建于1911年,原是一所留美预备学校,1928年改名为国立清华大学。这时的校园范围,南起二校门,北至北院,西部为工字厅、近春园,东至清华学堂。从1911年起逐步建设了清华学堂、同方部、老图书馆、大礼堂、体育馆和科学馆等。1935年后,在杨廷宝先生的主持下增建了生物馆、化学馆、明斋、气象台等建筑,并对图书馆进行了第一次扩建。这个时期的校园以美国传统的大学校园为蓝本进行总体规划。大礼堂和其前的草坪是校园的中心,四周布置教学楼和各系系馆。它们的建筑材料多以砖为主,有红砖和灰砖两种,配以白灰勾缝或压边,既清新又朴素,尤其值得注意的是砖的砌筑方式多种多样,形成缤纷的艺术图案。我们不妨仔细地来看看以下多个实例。

　　清华学堂、同方部、二校门三栋建筑的砖墙均采用的是青灰色黏土砖，局部凸凹的图案呈现出明显的一致性，见图1~图3。这种砖的图案式设计是将反复出现的要素有序地布置为一种图案，从建筑物的不同距离观察，图案会逐渐发生变化，这是因为基本单位的砖块造成小尺度的图案与整个立面上用整面墙创造的大尺度图案形成对比，称作"二次质感"，图案表现为平面的形式，具有概括性和节奏感。而大礼堂的背面、老图书馆、新斋以及2号楼的红砖墙面，砖的砌筑方式和形成的图案也有一定的渊

图1 清华学堂砖墙细部

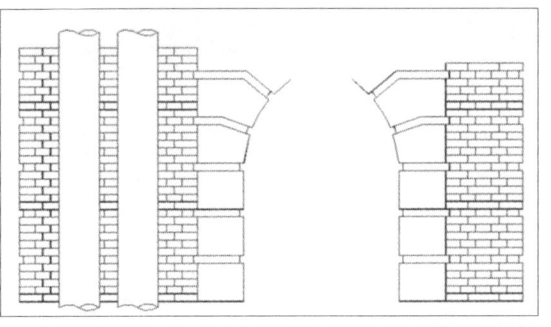

图2 同方部

图3 二校门

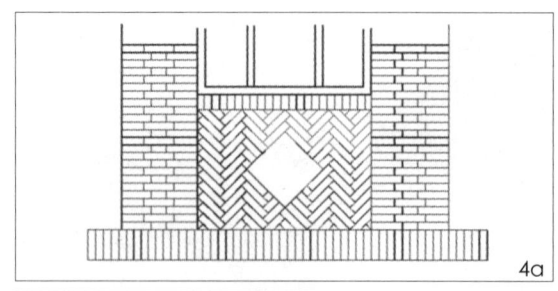

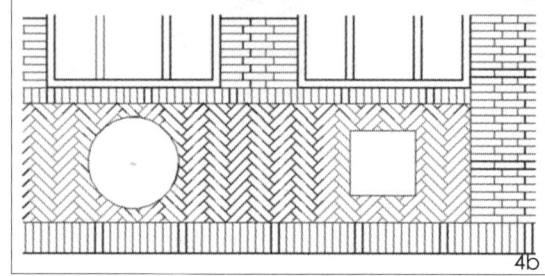

图 4a、4b 大礼堂背立面

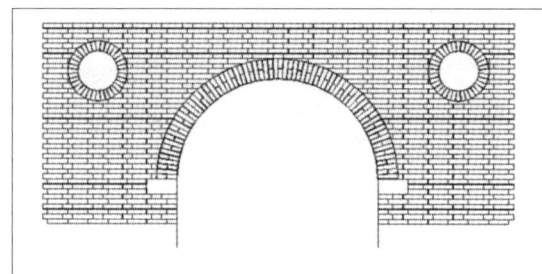

图 5 老图书馆

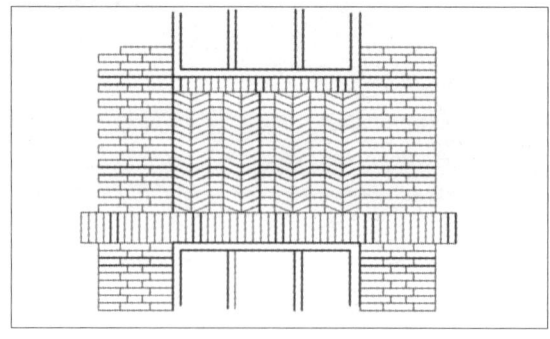

图 6 新斋

源关系，见图 4~ 图 7。

  由清华大学建筑学院关肇邺先生主持的图书馆的第二次扩建，注意与以往建筑的协调和文脉的延续，将砖砌的拱券发挥到了极致。在二校门和清华学堂的入口以及二教的窗洞上起拱券，大礼堂北立面上部还有一巨大的砖发券延伸至顶部，老图书馆的窗洞则是三层退迭的砖券。在新图书馆与老图书馆的交接部分是连续的券廊。券廊内部的墙面上、门洞顶部和假窗部分的墙面砌筑图案明显延续了大礼堂和一号楼、新斋的墙面的砌筑图案。这种立体形态的构成是利用建筑结构本身的特点产生凸出凹进的效果，在清水砖墙面上做出线角、拱券和壁柱来，不仅表现图案美，还产生了立体感。清水砖墙的光影概念是建立在砖结构的体量与形态变化的基础上的，通过受光墙面的阴暗对比产生立体感和空间感，力量感和尺度感，从而突出几何形体的组合，形成空间层次与深度效应。在古典建筑中，这种立体装饰较为多见，而在现代建筑却取消了这些细部雕琢，偏

图 7　2 号楼　　　　　　　　　　　　　图 8　新图书馆入口

重几何形体的大凸大凹。但清水砖墙建筑却因其本身的块材砌筑方式，体现出独特的、优越的结构美和逻辑美。

　　与内部墙面复杂的门窗发券相比，图书馆外廊采用简单的拱券下面的砖砌栏板与柱间脱开一条缝隙，消除了券洞的单调和封闭感。更引人注目的新图书馆入口处巨大的异形券洞，它紧贴入口的大片玻璃幕墙，呈向外张开式。由于它壁薄且又深又高，故已不能用砖砌筑来实现，只能做成混凝土构件，外贴砖红色面砖，见图 8。拱券在砖砌建筑中得到普遍应用。此外，在新图书馆的檐口下边有一排凸凹的砖饰，虽然较小，但是和前面所述的其他建筑上图案有内在联系，让我们感受到一份亲切。这是因为拱券最能发挥砖的优点，表现砖的结构之序，是砖不可或缺的基本特征，正如路易斯·康所说的：当你面对砖，或做有关砖的设计，你必须问问砖，它希望成为什么，或者它能做什么。若你问问砖希望成为什么，它会说："我喜欢做个券。"接下来你会说，"不过，券不容易做，花费也多，我认为你可以用混凝土穿过你的洞口，这是一样的。"可是砖会说，"我明白你是对的，但是要知道如果你问我喜欢什么，我喜欢券。"有人会说，"为什么你这么固执？"砖会说，"你是否明白你是在谈一种存在方式，对砖而言，这就是券。"

图 9 位于红区的二教　　　　　　　图 10 立面上体现白区向红区的过渡

这就是所谓的"序"，要了解其本质，了解它能做什么，并给予充分的重视。

砖在清华校园建筑里的应用不仅体现出校园的文化内涵，更起到学校建筑整体上从红区向白区转化的过渡作用。清华大学很久以来就有红区和白区之分，前面提及的建筑均是红区的代表。在后来的校园发展和建设过程中，曾有一次大的变迁，即从红区向东扩展，建起了现在的主楼及其前后区，形成新的校区。按规划学校重心向东转移，以主楼的南北轴线为新校区的中轴线，在东区逐渐建起了建筑馆、经管学院、技术科学楼以及华业、同方、紫光等科研楼，形成了统一的现代建筑风格的建筑群，按其形象被称为白区。人们在谈到白区建筑与校园总体面貌的关系时总是将它和红区割裂开来评判，认为红区和白区之间毫无关系，甚至是对立的。但我们若是注意到砖在建筑中的应用，并从总体的眼光来看待，就会发现从红区到白区之间存在逐渐过渡的关系。

五教、四教以及土木馆处于红区与白区的中间地带，它们的整体外观从红多白少到白多红少逐渐变化。五教只有女儿墙和雨棚、花台是白色的，其他部分均是红砖墙面。从位于红区的二教到毗邻红区的五教变化是很明显的，红砖减少，白色增多，而与白区毗邻的四教已经白多红少，除底层为红砖墙外，只有几个楼角做成切角形式的红砖墙，向上直到女儿墙压顶下，与顶层窗顶平。再到土木馆，现代建筑的味道更浓了，玻璃幕墙、石材贴面，仅在入口处及局部做了一点红色面砖贴面。由此可见，清华校园建筑的总体形象是从红区向白区逐渐过渡的，砖在这里起了很大的作用，见图 9～图 11。

在后来的发展中，校方提出了"振兴红区"的计划。将理学院和生命科学楼选址

图 11 位于过渡区的土木馆　　　　　　　　　　图 12 理学院

在红区，生物学馆与老化学馆之间。生物学馆和老化学馆均是杨廷宝老先生的作品，他用砖和水泥创造出两座端庄典雅，极富文化氛围的建筑艺术品，它们两两相对，中间隐含着一条轴线关系。关肇邺先生在进行理学院设计时，首先将这个建筑定位于尊重现存建筑及格局，并加强区域的轴线感。建筑布置方式为三面围合，面向老化学馆，建筑中部做券洞，使南北轴线贯通。理学院楼分别为物理系和数学系使用，于是将入口分别设于拐角凹进去的部分，这与清华学堂、明斋等许多建筑的45度角入口相呼应。另一方面，当时北京市已禁止在建筑中使用实心黏土砖，而为保持红区的统一风格，经多方争取才得以使用红砖，只是中间的大券是钢筋混凝土结构，上贴砖红色面砖。在理学院建筑上我们可以看到关先生在延续整个红区的文脉，艺术地使用砖的娴熟手法，见图12。正如阿尔瓦·阿尔托建筑大师说的："即便是最普通的砖，只要应用得当，它也将成为构成人类最有价值,最显著的纪念碑的元素,也将创造出幸福安宁的环境。"理学院的成功之处也正是在于它巧妙地应用砖这种地方材料创造出诗意的建筑。

砖以丰富的质感带给人们亲切和宜人的感受，但是烧制黏土砖也带来了大量的耕地被破坏，环境被破坏的恶果。砖作为一种承重的建筑材料已经完成了它的历史使命，但是砖的艺术表现力是永恒的。砖带给清华大学校园建筑的艺术形象将通过不同的方式延续下去，让我们感受着历史的痕迹和变迁。

本文发表于《建筑技术及设计》2008年第09期

第三章 产品设计

世纪之交的住宅设计：风格消散 个性凸现

在20世纪早期，出现了一种清新、简洁、功能性强的"国际式风格"的建筑，它完全改变了建筑学的传统理论，以及传统建筑的形象和作用，它是在工业时代推动下出现的．早期的现代派被阿多夫·路斯(Adolf Loos)沃尔特·格罗皮乌斯(Walter Gropius)以及托尼·加尼尔(Tony Gamier)等人创立时，就攫取了工业时代的精神。从机器的速度、力量和效率到光滑的、简洁的、功能性的现代主义建筑有一条清晰的、连续的发展脉络。时代精神和建筑艺术从来没有如此紧密地联系起来过。

图1 克雷文路住宅的西南向的冬景

一个世纪的变化是多么大呀！现在我们已经没有引人注目的建筑学运动了。建筑学进入了新千年，没有了华丽的修饰，失去了以一种新的形象重新进入角色的策略。这个阶段的形式主义（formalism）被定义为在"折叠"(Fold)、"中轴"(Spindle)、"弗兰克·盖里的缪特雷特学校"(Mutilate School of Frank Gehry，这个学校有着像纯粹雕刻一样最引人注目的建筑形象）之间的某个位置，还有"碎片"(Splinter) 以及在扎哈·哈迪德 (Zaha Hadid) 的追随者中间流行的"碎瓷片风格"(Shard Style) 都是形式主义。我认为，他们是在为穷人创造一幅美丽的图景，并且是以穷人负担得起的代价来建造这些日常生活中必不可少的建筑物。

其实，我们能做得更好。

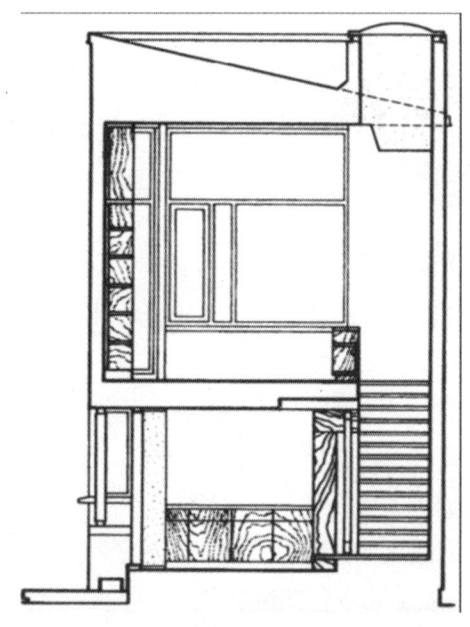

图2 克雷文路住宅的剖面（向西看）

克雷文路住宅

我们先来看一下希姆·萨特克里姆建筑师事务所(Shim Sutcliffe Architects)设计的克雷文路住宅(Craven Road House)。这栋简单的住宅是一位建筑学教授的家，建在加拿大多伦多市区的一块基地上，融合在周围的城市住宅和乡村住宅建筑中。它的主人虽然学的是建筑学，但却是一位研究员（档案保管员），他很热心于收集建筑书籍和海报。他需要在城市中有一个生活和工作的地方，并且要有适当的工程预算限制。

在整个多伦多城市中，存在着两种标志性的建筑形式：乡村住宅和阁楼建筑(the Cottage and the Coft)。在这个项目中，维多利亚女王时代的村舍的木质侧面板（图1）以及它的私密性空间和高高的工业化阁楼吊顶、充足的采光（图2）以及开放的平面形成对比。这两种建筑形式在这栋住宅中完全融合在一起。里面是大小适中的空间，细部设计智能化，有效地利用自然光。最高雅的空间留给了书——居住者的爱好和职业的焦点，它开有一扇大窗户，以获得景观和光线（图3）。

房子的内外两面都以天然材料装饰，如橡木、枫木、红木、薄铜片和胶合板。它使用了木质框架、木质外墙板，地下室为混凝土砌块墙体、混凝土底板，楼梯平台上有普通的天窗、普通的桃花心木窗户、普通的室外灯具，它们与其整体上简洁的细部形成对比。

这栋建筑的空间并不是按照令人讨厌的自我参照空间体系（self-reference with space）来组织的，因为这种空间体系喜欢一些不相关的、神秘的理论。这是一个在完备性和生活性方面都很可靠的建筑。这个项目和现代主义建筑外形所具有的清晰性之间既有区别，又有联系。

这个城市住宅项目建立在一种相信城市需要得到强化并提高密度的基础之上，并且从现存的环境中得到暗示。它表现出人本精神，这增强了建筑学的中心使命：创造出赞美生活的空间，以朴实的材料造就场所感。前院向后退，和它北面的邻居对齐，在南侧创造了一个宽阔的侧院，使厨房／餐厅（图4）可以直接对着这个将来再建的室外花园。房子的入口设置在建筑中部，以减少住宅和工作场所内部的交通空间。街道的两侧不对称，一侧是汽车库，另一侧是房子和人行道，街道上不设停车位。草皮和铺装砌块简单地咬合在一起，形成了一个入口前的小院，也为偶然来访的客人提供了一个泊车的空间。

图3 从克雷文路住宅的图书室向西看　　图4 克雷文路住宅的厨房空间

肖恩住宅

肖恩·高德赛尔(Sean Godsell)是一位澳大利亚的建筑师,他为自家设计的房子在墨尔本市克佑区(Melbourne,Kew)的郊区。这栋房子建在市区内一个坡度较大的街区,平面尺寸为18m×9m,从基地西部一个陡峭的斜坡上悬挑出来,面向城市的景观,从外观上看它不像是一栋房子,而更像是一个废弃的金属板条箱(图5、图6)。它被纵向分开——北部是开敞的起居空间,南部是连成一体的卧室和学习室。一条7m长的桌子直通到房子的东部边缘,它是家庭生活和日常活动的中心(图7)。长方形的玻璃房子被生锈的铁架子箍着,房子的内部只有简单的分隔(图8)。门隐藏在一道主要的中空墙中,这道中空的墙将起居空间和卧室分隔开,使之可以根据每个人不同的需要来改变空间。

尽管这栋房子明显地使用了"现代的"建筑语言,但它的原意是追求原始的感觉。由于大部分人追求完美的、质朴的地板,因此全部房间的木地板被故意做成古老的样子——生锈的、油浸的、循环使用的木板、二手的甲板,它们共同形成了这栋房子,它更像是天然生成的、而不像是人工加工过的,因为它缺乏传统的细节以及最起码的服务设施。肖恩·高德赛尔回忆说:"我们要让楼板感觉像地面。为了让地板呈现出因年久而产生的光泽,我们鼓励盖房子的工人在建造时随意把工具扔到地板上。"

这栋房子的构思建立在澳大利亚本国土生的建筑形象之上,但它不仅仅是简单地从殖民地的历史中得来,而是从澳大利亚作为亚洲一部分的地区现实中得来,这是我们都承认的。这种澳大利亚建筑象征性地体现了两种关键性的因素——澳大利亚建筑学是东西方建筑体系的混合。它的平面是东方的——一系列可推拉的镶板形成分散而生动的空间;故意拉长的桌子的构思是西方的——代表着厨房台桌,用于澳大利亚家庭进行祈祷,是建筑内保留的一个象征性场所。

围在房子四周的铁质网格不仅起到保护作用,在夏日也能起到遮挡阳光的作用(图9)。"同时,这也是十分经济有效的方法",肖恩·高德赛尔说道。"从11月到第二年3月,当太阳很强时,这些网格的角钢就起到遮挡阳光的作用。"他补充说。沿着厨房和进餐区布置的后墙也是生锈的铁板做成的。他又说:"我在墙上喷了酸,墙上就具有了'澳大利亚红色中心'(Australia's red centre) 的形象特征了。"有一段时期,光滑的外表和华丽的面层常常是首选,肖恩·高德赛尔的房子为人们提供了一种受欢迎的选择。

图 5 肖恩住宅的铁质网格起到屏蔽夏日阳光的作用

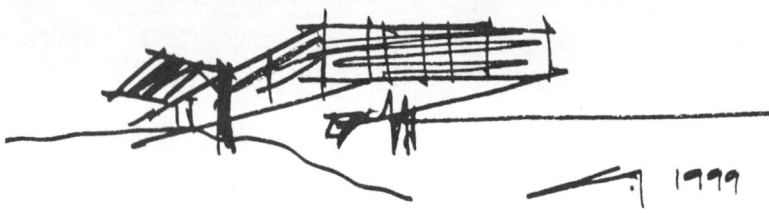

图 6 肖恩住宅的草图：房子从斜坡上悬挑出来

第二章 产品设计

图 7 肖恩住宅内 7m 长的桌子

图 8 肖恩住宅的房子内部只有简单的分隔

图 9 肖恩住宅的外观像是废弃的金属板条箱

皮特木屋

新西兰建筑师皮特·博斯勒(Pete Bossley)也在他设计的房子中舍弃了光滑的表面。这座位于新西兰派罗阿-艾兰贝(Paroa Bay of lslands)的木房子与那些非凡的景色一样令人难忘。

这栋房子是一个假日家庭休闲处所，位于一个非常美丽的小岛上。作为一个从纷繁的世界里解脱出来的避难所，这个项目建于一条小路旁，这条小路通往城市。因为尊重基地的环境，这栋建筑增强并丰富了对岛屿的感受。从海上几乎看不见这所房子。由于其木质的骨架结构，它几乎被当地的植被完全掩饰住了。这所房子的跨度是40m，并且设计超过8个层次(图10)，越接近起居空间越变得通透。在房子的每一层上只有一个房间，形成一系列分布在每一层的室外平台，这样就可以保证房子的每一个房间在一天中的任何时候都能享用这些平台，从海面吹向陆地的微风可以穿过每一层的房间。外边的墙是通高的木构架的细木作，与门同高的内墙是雪松木板，门以上直到屋顶的是玻璃板。结果是这个木板条屋顶看上去仿佛是漂浮在房子上空(图11)。阳光、自然通风和屋外空间都是由屋顶控制着，逐渐加宽的屋顶，在生活平台上形成一个保护性的遮棚(图12)。这种策略既保留了海湾基地的现状，又发展出一系列的平行空间——从海滩边缘的起居空间一直到隐藏在后面树林里的客房(图13)。

虽然这所房子表现出典型的简朴，但它却是经过缜密的思索的。厨房、餐厅和起居空间不仅在楼层上有变化，而且在比例上也有微小的变化，起居空间伸展开以接纳灿烂的阳光。像高德赛尔的设计一样，博斯勒设计的这栋房子也运用那些基本的元素。两栋房子都是用简单构架来掩饰它的复杂性(图14)。

房子的大部分建筑构件在大陆上制造，然后在岛上装配起来，在岛上建造需要的是实用主义，20世纪流行的建筑学理论之一是装配化，这栋房子将二者结合了起来。对准确性的追求以及使用木结构对建筑语言的表达(木材在新西兰地区是最普遍的建筑材料)，都应归于地方建筑师们的探索，而这种三维空间的流动性和通透性都应该感谢阿尔托的"迈松卡雷"(Maison Carre)和约翰逊的玻璃房(Glass House)所带来的启示。

第二章 产品设计

图 10 皮特木屋西侧的走廊,向上升高 8 个层面

图 11 从西侧看皮特木屋通透的起居区

图 12 皮特木屋东立面

图 13 皮特木屋在卡努卡(kanuka)树林中的客房卧室

图 14 皮特木屋起居区,向大海方向看

亨特斯希尔区某住宅

同样的,杜尔鲍奇·布洛克建筑师事务所(Durbach Block Architects)在悉尼郊外的亨特斯希尔区(Hunters Hill)设计的房子也让人感到十分惊讶。一块南向的基地、一条铅笔一样细的道路通向河边、一栋北向的联立式别墅、一堵陡峭而不坚固的河堤、一些高度控制和后退边线的要求、远处的海港景观和有限的太阳光照时间,构成了这样一处家庭住宅基地的特色。

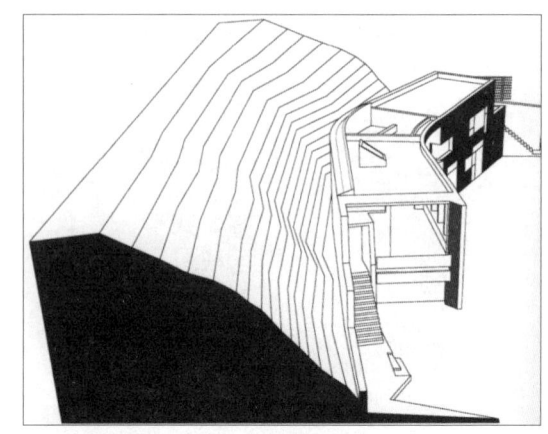

图 15 房子作为一道可居住的景观墙

这所房子处于砂石建造的公寓的环绕之中,它位于郊区的一个最难开发的基地上。这块基地不仅地势陡峭,而且满是角砾,它周围满是住宅。就如尼尔·杜尔鲍奇(Neil Durbach)和卡米拉·布洛克(Camilla Block)所说,"将一座大坝挖掉,从而可以用来做运动场地、空地、拱形廊架、景观扩展区、水景公园等"。这栋房子的特点是有一条巨大的挡土墙,在基地上蜿蜒布置,营造出它自己的景观(图15)。它的构思是,在基地后面的建筑基础墙体和挡土墙中间留出空隙,形成中庭和虚的空间,使部分光线进入(图16、图17)。整栋建筑呈弓状坐落在基地后部,环抱着景观和开敞的空间,形成一个巨大的水景花园。水面作为一个有波纹的镜面,将光线反射进室内。住宅的屋顶花园内有叶子花、西番莲果实和月光花,它和邻居家别墅上的花园很般配。

这所房子有两层多高,布满了从上面的大梁垂下来的条状灯。它只有几个朝北的窗户,天窗是一个极其重要的光源。这所房子是由混凝土板和表面粉刷或涂漆的砖石砌体简单地建造而成。在南边有卧室、洗衣房、浴室,上面有起居空间,它们对着主要的景观(图18)。曲折玲珑的楼梯反映了房子的线条,它与室内许多如磨削出来的立方体的线条和形体形成了对比,使得这个设计让人过目不忘。三个阶梯将弧形的立面打断,一个宽的位于西侧,可以看到格莱兹维尔大桥(Gladesville Bridge)的景观,另一个是私用的,带有一个窄窄的楼梯通向河边,最后第三个在中部的切口处,连接到起居空间和水景花园里面一个有铺装的小岛,并可以使冬日的太阳照进来。它的目

第二章 产品设计

图 16　从起居区向西看楼梯间和厨房

图 17　楼梯间向西看

图 18　向西看南立面和前面的水景花园

的是使房子看起来感觉负荷较重并且根基深固，同时它也是舒适的和尊重人的。

　　上述的四个住宅实例，它们的风格和设计方法的不同就如它们在地图上位置的不同一样。但是通过对材料的运用和空间的处理，每个建筑师的作品都有他们自己强烈的个性标签，很清楚地反映出特殊的要求和独特的位置。

　　注：本文编译自 Images 出版公司《(International Architecture YEARBOOK millenniumedition)》一书的部分章节，本书的中译本《世界新建筑撷英1》已由中国建筑工业出版社出版，2001

本文发表于《住区》杂志 2004 年 4 期总第 14 期

东京城市发展的两种形态

绪篇：东京填海区和城市再开发区概述

2005年1月底，我随公司组织的一个商务考察团考察了日本东京。对东京的城市副都心开发和城市老城区再开发感触良多。东京是快速成长的全球性城市，同时也是人口最为稠密、经济增长最快的亚太地区的全球性城市，因此东京中心区的发展模式采用了老中心区与多个新中心区分层次并进策略来适应快速城市化的发展需求。

东京全市有23个区，市区范围一般指都心8区。传统上，东京市中心是由千代田区、中央区和港区等都心三区构成。千代田的丸之内地区是当今日本金融办公的无可争议的中心，这一地区早期是东京市中心的高级居住区之一，从20世纪20年代开始就具有商务办公性质，60年代以来伴随着日本经济战后重建，金融办公设施急增，进行了大规模的写字楼建设。到80年代末，丸之内已成为东京国际金融机构高度集中之地，达到饱和状态。

为制止市中心区商务办公功能高度集聚的过度畸形发展引发的地价、交通、环境等问题的加剧，1958年东京政府选择在市中心西侧的地铁交通枢纽地区新宿建设商务办公型副市中心区。新宿地区的开发在90年代初全部建设完毕，地下连通系统完善，成为东京的国际商务办公集聚区。除了对东京旧城区的新宿地区进行再开发外，又陆续对其他一些旧城区，如原宿、银座、惠比寿、代官山、六本木、汐留等地区进行了再开发。本次我们也对其中的几个再开发区（惠比寿、六本木、汐留）进行了考察。

新宿等老城区的开发，部分疏解了市中心的商务压力，但由于规模太小，所以还必须向外围进行大规模的扩张才能缓解压力,东京向外扩张的唯一出路就是填海。1986年第二次东京长期规划提出了在东京湾填海建设东京湾临海副都心策略。之后,东京的中心商务区形成了丸之内金融区、新宿办公区和临海商务信息区三个梯次外延的层次。紧接着,在东京大都市圈和东京湾开发区域整体规划中进一步纳入了东京市外的幕张副都心和横滨MM21规划。

虽然在历次规划战略上,东京一直坚持在大都市范围分散城市职能的策略,但在实施战略上,由于担心严格限制中心区的发展,"会妨碍东京固有的活力,有可能失去市中心的永久性",所以主要采用引导策略(如财政金融方面的优惠和补助),而非实行严格的限制措施,因此,副都心区的发展虽然有效,但市中心区仍显示出商务功能发展的强大吸引力。

上篇:填海区

日本临东京湾有三个大型开发区:分别是东京海岸区的临海副都心,面积约448hm^2。其次是千叶县幕张副都心,总面积为522hm^2。另外就是横滨MM21地区,系利用海岸土地开发,总面积186hm^2(图1)。

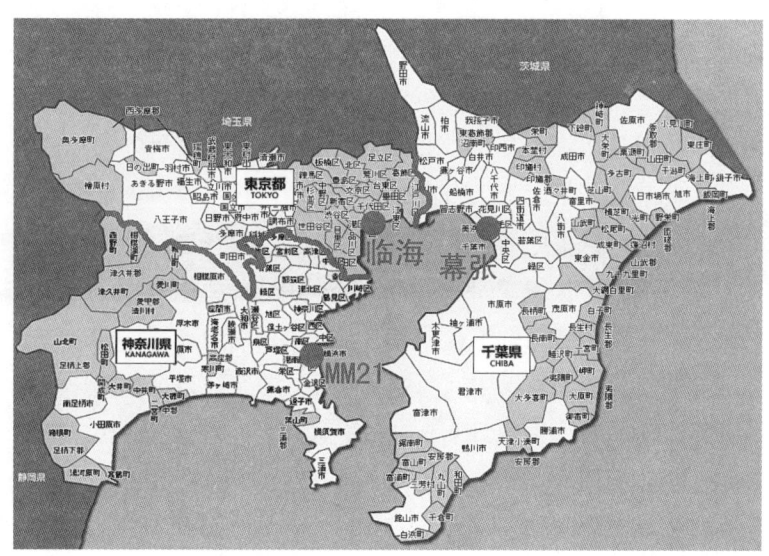

图1 日本东京湾三大开发区

东京湾临海副都心通过填海造地进行开发，划分为信息办公区、国际展示及会议中心区、度假娱乐区和居住生活区等四个功能区。幕张副都心位于东京湾北侧的千叶县境内，由于交通便捷，环境优良，地价较低，幕张副都心已吸引了日本一大批公司总部入驻办公。横滨 MM21 位于东京湾南侧的横滨境内，选址在原城市中心附近滨海景观地区建设，既是横滨摆脱东京卧城形象、发展自立商务核心区的要求，又符合向南翼疏解东京商务办公的巨大压力。

一、临海副都心

在寸土寸金的东京想要有片宽广的土地，来因应都市扩充发展的需要，实在是很不容易，在十多年前，东京都政府为了减低都市化过于集中的压力，以及规划新的休闲运动景点设施，提出一个伟大的湾岸计划，计划中以填海造陆的方式向东京湾争取一片土地，要在这片土地上打造一个新市镇称为临海副都心，并兴建一座壮观的跨海彩虹大桥和高架电联车系统以连接东京市区。

东京湾临海副都心通过填海造地，开发土地面积 448hm^2，总建筑面积 700 万 m^2，其中办公 250 万 m^2、会展 36 万 m^2、商业娱乐及酒店 130 万 m^2、公寓 205 万 m^2，规划就业人口 10.6 万，居住人口 6.3 万（图 2）。

台场是临海副都心中，娱乐设施最集中和风景最美丽的休闲空间。

台场海滨公园，是一座濒临东京湾面向东京市区的人造海滩，美丽的公园造景和完善的海滨戏水设施，吸引络绎不绝的游客来此游玩，此地更是日本偶像剧中著名的景点，当傍晚华灯初上，由台场海滨公园向市区望去，可以看见东京最美的夜景，东京铁塔、彩虹大桥、超高大楼的炫丽灯光互相辉映，充满了浪漫的气氛。

东京海滩甲板 (DECKS Tokyo Beach) 是一个集购物、餐饮、娱乐为一体的综合休闲设施，沿大楼建筑的木板人行道，可以远望台场海滨公园以及彼岸的东京市中心，是赏夜景的佳处，建筑中间两层是商场、专卖店以及杂货店，销售各式各样的商品，顶楼两层是餐厅，提供日本、中国、意大利、印度等各国风味饮食，可以一边用餐一边欣赏海景（图 3）。

多彩城 (Palette Town) 有座日本最高的观览车，被称为"巨大空中转轮"，115m 的高度是眺望临海副都心地区的最理想的地方。相邻的 Hyper Shoot 和 Hyper Drop 是

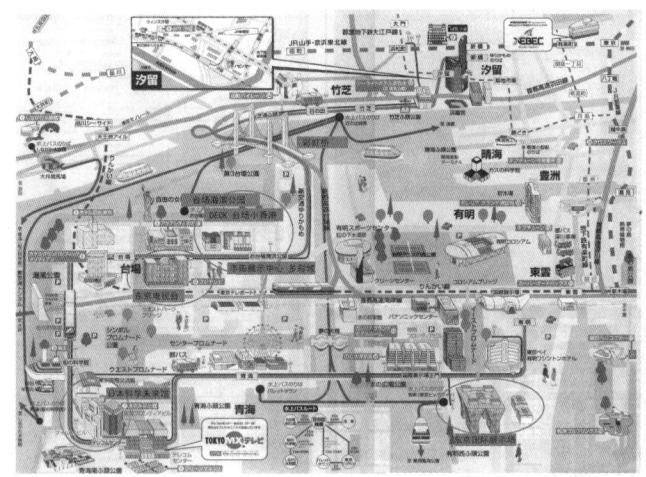

图 2 日本东京湾临海副都心

图 3 日本东京海滩甲板商业空间

两个 58m 的高塔，是寻求自由落体刺激感的好地方。

喜爱汽车的朋友可以去 Toyota Mega Web，共分为三个游乐馆、两个汽车展示场与汽车体验试乘等。

邻近台场海滨公园的富士电视台 (Fuji Television)，是一栋造型独特的广播电视大楼，游客可先在第七层购买观景台的入场券，再搭电梯前往位于 25 层巨型的圆球里的观景台，从这里东京市中心和东京羽田机场的景色尽收眼底，随后回到第七层，经由电扶梯下到位于五层的富士电视台广播博物馆，这里展示该公司电视节目和电视人物的资料，从楼上的玻璃窗口，运气好还能看到节目录制的实况。在夜晚这个展景圆球会闪烁着各色的霓虹灯光，非常美丽，已成为富士电视台的标志。

距离台场有一段距离的东京国际展览中心 (Tokyo Big Sight)，建成于 1996 年 4 月，它是临海副都心的代表性建筑之一，这座建筑外观上主要由四个相互连接的倒立式金字塔所组成，分为室内和室外的展览空间，主要由两个展览大厅，一个附有多个会议室的会议大厅组成，整座建筑的总建筑面积达 230873m^2，其中室内展览的面积是 80660m^2，位于主塔建筑七层和八层的国际会议大厅有 1000 个席位。

图 4 幕张副都心

图 5 幕张副都心住宅区

图 6 幕张副都心住宅下面的临街商业

二、幕张副都心

幕张副都心于 1980 年完成填海造地，规划占地 522hm²，其中商务办公中心区约 100hm²，就业人口 15 万（图 4）。幕张副都心的住宅区（图 5），规划面积 84hm²，计划容纳约 3 万户，是由千叶县企业厅所推动的计划。该计划真正开始于 1987 年，至今新的住宅仍在持续施工。

为确保设计的多样性，一个建筑师所能设计的住宅户数定在 80 户以下。每一个街廓有三至四位建筑师共同完成设计，在统一构想之下发挥各自的创意。整体设计准则统一订定出来，参与单位以契约方式遵守。

但单调并不等于调和。调和是在多种不同形态之下取得协调，和一致性的单调不同。在实质规划中，建筑物的色彩，材质，建筑高度，墙面退缩，建筑间隔，及开放空间的留设等，都是就实质环境规划面来加以限制，以达到景观的协调性。

幕张副都心规模较大，试图以住宅区来创造新市区的特色，以住宅区的建设来形成一个都市住宅的自然形态（称为沿道型的围塑式配置），邻接主要街道的住宅楼层的楼下设置商业设施，形成多样的都市空间（图 6）。这种住宅形式类似向内围塑的集合住宅，在日本此类建筑不多，但幕张住宅区所兴建的就是这种中庭形式的住宅，其外围一楼为商店，上层则是一般住家。

幕张副都心的住宅设计和街道设计系并行进行，并与停车场的出入口、步道的高程、街灯、行道树位置、街道的□面等配合，希望能达成一体化和合理性的环境设计品质。在日本，像幕张副都心这种宽幅的格子状街道系统非常少见，因为在一般人的认知中，街道宽度是以交通流量来决定的，因此像幕张副都心这种以日照条件、街道景观观点来决定街道配置的做法，必须让警察机关等可以理解并支持。

三、横滨 MM21 开发区

横滨港区未来 21（Minato Mirai 21，简称 MM21）位于东京湾南侧的横滨境内，系利用海岸土地开发。既是横滨摆脱东京卧城形象，发展自立商务核心区的要求，又能满足向南翼疏解东京商务办公巨大压力的要求。

横滨是日本的第二大城市，曾在经历了几个世纪的对外闭关自锁后，成为日本

图 7 横滨 MM21 开发区

图 8 眺望横滨港　　　　　　　　　　　　　　图 9 横滨地标大厦广场空间

最早对外实行国际开放的贸易港口，还有专为外国人提供的贸易港口。MM21 就选址在原城市中心附近的滨海景观地区建设，总用地 186hm²，总建筑面积 300～400 万 m²，规划就业人口 19 万（图 7）。这 186hm² 的地区作为横滨市最大的开发事业，它进行的新街区建设，引起了国内外的关注。日本人期许它是个集文化、自然的国际都会，对旅客来说，又多了好几个大型购物中心才是重点，日本最高的大楼也位于此。

MM21 包括了邻近市区中心的滨水区域以及填海造陆的 76hm² 土地，所开发出来的是一个巨大复合城市，最大的特色是企图建设一个"能提供 24 小时全天候活动的国际文化都市"，并以建立一个被水、绿意和历史所围绕，充满人性化的希望之都为最大目标。因此，可以说此区成为了全横滨最繁华的地方，既有全日本最高楼 70 层的地标大厦可以以超广角的视野饱览横滨港区全貌（图 8），又有多家大型购物中心提供舒适具创意的购物空间。

横滨地标大厦（Yokohama Landmark Tower）包含了主体的日本最高大楼——地标大厦（高 296m）、地标广场购物中心和周边的船坞花园休憩绿地三个部分（图 9）。位于 69 楼，高 296m 的天空花园展望台（Sky Garden），可尽享 360 度的港湾美景。自一楼到五楼的购物中心，则有各自的主题，像是"二楼的轻松散步道"、三楼的"横滨海湾大街"，展示不同风格的品牌商品。

横滨港区优美的港湾里，有一组非常安静而时尚的建筑，是原旧仓库区的整新。发展商维持原来的外立面并修旧如旧，在里面重新进行空间分隔，里面经营的是时尚的酒吧、餐馆、精品店等。除了本身经营店家的品级带来的城市客户流量外，其旁边是日本第一高楼及其他高楼形成的横滨湾高档写字楼区、商场街区及优美的横滨港，外地外国旅游客户流量很大，旧仓区的怀旧情调本身形成港区和谐的风景，成为游客参观驻足的地方。这个项目和上海的新天地有相通之处，本身近商务区、有客群基础，同时注意修旧如旧、营造怀旧感觉和安静浪漫的情调，店家业态控制上也注意品级控制、成为城市时尚消费地和观光胜景、更反过来带动商业经营。

下篇：城市再开发区

随着城市发展、人口增多和职能扩大，需要不断开发新市区，扩大城市容量，而同时，随着时间的推移，既有的城市市区老化，各种职能不能满足新时期需要，因此，需要对老市区进行再开发。

惠比寿新区位于东京都涩谷区的惠比寿车站周围，是高速开发出来的一个地区。1994年，在原来的啤酒厂厂址上建起了"惠比寿花园城"，另外还建造了许多饮食店和流行时装店，现在已经成了一处不容争辩的热点地区。六本木新兴商业区内的各种设施则于2003年4月25日对外开放。汐留紧邻灯火通明的银座商业区和幕府时期的滨离宫恩赐公园。那是东京湾里，填海填出来的一块地，簇新簇新的，目前已是高楼大厦林立，举目望不到头，每一栋都可以拿来当标本观摩，然后是飞渡两岸的如梦如幻的大桥以及蔚蓝的海。

一、惠比寿再开发区

惠比寿再开发区是一个典型的站前商

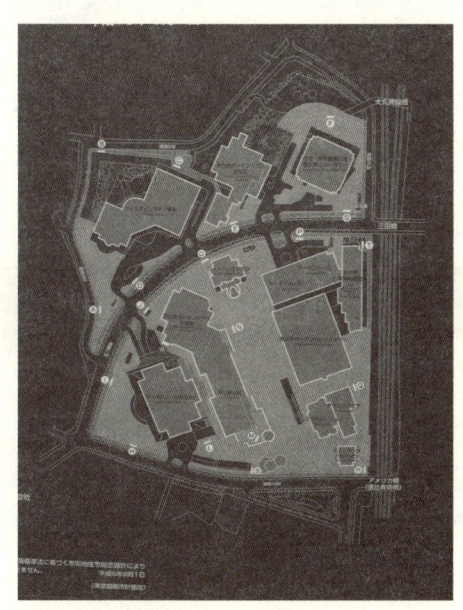

图10 惠比寿花园广场总平面图

图 11 惠比寿花园广场

图 12 惠比寿花园广场室外空间

图 13 六本木新城是一个综合文化城

业区实例，总占地面积为 24.4hm^2，共有商业设施 455 家，总商业营业面积约为 43000m^2（图10）。惠比寿地区新型商住两用物业的城市再开发，花园广场大厦等的建成，使惠比寿面貌巨变，随之惠比寿地区的人气急速上升，餐厅、咖啡厅、品牌时装、购物等最新话题不断成为注目热点。同时，惠比寿站西口一带则保留了昔日地方商业街的原貌，新与旧的反差，今与昔的变化，构成惠比寿城市风貌。

惠比寿再开发区的街区利用自然的台地，连接车站、展览馆、商场、写字楼、公寓、影院。以一组很轻巧的天棚式的雕塑（图11）、下沉式广场和水体（图12）、老教堂、公寓楼群，形成连贯的城市景观轴。驻足其中，开放型的交通体系、分流的步行和车行流量、核心的深红色低层的商场、展览场、车站与景观轴对侧挺拔的暗灰的公寓、写字楼群形成极好的对比基础上的和谐。我们如果要做核心区域大型工厂搬迁，实施商用与居住综合体，惠比寿项目中对各功能的控制、总体规划上明确的轴心感和分性质建筑的美学对比、社区成为街区中心和充分的开放感，都是很值得借鉴的。

惠比寿花园广场是一个大型多用途的开发工程，其原址本是札幌啤酒厂，经过重新规划设计后，改建成为一个复合式购物休闲中心，基地建有商品丰富的百货公司、日用精品名店、高级的私人公寓、办公大楼、美术馆、博物馆、小型影剧院、富丽堂皇的饭店和多样化的餐厅等，从而使惠比寿花园广场本身就形成一个独立的市镇。

惠比寿花园广场的主体建筑是惠比寿花园广场大厦（Garden Place），它的主要人流入口设在一层（地面层）、地下一层和地下二层3个层面，其中地下一层步道和地面层步道均与惠比寿车站直接相连，3个步道层面在中心广场汇合，由自动扶梯等相互连接。在这3层步道系统周边设有各类零售商店、饮食设施，并通过中心广场与广场南部的文化娱乐设施连为一体。广场正中央一座仿法式别墅建筑内附设一间法式餐厅，为整个广场增添一份欧洲古典浪漫气氛，在惠比寿花园广场大厦的第三十八与三十九层，可以边欣赏东京迷人风景，边享用美食料理。

二、六本木新区

六本木商业中心的总占地面积约为 16.5hm²。各类商业设施总数为 395 家，总营业面积约为 37000m²。运营该商业区的森大厦（Mori Building）公司的社长一直主张"城市既是剧场又是舞台"。这里随处可见体现这一理念的设施，整个街道如一个巨大的媒体。

六本木新兴商业区的象征是森大厦，地上54层、地下6层，总建筑面积为379451m²。第七层至第四十八层之写字楼层拥有无柱构造的宽阔空间，第五十四层、270m 高的六本木新城森大厦之屋顶以东京空中观光台为名向观光者开放。美术馆、观景台、会员制俱乐部和学术设施浑然一体，是世界上无与伦比的巨型综合文化城（图13）。

每天都有不同惊喜的都市广场——六本木新城露天广场带有巨大遮顶的露天多功能娱乐场所以六本木新城风格的世界性节目为中心，每次光临都会遭遇不同的刺激的充满新奇观念（图14）。

图14 六本木新城多功能广场雨棚

图 15 六本木新城建筑立面层次丰富,色彩温馨

位于六本木新兴商业中央的住宅"六本木 Hills Residence"。其特点之一是住宅与办公地点相接近。空间的设计以居住者的舒适性为最优先,六本木新城的大街就是住宅之延续。其下面的小型社区型商业街更是充满着温馨(图 15)。

三、汐留再开发区

东京是举世闻名的一个拥挤地方,唯有这一处——汐留,很是开阔轩敞。汐留的所在地濒临东京湾,是中世纪幕府时期对东京湾进行填海造田而形成的。日本的第一条铁路,即东京至横滨的铁路就是从这里修建的。

汐留再开发区占地 $31hm^2$,集商业和住宅为一体,目前工程进度已近半。在这里,众多的空中走廊、地下广场和通道连接着办公楼、商店、公寓和酒店(图 16)。汐留为铁路、地铁和高速公路所环绕,拟建设成为一个可供 61000 人工作,6000 户家庭

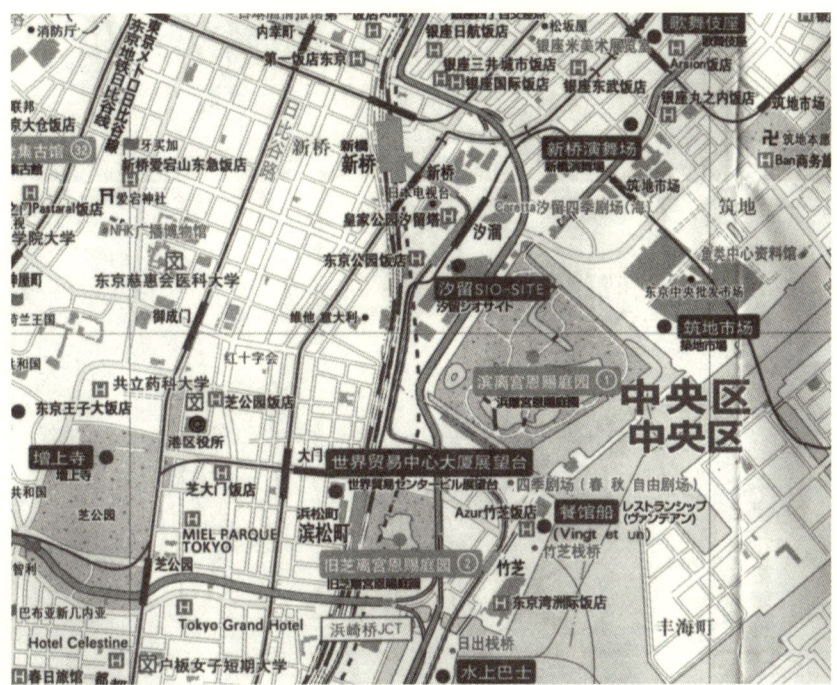

图 16 汐留再开发区地图

图 17 汐留中心城

图 18 汐留中心城 PCCW 大厦

居住的商业和住宅区。到 2006 年建成时，该项目将创造 93000 个就业机会，产生 136 亿美元的经济效益。

　　汐留中心城是三井不动产和新加坡政府合作开发的写字楼（图 17）。汐留的多数写字楼被用作公司总部，这为当地商业提供了稳定的客户来源。这种建设热潮的负面影响就是，由于很多公司放弃了原有的办公楼，迁至这里的新楼，使东京的闲置房产增多。即使在繁华的银座，也出现了这种情况。这种建设热潮的另一负面影响就是使汐留地区写字楼过多。

　　汐留最受人瞩目的就是 PCCW（电讯盈科）大厦（图 18）。除了主要的大型办公空间，大厦里面还有大型的室内商业街、文化展览设施等（图 19）。它和旁边的电车站、地铁站结合在一起，交通十分方便（图 20）。在大厦主体和电车轨道高架桥围合成

图19 汐留中心城 PCCW 大厦内部　　　　图20 汐留中心城 PCCW 大厦下沉广场

　　的三角形空间里面，有一个大型的雕塑——会喷水的龟背。水会从龟背的缝隙里面喷水来，形成水雾，小孩子们感觉很兴奋。这种公共空间的营造在日本很是平常。

　　但是，在这群高楼大厦的对面就有一处异常安静的地方，这就是我们前面提到的开阔轩敞的浜漓宫恩赐庭院。浜漓宫恩赐庭园是一座以引入潮水的"潮入池"为中心的巡游式临海公园，是利用了17世纪德川将军家的别墅遗址而建造的庭园，园内十分清静，置身其中几乎会忘掉时间的流逝。园内与海相连的池塘因潮水的涨落而时有变化。从院内可以看到背后的这些高楼大厦，它们连成一片像一堵高高的屏障一样，成为恩赐庭院的背景，现代化和古老文明之间的对比从来没有如此强烈过。

本文发表于《中建国际设计》2006年第三期总第12期

日本六本木新城

日本东京是人口最为稠密、经济增长最快的全球性城市,东京中心区的发展模式采用了老中心区与多个新中心区分层次并进策略来适应快速城市化的发展需求。

东京全市有23个区,市区范围一般指都心8区,市中心则是由千代田区、中央区和港区等都心三区构成(图1)。千代田的丸之内地区是当今日本金融办公的无可争议的中心,这一地区早期是东京市中心的高级居住区之一,从20世纪20年代开始就具有商务办公性质,60年代以来伴随着日本经济战后重建,金融办公设施急增,进行了大规模的写字楼建设。到80年代末,丸之内已成为东京国际金融机构高度集中之地,达到饱和状态。

为制止市中心区商务办公功能高度集聚的过度畸形发展引发的地价、交通、环境

图1 东京都23区

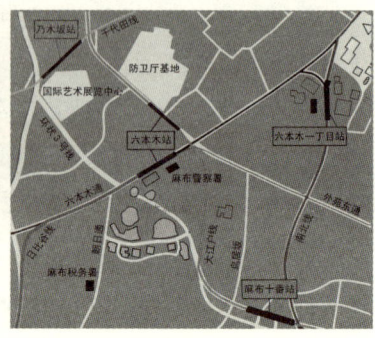

图2 六本木区域位置图

等问题的加剧，1958年东京政府选择在市中心西侧的地铁交通枢纽地区新宿建设商务办公型副市中心区。新宿地区的开发在90年代初全部建设完毕，地下连通系统完善，成为东京的国际商务办公集聚区。除了对东京旧城区的新宿地区进行再开发外，又陆续对其他一些旧城区，如千代田区的银座和丸之内；涩谷区的原宿、惠比寿和代官山，港区的六本木和汐留等地区进行了再开发。

其中，六本木地区的开发及六本木新城的建成是"创造力新都会"风潮下的一次伟大实践，其成就令业内人士惊叹。日本城市专家认为，在改变传统东京的平面密集城市构造方式之外，六本木新城的贡献还在于——自从拥有了摩天大楼，高层建筑群街区以来，从曼哈顿到香港岛，它们莫不以非常刚性的钢筋水泥形态出现，而同样垂直密集构成的六本木改变了这一切，它们的垂直密集只是为了给公共空间的活力提供足够多的土地空间。这些空间正好就是他们最大的社区商业号召力。项目策划人森大厦（Mori Building）公司的森稔社长的措辞也许让人感觉迂回，他说"城市既是剧场又是舞台"。这里随处可以见体现这一理念的设施，整个街道如同一个巨大的媒体。

六本木地区位于东京都中心区，建成后的六本木新城总占地面积11.6km²（图2）。这里在开发前原有500户住家，多为旧式的木结构房屋，密集地连接成一片，每逢地震或火灾，狭小的空间不仅逃生不易，就连救护车都无法进入。成立于1959年的森集团（Mori Building Co., Ltd.）决定引入法国的建筑手法，以概念式的文化中心为诉求重点，针对六本木原有特色加以设计，营造出一个全新的未来城市。2000年号召来自世界各地的顶尖设计师参与设计，全部工程于2003年4月完工。

这个项目不仅是日本民间在国内最大规模的再开发项目、其规模创造了日本现代城建史上的新纪录，而且在动迁难度上也算是首屈一指：开发商、房地产界巨擘森建筑股份公司用了长达17年的时间，才一一说服当地的400户土地所有者转让土地，搬出他们建在狭窄街巷两边的老式木屋。该项目总投资额为2700亿日元，预计要20年左右才能收回投资。森稔社长曾经感慨地说："六本木新兴商业区不仅可以满足衣食住行的需要，还将成为一个集工作、学习、娱乐等功能于一体的'精英城'。以往的高楼由于大都面向企业因此未能实现衣食住行一体化。我们希望六本木新兴商业区能够成为城市改造的模式，并以此作为一个契机来改变城市面貌。"他们的宣传口号是"One and Only"。

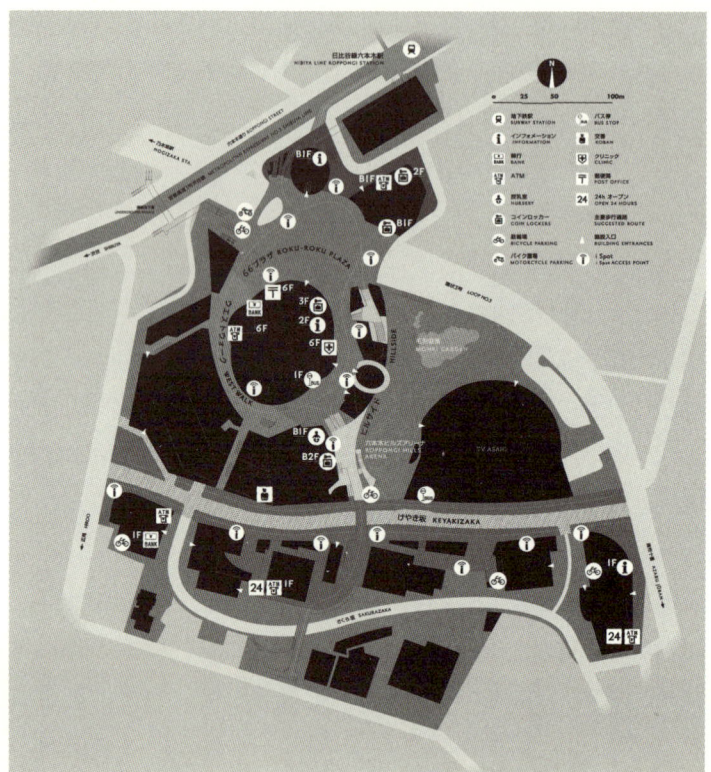

图 3 六本木新城总平面图

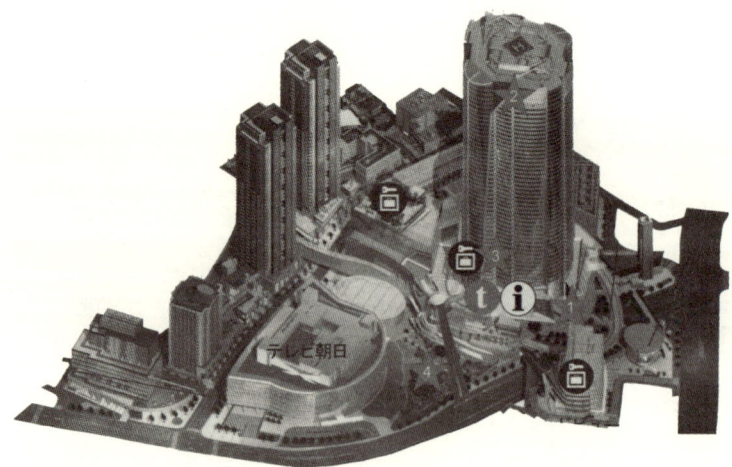

图 4 六本木新城总体鸟瞰图

六本木新城拥有可以永久居住的住宅区，也有能短暂住宿的五星饭店，更是各国商品名店、与知名餐饮的聚集地。电影院、俱乐部、图书馆、邮局、超级市场、美术馆与瞭望台等，所有您能想到的，可以满足生活需求的各项机能，全都属于六本木新城的规划范畴（图3、图4）。甚至在这样繁华的都会区，居然还保有江户时代的日式花园——毛利庭院与百年老树，在住宅的顶楼，还能看到属于农村的田地。

表面上看来，六本木新城只是一个垂直式的庭园都市，实际上它企图改变城市的既定构造，希冀打造出一个具有文化与灵魂的新生命——一个"城市中的城市"。这是一种生活型态的变革，六本木新城以垂直庭园的方式节省空间与时间，生活在新城里，能同时满足住宿、工作、购物、休闲娱乐、艺术、学习与知识等身心灵层面的需求，而这样的生活形态，本身就已经是一种新文化了。

在49m高度的屋顶平台上是一个开阔的屋顶花园，除了节省空间、利于环保之外，最重要的是能让都市人放松心情（图5）。而为了落实艺术即是生活的宗旨，六本木新都里随处可见路旁的装置艺术品，从最醒目的大楼地标——大蜘蛛雕塑开始向外扩张，一直到公园里

图 5a 在49m高度的屋顶花园

图 5b 在49m高度的屋顶花园

图 5c 在49m高度的屋顶花园

第三章 产品设计

机器人梁柱、雕塑座椅等,是新文化艺术美化心灵的重要体现(图6)。由其为人熟知的大蜘蛛雕塑"Maman"是美国女艺术家路易斯·布尔乔亚(Louise Bourgeois)的大型雕塑作品,以蜘蛛为形象主题,高度为10m,森稔社长说这件作品是"因特网时代城市的象征"。对建造六本木新城的设计师们来说,这里的每个细节都有巧妙的构

图6a 遍布六本木新城各处的装置艺术品

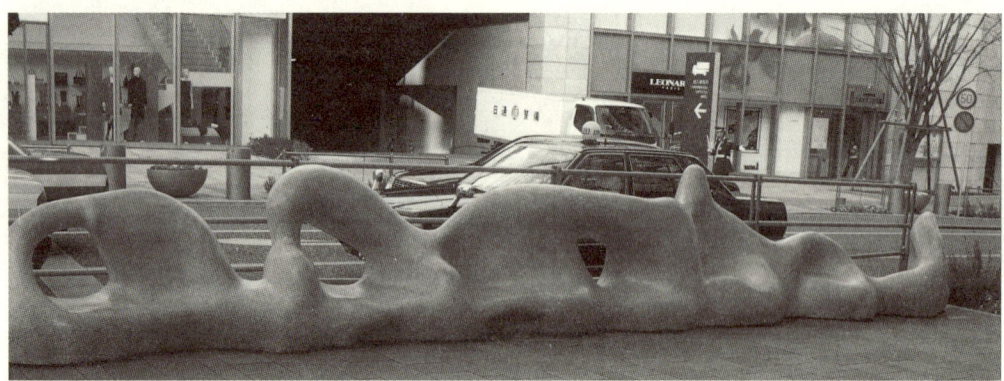

图6b 遍布六本木新城各处的装置艺术品

思，而艺术也早就融进了日常生活里面。

从建筑上来看，整个新城由来自世界各地的多位设计师共同完成，每栋大楼、每个区域均有不同的风格，如欧洲风格的室内商业街（West Walk）、东方风味的餐饮娱乐区（Hill Side）、已有400年历史的日式毛利花园（Mohri Garden），而六本木新城的中心建筑森大厦与一旁的朝日电视台，则是高技术的风格。

六本木新城的象征是森大厦（Mori Tower，图7）由美国KPF建筑设计师事务所的威廉·佩德森（William Pederson）主持设计，地上54层、地下6层，总建筑面积为38万㎡，高238m。森大厦的1~7楼为百货区，8~48楼为拥有无柱构造的宽阔空间的办公区，49~53楼由两个向观光者开放的展望台（Tokyo Sky Deck、Tokyo City View）、一个森美术馆（Mori Art Museum）、一个六本木新城会员俱乐部（Roppongi Hills Club）及一个公共的图书中心（Roppongi Academy Hills）组成，统称为森大厦艺术中心（Mori Arts Center）。艺术中心由Gluckman Mayner Architects设计美术馆、观景台、会员制俱乐部和学术设施浑然一体，是世界上无与伦比的巨型综合文化城。

森美术馆以"人类的共同主题"为主题，凡与人类生活有关的人、事、物，无论是现在、过去或未来，不管是用哪一种方法加以呈现，不论种类、形式与领域，只要能让人

图7 森大厦

图8 森美术馆的入口——玻璃塔

有所启发，就能够在美术馆展出。共 3000 ㎡ 的面积被划分为 9 个展览空间，平均每 3 个月更换一次主题。为了搬运方便，大多数美术馆通常都建于较低的楼层，而这次"森之塔"则将之搬到了大厦的高层，强调其独特魅力——"世界上最接近天空的美术馆"（图 8）。美术馆最特别的地方，在于参观时间直至 24:00，时间符合六本木新城给人的一贯思考逻辑：艺术是无时无刻、无声无息的融合在日常作息中。

六本木新城半露天的大型广场 Hills Arena 带有巨型雨篷遮顶，是由几根钢铁柱子支撑起的一个圆形顶棚。可以根据演出需要随时开合的透明顶棚下是铺木制地板的地面和阶梯式的圆形观众席。这是一个每天都会带给你不同惊喜的都市多功能娱乐广场，使你每次光临都会遭遇不同的、刺激的、充满新奇的观念（图 9）。

由于六本木 Hills 内的建筑垂直发展，集中在八幢摩天大楼内，因此户外的公共场所很开阔，绿化率也相当高。400 年历史的日式毛利花园被保留下来向公众开放，供人们暂时逃避闹市的喧嚣和纷扰（图 10）。

图 9 半露天的大型广场 Hills Arena

被毛利花园环抱在中间的一栋带有大型曲面玻璃墙的建筑物就是由建筑大师槙文彦(Fumihiko Maki)设计的朝日电视台。这是一座地上8层、地下3层,从开放性空间走向世界的电视台,是一座充满开放感的玻璃墙新总部。一楼的中庭是重视与来访者合作的开放式空间,同时还设有纪念品店与咖啡厅(图11)。

图10 日式毛利花园

图11a 朝日电视台入口

图11b 朝日电视台大堂

图12 六本木新城住宅区
(Roppongi Hills Residences)住宅细部

一座新城除了这些属于未来生活的办馆、文化、娱乐形态，还必须解决住宿问题，否则就有可能使它在晚上成为一座死城。六本木新城汲取了这种教训，在六本木新城的一侧由 Conranand Parters 规划设计了一个住宅区 (Roppongi Hills Residences, 图 12)。住宅区共有 A、B、C、D 四栋，约有近 800 间房，每栋建筑高矮不一且风格迥异。住宅与办公地点极其接近，是森稔社长提倡的"住职接近"口号的象征性存在，这是解决东京都高密度居住问题的实验。森稔在接受《财富》杂志的采访时谈到商业与建筑的结合，他说："从我过去住的地方去办公室要花半个小时。然后我搬进 Ark Hills，办公室也在那里，这时我才意识到在路上奔波是多大的浪费。能节省时间的话，我现在一天 24 小时就是 26 小时。如果我们走路就能上下班，这将是一种更为理想的生活方式，而且会提高生产力——尤其是知识产业的生产力。这便促使我思考重新设计我们的城市。"

森稔知道东京上班族的痛苦，他们每天长途的奔波破坏了东京市郊的社区，许多人上下班单程就要花费三个小时，他们离开时家人还在睡觉，下班回到家里时家人已经入睡。这些人没有时间与孩子和家人待在一起，也没有时间与邻居结识。当代的城市状况默默扼杀都市家庭的现象，在世界上很普遍。让人们拥有更多的时间，有利于家庭和社区的巩固。

这个住宅区虽然位在喧闹繁忙的市中心，但居家环境与质量却是一等，该有的生活机能绝不遗漏。住宅与办公地点是如此地接近，只要下楼过个转角，不但有樱花及榉木夹道欢迎，还有成排的国际品牌的名店可以光顾。六本木新城里进驻了超过 220 家商店，分布在各个区域，以贩卖国内外知名品牌的服装与饰品商店和餐饮店为主。

社区空间的设计以居住者的舒适性为最优先，六本木新城的大街就是住宅之延续。其下面的小型社区型商业街更是充满着温馨。社区商业街在 A、B 两栋住宅之间，位于 A 栋住宅底部，它通过一个很不引人注目的开口面向六本木中心道路——榉树坂大道，但内部小尺度的空间却营造得很是令人舒适（图 13）。可惜的是由于一街之隔的森大厦周边的商业的影响，这儿的人气不是很旺。在 B 栋住宅的外侧，还有一个社区娱乐场所，其标志是高高的由汽车模型组成的雕塑塔和一条长长的滑梯（图 14）。

除了长期居住的住宅，这里还有包月的出租公寓，附赠早餐，设有 SPA、健身房与高档家具。若只是商务、旅游的临时住宿，六本木新城内有一所五星级的酒店——君悦饭店（Grand Hyatt Tokyo）。君悦饭店是与六本木新城同时建成的饭店，有各

图 13 小型社区型商业街不引人注目的出口及其内部的小空间　　图 14 社区娱乐场所

种服务设施。君悦饭店的客房是由美国设计师 Peter Remedios 设计的，餐厅空间的室内设计则由美籍华裔设计师季裕棠与日本设计师杉本贵志共同完成，灯光规划师是 Charles Stone。

　　重振都市活力如今已成为东京开发项目的主流，据了解目前东京共有 600 多个像六本木这样的在建开发项目，其中有很多也位于闹市区。森大厦公司的社长深信他的六本木项目不仅能带动东京的复兴，还能促进日本全国的重振。无论这种宏伟的目标是否能够实现，也不知如何衡量，但是这种开发方式对旧城市内的片区复兴所带来的积极影响却是有目共睹的，对我们也是有启发的。

本文发表于《住区》杂志 2006 年 4 期总第 22 期

丰富多彩的日本商业街

日本的商业街形式丰富多彩，既有室内的也有室外的，既有位于大型建筑内部的也有单独建设的，既有依附于神社寺庙的也有依附于游乐场所或大型公建的，既有新建的也有旧建筑改建的。这其中给我留下最深印象的是"马赛克"——神户海湾乐园的商业街"MOSAIC"。第一次是在晚上自由晚餐的时候留意到了它，当时就觉得它的气氛特别好，于是第二天一早又去对它进行了仔细的观摩。早上的太阳照在它鲜艳的墙面上，

图1 横滨港旧红砖仓库群改造商业远景

图2 横滨港旧仓库群改造近景

临着蔚蓝的大海,享受着清新的海风,在湛蓝湛蓝的天空下,我都惊讶于它的美丽了。它的自由布局,小巧的体量,对于我们小区的邻里中心设计非常具有借鉴性。

横滨港旧红砖仓库群改造商业

横滨港区里有一组旧红砖仓库整新的时尚建筑,发展商维持原来的外立面并修旧如旧,在里面重新进行空间分隔,里面经营的是时尚的酒吧、餐馆、精品店等。除了本身经营店家的品级带来的城市客户流量外,其旁边是日本第一高楼及其他高楼形成的横滨湾高档写字楼区、商场街区及优美的横滨港,外地外国旅游客户流量很大,旧仓区的怀旧情调本身形成港区和谐的风景,成为游客参观驻足的地方(图1、图2)。

京都祇园风情商业街

作为八阪神社的门前街道发展起来的祇园是日本规格最高的繁华街,讲到京都就会联想到祇园,可以说是代表性的地区。在道路的两旁是纵横方向能通风的用细细的方木材建成的格子窗，大街的格调与舞伎的风采十分相称，街上排列着销售发簪、香和日式服装装饰物品等京都特有的商店（图3），而在日式建筑中也有许多可品尝中式菜和意式菜等的餐馆，这也是祇园的另一个魅力。既继承了传统，又不断接受新事物的祇园受到人们的喜爱。

与祇园隔鸭川相望的河原町是市内最大的繁华街，从恪守传统的老店到走在时代最前列的商店，应有尽有，是拥有丰富多彩的各式商店的京都的主要街道。街上百货店、时装店、电影院、大型书店等林立，充满活力，热闹非凡。

图3 京都祇园

神户 MOSAIC 商业街

神户港湾乐园距日本铁路 JR 神户站 5 分钟的步行距离，位于一个海风飒爽、阳光明丽的港湾里面。这里是集购物、餐饮、娱乐、影院、游乐、酒店为一体的地区，浓缩了神户的精彩之处。而马赛克商业街（MOSAIC）位于港口广场最靠海的一侧，在此可以享受到美食、流行服饰品和娱乐消遣的乐趣（图4）。太阳光照射而入具有开放感的购物街，聚集了日式洋式的餐厅、杂货店、舶来品店、电影院、游乐中心等90多种设施。有着高50m的大摩天轮和旋转木马的游乐园，马赛克庭园也是很受欢迎的景点。夜晚，从大摩天轮可以俯瞰被灯饰点缀的神户市区和濑户内海的夜景。

本文发表于《中建设计》2005年第二期总第5期

图4 神户 MOSAIC 商业街

神户马赛克商业街（MOSAIC）

传统的商业场所最普遍的是以街为市，主要是满足老百姓购买柴米油盐酱醋茶的需要，而传统的大商场大百货公司也都没有专门休息的地方，更说不上娱乐了，这两种商业形态都是不能满足现代人的需求的。从前人们以物质满足为主，去商业场所就是为了买东西，而现在则讲求物质、精神、文化、教育方面的满足，不仅要去购物，还要去逛街，还要去娱乐，饿了要吃饭，累了还要坐一坐，因此需要一个集商业、娱乐、休闲、餐饮为一体的环境，而不只是买东西的场所。

现代城市的综合商业场所就要能满足人们这种精神、文化和物质的需求，就要研究人的心理特点，使商业设施融入人文关怀，更适合人们购物、休闲、娱乐等活动，满足人们购物以外的心理需求。

在2005年元月份公司组织的日本考察活动期间，我就有幸发现了这么一个令人耳目一新的现代综合商业场所，它就是静静地卧在日本神户港湾乐园里面的马赛克商业街（MOSAIC）。

神户港湾乐园（Kobe Harbor Land）距日本铁路JR神户站5分钟的步行距离，位于一个海风飒爽、阳光明丽的港湾里面。这里是集购物、餐饮、娱乐、影院、游乐、酒店为一体的地区，浓缩了神户的精彩之处。而MOSAIC商业街位于港口广场最靠海的一侧，在此可以享受到美食、流行服饰品和娱乐消遣的乐趣。MOSAIC号称为神户的台场，属于年轻人经常到访的场所。

我们的考察团一行十余人是在日暮时分到达日本神户的，落脚地点就是日本铁路神户站对面的神户新大谷海港酒店（NEW OTANI KOBE HARBORLAND）。办理完入住手续以后，导游告诉我们，今天晚上自由活动，晚餐也可以自由选择日本的风味小吃，地点就在神户港湾乐园里面的马赛克商业街，到房间稍事休息之后，他将带我们一同前往。从酒店集合出来的时候，外面已经是华灯初上的时分了。我们在导游的带领下朝港湾乐园的方向走去。一路上都是火树银花的景象，尤其是接近港湾乐园时，行道树上彩灯闪烁，熠熠生辉。远远的我们就看到了港湾乐园的标志物——一座巨大的摩天轮。摩天轮上的霓虹灯不断变幻出各种图案，为海边的夜空增添了许多瑰丽的色彩。在日本，摩天轮作为娱乐场所的标志性建筑物十分普遍，每到一个地方都可以寻觅到它的身影。我曾经怀疑也曾经问过导游，这是否都是由一家摩天轮开发经营的连锁机构建造的，但没有人知道答案。

终于我们来到港湾乐园的入口（图1），上了一个宽大的台阶之后，我们置身于

图1 从神户站方向过来看到的商业街入口标志

图 2 从商业街三层天桥上面看二层街景夜景

一个位于二层的大平台上面。平台的左侧有一对宽大的木门，这是 MOSAIC 商业街的入口，而右侧是一个铁艺拱顶花园门，过了这道门，有一道台阶通向下面的游乐园和马赛克庭园。有着高 50m 的大摩天轮和旋转木马的游乐园，马赛克庭园也是很受欢迎的景点。夜晚，从大摩天轮可以俯瞰被灯饰点缀的神户市区和濑户内海的夜景。但由于大家都是冲着商业街内的小吃店来的，所以没有人去游乐园，都向左转直接进入了 MOSAIC 商业街。

MOSAIC 商业街周边主要有"光之广场"、"海之广场"、"花之广场"、"水之广场"、"希望广场"等休闲广场。而在露天的、太阳光线照射下的、具有开放感的购物街里面，则聚集了日式洋式的餐厅、杂货店、舶来品店、电影院、游乐中心等，约 90 多种设施。如其字面含意（马赛克，指可以拼成图案的小型彩色瓷砖，方形或六角形，也指用这种瓷砖拼成的图案）一样，这些大型游览车和旋转木马的马赛克花园、饮食店、时装店和电影院等以马赛克的式样组合在一起，开放式的商店街和能远眺大海的广场很受人们的喜爱。

商业街的景观休闲设施，表面上看会增加成本，减少商铺面积，但长远看，却能营造持续的人气。商业经营只有收益持续稳定，才会更吸引人，产生良好的效益。在商业场所各个楼层设置雕塑、水景、厅廊及休闲椅，增加人们的活动内容，为整个场所带来人气和商机，从而使商业街不仅仅局限于底楼临街商铺，使四楼的生意可能都

第二章 产品设计

比一楼好，改变人们的传统，进而提升整个商业场所的价值（图2）。所以在大型商业设施的规划设计中，不必特别看重临街面，甚至可以将人流、物流及交通通道以外的临街面封闭，而特别关注商业设施内部人流方向的组织、空间的变化。马赛克商业中心临街面只有很少的铺面，其余设计成半地下车库，一楼以上才是商业铺面（图3）。人们去这样的商业场所不一定买东西，可以只是去逛逛，既可休闲娱乐又可增加知识。这样就增加了商场的人气、商机，相比单独的商场效益可以提高很多。因此，景观休闲化是发展的方向。

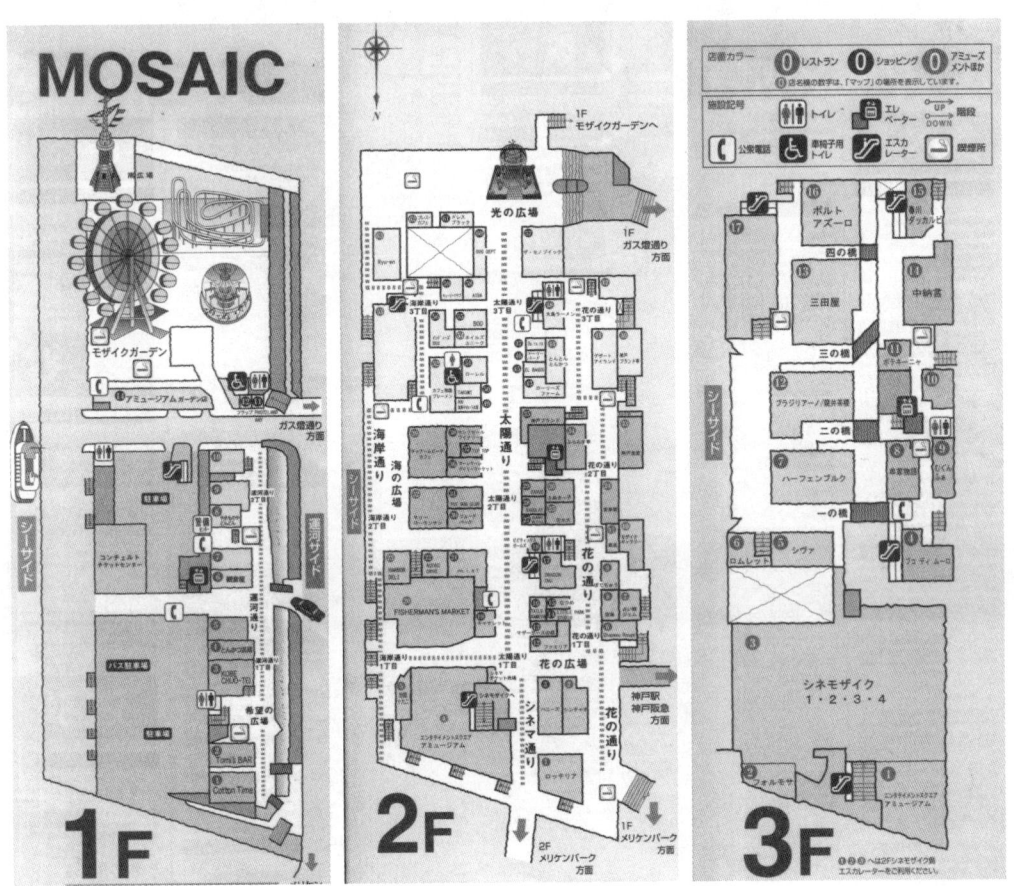

图3 商业街各层平面图

第三章 产品设计

图4 马赛克商业街三层临海外廊木廊架

晚上 MOSAIC 商业街的人很多，大多是为了吃晚餐而去，餐后也可以顺便逛一逛散布于小吃店之间的各种小商店。开始我和武汉公司的老马（马爱明）结伴逛街，看到许多商店里面都有一些十分漂亮又实惠的商品，但是一看背后大多有"MADE IN CHINA"的标志，实在是没有千里迢迢从异国他乡购买的必要。后来看到一家卖日本清酒的小商店，包装精美，也不太贵，可以考虑买一些回国送朋友。老马说，我们先吃饭吧，吃完饭再来买。但在我们连吃了两家小吃店以后再来买清酒时，发现这家小商店已经打烊了，给老马留下了些许遗憾。不过这个遗憾后来在参观一家清酒厂时得以弥补，这是后话。

虽然当天晚上我们在商业街拍了许多照片，但我们还是非常想看一下它在白天时的姿容，于是约好第二天早上再来看一次。为了不耽误团队开始当天的下一站之旅，我们两个一大早就再次来到 MOSAIC 商业街。和晚上一派热闹繁荣的景象截然不同，由于太早，街上还没有什么人，店铺都关着门，正好为我们无障碍地欣赏其建筑提供了条件。

初升的太阳照在 MOSAIC 商业街鲜艳的墙面上，令人感觉到它的艳丽无比。尤其是临着蔚蓝大海的一侧，享受着冬日温暖的阳光和阵阵清新的海风，在湛蓝湛蓝的天空下，谁都会惊诧于它的美丽（图 4）。它的自由布局，小巧的体量，对于我们住宅小区的邻里中心设计非常具有借鉴性。抓住这个绝佳的机会，我和老马都尽情地拍照。后来，远远地在街的尽头发现一个人影一闪，仔细一看，原来是北京公司的刘湧，看来，还有另外一个早起的有心人呀！

本文发表于万科员工版 2005 年 7 月总第 15 期

附录

专业考察

1. 因祸得福畅游巴黎 传统现代饱览奇迹

发表于《住宅与房地产》杂志 2008 年 1 月总 219 期

2. 心中愧对王国丹麦 一朝洞悉文化似海

发表于《住宅与房地产》杂志 2008 年 2~3 月总 221-223 期

3. 哥本哈根专业旅游 生态村里浏览不够

发表于《住宅与房地产》杂志 2008 年 4 月总 225 期

4. 马尔默有个土豆地 摩尔真不是吹牛皮

发表于《住宅与房地产》杂志 2008 年 5 月总 227 期

5. 从住博会到欧洲村 马尔默港区现青春

发表于《住宅与房地产》杂志 2008 年 6 月总 229 期、2008 年 8 月总 233 期

6. 看完人家的房地产 商业街里面再转转

发表于《住宅与房地产》杂志 2008 年 7 月总 231 期

7. 从马尔默到奥斯陆 哥德堡生活很舒服

发表于《住宅与房地产》杂志 2008 年 9 月总 235 期

8. 北欧设计好经典 公共设施真齐全

发表于《住宅与房地产》杂志 2008 年 10 月总 237 期

9. 北欧风光无限好 哈马比城很环保

发表于《住宅与房地产》杂志 2008 年 11 月总 239 期

10. 乘着邮轮去芬兰 逛过市场看古建

11. 沙里宁比肩阿尔托 芬兰的建筑大师多

12. 维基新区实验大同 岩石教堂鬼斧神工

专业论文翻译

1. 意大利和日本：家居新景观

《建筑艺术与室内设计》，总 24 期，2002 年 10 月出版

2. 软设计

《建筑艺术与室内设计》总 25 期，2002 年 10 月出版

3. 下次在哪儿？

《建筑艺术与室内设计》总 25 期，2002 年 11 月出版

4. 格伦·默科特、2002 年普利凯开奖得主

《建筑师》，总 101 期，2003 年 2 月出版

专业图书翻译

1. 世界建筑撷英 1

中国建筑工业出版社，2001 年 9 月出版

2. 简捷图示屋顶细部设计手册

中国建筑工业出版社

3. 世界建筑大师优秀作品集锦——黑川纪章

中国建筑工业出版社，2004 年 1 月出版

4. 世界建筑大师优秀作品集锦——特里·法雷尔

中国建筑工业出版社，2005 年 1 月出版

5. 饰面材料

中国建筑工业出版社，2005 年 4 月出版

6. 普遍适应性设计

知识产权出版社，中国水利水电出版社，2003 年 1 月出版

7. 紧缩城市——一种可持续发展的城市形态

中国建筑工业出版社，2004 年 6 月出版

图书在版编目（CIP）数据

地产项目一体化策略 / 楚先锋著. -- 北京：中国建筑工业出版社，2016.10

ISBN 978-7-112-19947-1

Ⅰ. ①地… Ⅱ. ①楚… Ⅲ. ①房地产—项目管理 Ⅳ. ①F293.3

中国版本图书馆CIP数据核字(2016)第235136号

责任编辑：戴　静　丁　夏
责任校对：姜小莲
装帧设计：付俊玲　杜一鸣

地产项目一体化策略
楚先锋　著

*

中国建筑工业出版社出版、发行（北京西郊百万庄）
各地新华书店、建筑书店经销
雅昌文化（集团）有限公司印刷

*

开本：787×1092 毫米 1/16　印张：20　字数：600 千字
2016年10月第一版　2016年10月第一次印刷
定价：88.00元
ISBN 978-7-112-19947-1
　　　(29399)

版权所有　翻印必究
如有印装质量问题，可寄本社退换
（邮政编码：100037）